ALFRED LEROUX

ARCHIVISTE HONORAIRE

Membre de l'Académie des Sciences, Belles-Lettres et Arts de Bordeaux

LA COLONIE GERMANIQUE

DE BORDEAUX

Étude Historique, Juridique, Statistique, Économique

D'APRÈS LES SOURCES ALLEMANDES ET FRANÇAISES

TOME PREMIER

De 1462 à 1870

BORDEAUX

CHEZ F. FERET, LIBRAIRE-ÉDITEUR

1918

LA COLONIE GERMANIQUE

DE BORDEAUX

DU MÊME AUTEUR

Essai sur les Antécédents historiques de la Question allemande (843-1493). — Paris, A. Picard, 1886, in-8º de 57 pp.

Recherches critiques sur les relations politiques de la France avec l'Allemagne, de 1292 à 1378. — Paris, Vieweg, 1882, grand in-8º de xi-290 pp.

Nouvelles Recherches......., de 1378 à 1461. — Paris, Bouillon, 1892, grand in-8º de viii-368 pp.

Dernières Recherches......., de 1461 à 1493. — (En manuscrit.)

La Royauté française et le Saint-Empire romain au moyen âge. — Paris, Alcan, 1892, grand in-8º de 48 pp.

Les Conflits entre la France et l'Empire pendant le moyen âge (fasc. 15 de la *Bibliothèque des bibliographies critiques*). — Paris, A. Picard, 1902, grand in-8º de 73 pp.

Un Internat privé en Wurtemberg : *Souvenirs de l'année scolaire 1873-74.* — Paris, Fischbacher, 1906, grand in-8º de 22 pp.

La Frontière du Rhin et les Traditions politiques de la France. — Paris, 1917, grand in-8º de 11 pp.

Documents historiques concernant la Colonie austro-allemande de Bordeaux, de 1702 à 1914 (env. 200 pp. in-4º, sous presse).

ALFRED LEROUX

ARCHIVISTE HONORAIRE

Membre de l'Académie des Sciences, Belles-Lettres et Arts de Bordeaux

LA COLONIE GERMANIQUE

DE BORDEAUX

Étude Historique, Juridique, Statistique, Économique

D'APRÈS LES SOURCES ALLEMANDES ET FRANÇAISES

TOME PREMIER

De 1462 à 1870

BORDEAUX

CHEZ E. FERET, LIBRAIRE-ÉDITEUR

1918

PRÉFACE

Il ne saurait paraître prématuré que nous retracions dès maintenant l'histoire de la colonie germanique de Bordeaux, y compris les quarante-trois dernières années de son existence, si nous savons nous dégager des impressions du présent. Nous disons les *impressions*; nous ne disons pas les *enseignements*, qui sont justement d'une singulière éloquence pour notre entendement des choses. La longue préméditation d'où est sortie la guerre actuelle [1], la manière dont elle a été déclarée, engagée et conduite au mépris de toutes les lois divines et humaines, les ambitions et les convoitises qu'elle a étalées à la face des deux mondes, ont dissipé tous les doutes, déchiré tous les voiles, résolu toutes les énigmes. Nous voyons clair aujourd'hui dans le jeu de la Prusse depuis 1840. Nous savons aussi désormais à quelle Allemagne nouvelle nous avions affaire depuis 1871 et ce que cette Allemagne nous voulait depuis vingt ans surtout.

Dès lors ne sommes-nous pas en droit de rechercher jusqu'à quel point sa colonie marchande de Bordeaux (abstraction faite de ceux de ses membres qui, de 1871 à 1914, sont devenus Français, au nombre de près de cent vingt) s'est associée à ses desseins et a essayé de réaliser le pangermanisme économique dont Friedrich List a tracé le programme dès 1840 et dont Bismarck a marqué le but vers 1882 en invitant ses compatriotes à préparer aux

---

[1] Le fameux Conseil de la Couronne, tenu à Potsdam le 5 juillet 1914, où la guerre contre la Serbie fut décidée par l'Autriche et consentie par l'Allemagne, *avec toutes ses conséquences prévues*, ne s'explique pas si l'on n'admet que les deux complices étaient depuis longtemps préparés à cette éventualité. Aussi bien la série des lois militaires et des crédits consentis par le Reichstag pour l'armée et la marine le prouve surabondamment.

Français un « Sedan industriel » ? Quel besoin aurions-nous donc de plus de recul pour interpréter à bon escient certains côtés de l'histoire que nous allons exposer ?

L'avertissement que nous apporte la grande guerre ne saurait toutefois préjudicier à l'esprit de justice et encore moins au souci de vérité dont tout historien doit se faire une loi inviolable. Nous dirons tout ce que nous savons, en bien comme en mal, ne taisant que les faits d'ordre privé qui pourraient porter atteinte à la considération de personnes encore vivantes (1). Le lecteur est donc averti qu'il ne trouvera ici rien de plus qu'une étude très fouillée d'histoire locale, rédigée et interprétée sur plusieurs points à la lumière de circonstances significatives, — ou encore un chapitre du livre qui reste à faire sur les colonies allemandes disséminées en France.

Comme le veut la méthode génétique, une première et une deuxième « partie », en deux chapitres bissés, esquisseront le passé de la colonie germanique depuis sa fondation en 1462 jusqu'à la guerre de 1870. On ne craindra pas de rappeler les mérites qu'elle s'est acquis, les services qu'elle a rendus, les initiatives qu'elle a prises en ces temps de confiance mutuelle et de respect réciproque, où n'apparaissait même pas la possibilité des crimes de droit commun et de droit international dont l'Allemagne et l'Autriche nous ont donné le spectacle depuis le commencement d'août 1914 ; où ne se concevait même pas le rêve fou autant qu'odieux de prétendre asservir l'Europe, une partie de l'Asie et de l'Afrique à la dictature économique, militaire et politique des deux empires du Centre.

(1) C'est la seule restriction que nous ayons cru devoir apporter au fameux principe *Ne quid veri non audeat historia* ; peu soucieux que nous sommes d'introduire le trouble dans les familles ou d'encourir une condamnation pour diffamation, en rappelant avec trop de précision que tel ou tel membre de la colonie a forfait à l'honneur privé ou à la probité commerciale. L'histoire contemporaine impose des obligations auxquelles peut et doit se soustraire l'histoire des générations éteintes.

L'étude patiente des faits accumulés par les procédés de l'érudition nous a permis d'atteindre les racines mêmes de notre sujet, de formuler quelques idées générales et de considérer la colonie sous des aspects multiples qui se sont éclairés peu à peu d'un jour assez différent de celui que nous attendions. Puisse-t-il répondre sans conteste à la réalité historique.

Nous nous sommes tenu aussi près que possible de la méthode documentaire, sans pourtant nous interdire de voir au delà des textes et d'utiliser des éléments psychologiques qui échappaient à nos prises directes. Ainsi, bien que nous n'ayons pas la preuve directe que *beaucoup* de membres de la colonie flottante étaient animés, en ces quarante dernières années, de sentiments hostiles contre la France, nous l'affirmons cependant résolument par déduction du prussianisme et du pangermanisme qui tour à tour ont sévi sur l'Allemagne depuis 1871. Rien non plus ne nous permet de mettre au passif des Allemands de notre ville, avant la fin de juillet 1914, un seul fait d'espionnage nettement caractérisé, judiciairement avéré. Nous n'en admettons pas moins, pour les raisons indiquées au chapitre XII, que Bordeaux et le département de la Gironde étaient soumis depuis longtemps, par l'État-major de Berlin, aux mêmes enquêtes d'avant-guerre que le Nord et l'Est de la France. Si nous nous trompons, c'est à l'État-major d'en faire la preuve en démontrant que son service de renseignements ne dépassait pas la Loire. *Audiatur et altera pars.*

Puisqu'il est vrai, suivant la remarque de Leibnitz, qu'il se mêle un peu partout de la métaphysique, de la géométrie, de la morale..... et même de la religion, il s'ensuit que notre tâche a été diverse et ardue à quelques égards. A chaque fois nous nous sommes efforcé de pénétrer l'esprit des hommes, des institutions, des événements; de comprendre, quand il y avait lieu, le point de vue d'autrui et d'arriver jusqu'à l'âme des choses.

En tout ce qui regarde la documentation, notre tâche a été facilitée par le bienveillant appui que nous avons trouvé pour la consultation de certains dossiers auprès du Comité des travaux historiques séant au Ministère de l'instruction publique ; auprès de M. le Maire de Bordeaux et de son adjoint M. de la Ville de Mirmont ; auprès de M. Julien Sauve, secrétaire général de la Préfecture ; de M. Paul Courteault, de M. Charles de Boeck, de M. Maurice Vèzes, de M. Ed. Bouvy, tous quatre professeurs à l'Université de notre ville ; auprès de MM. Édouard Harlé, chanoine Auguste Giraudin, nos confrères à l'Académie des Sciences, Belles-Lettres et Arts.

Elle l'a été également par l'accueil que nous ont fait les chefs de division et les chefs de bureau de l'Hôtel de Ville, le personnel des diverses Archives et Bibliothèques de Bordeaux. Nous ne saurions taire que M. Rousselot, sous-archiviste municipal, s'est dessaisi spontanément, à notre profit, des notes qu'il avait recueillies sur la période du premier Empire, et que M. Gaston Ducaunnès-Duval, archiviste en chef, nous a fourni la matière de presque tout ce qui a trait à l'histoire de la musique allemande à Bordeaux depuis le xviiie siècle.

A tous nous exprimons ici notre sincère gratitude.

A. L.

Bordeaux, novembre 1917.

LES SOURCES D'INFORMATION

ÉCRITES ET ORALES

La colonie dont l'histoire va nous occuper est aujourd'hui disparue. Si, bravant les justes ressentiments que nous auront laissés quatre années de guerre, elle se reconstitue un jour, ce sera dans des conditions nouvelles, assez différentes, sans doute, de celles que nous allons constater. Pour ressaisir celles-ci et les comprendre jusque dans leur plus lointain passé, nous avons puisé à des sources fort diverses, qu'il nous faut brièvement énumérer pour répondre à la légitime curiosité de notre lecteur et fonder du même coup notre autorité. Ce sont :

I. — Au **Temple allemand de la rue Tourat**, une portion importante des archives (1824-1914) (¹), dont la mise sous séquestre nous a rendu détenteur provisoire. Le droit de les utiliser ne découlant pas juridiquement de cette détention, nous nous sommes pourvu d'une autorisation régulière, qui écartera toute objection (²).

De ce fonds d'archives nous citerons surtout le *Kirchenbuch* en deux registres manuscrits : le premier, du 7 janvier 1856 au 29 juin 1904, est intitulé : *Évangélisation des marins étrangers : procès-verbaux des séances du Comité d'administration* (à ce titre, il s'arrête à l'année 1866); — le second est intitulé :. *Procès-verbaux de l'église allemande-scandinave... de Bordeaux*, et s'étend du 11 novembre 1904 au 19 juin 1914.

(¹) L'autre portion est restée aux mains du président de la Société civile propriétaire du temple, en vertu d'une décision verbale de M. le Président du Tribunal civil, pour répondre aux besoins courants.

(²) Lettre de M. Edouard Grœning (7 juin 1915), ancien consul d'Autriche-Hongrie à Bordeaux, président de la Société civile propriétaire du temple, des mains duquel j'ai reçu lesdites archives en novembre 1914. — Consulté sur le même sujet, M. le Président du Tribunal civil de Bordeaux, qui a prononcé le séquestre, ne s'est point opposé à l'usage que nous avons fait desdites archives. — Le gros *Manuel des séquestres* qu'a publié M. Alexandre Reulos, docteur en droit (à la librairie du « Recueil Sirey », Paris, 1916), ne consacre pas une ligne à l'administration des cinq ou six temples allemands qui ont été placés sous séquestre. Je n'ai donc pu en prendre conseil sur ce point.

II. — Aux **Archives départementales de la Gironde** (série C), les registres de transcription des édits et autres actes royaux relatifs à Bordeaux (nᵒˢ 3801 à 3870) où se trouvent des lettres de naturalité; — en outre, une centaine de dossiers provenant de l'Intendance de Guienne, du Bureau des trésoriers de France et de l'ancienne Chambre de commerce (¹). Dans ces divers fonds, la récolte a été pour nous abondante.

Dans la série E, les minutes de notaires (particulièrement Bosc, Dartiguemale, Douzaud), ainsi que les répertoires de leurs actes dressés au XVIIIᵉ siècle. Toutefois, nous sommes loin d'avoir recueilli tout ce que pourrait fournir à l'histoire des familles étrangères un dépouillement méthodique de cette sorte de documents. Les plus intéressants nous ont été communiqués par M. le Dʳ Georges Martin, qui les avait transcrits pour ses études personnelles.

Dans la série K, les dix-huit registres in-folio où sont transcrits les ordonnances et décrets du pouvoir central concernant le département de la Gironde de 1803 à 1873. C'est là que nous avons rencontré bon nombre de décrets d'*exequatur* en faveur des consuls étrangers et quelques décrets de grande et petite naturalisation au profit des Allemands de Bordeaux.

Dans les séries L et Q (époque révolutionnaire), répertoriés mais non encore inventoriés, il n'est point aisé de conduire une enquête approfondie sur quelque sujet que ce soit. Grâce aux indications que nous a obligeamment fournies M. Roger Brouillard, docteur en droit, nous avons été mis sur la trace des nombreux dossiers constitués par la « Commission militaire » de 1793-94. On verra en son lieu le parti que nous en avons tiré pour l'histoire des négociants étrangers.

Dans la série M, un dossier contenant des renseignements de police et des notes d'état civil sur cent soixante-quinze membres de la colonie austro-allemande qui, à la fin de 1888, quittèrent Bordeaux; — un autre dossier relatif au Cercle des étrangers, qui se composait en très grande majorité d'Allemands (1876-96); — un registre de comptabilité de la Marine en 1810 (coté 7521 *bis*), qui semble bien une épave des riches archives du Port, dont nous parlons plus loin.

Dans la série P, les rôles de contributions directes de l'année 1910.

III. — A la **Préfecture** (2ᵉ division), les fiches policières de 1893 à 1901, portant sur plus de mille individus, de nationalité autri-

---

(¹) L'inventaire sommaire de la série C comporte trois volumes in-4ᵒ. La partie rédigée par M. Gouget est en général très défectueuse; celle qui l'a été par M. Gras est meilleure. Seule la partie qui a pour auteur M. Brutails est excellente. Dans beaucoup de cas, nous avons dû nous reporter direçtement aux documents signalés.

chienné et allemande. Ces fiches comprennent deux parties : 1º l'état civil de chacun (nom, prénoms, âge, lieu de naissance, profession, domicile, etc.), établi à son arrivée, d'après ses déclarations verbales ou la production de pièces écrites. Cette première partie a ainsi la valeur d'un document d'origine allemande, et c'est là que nous avons puisé, sans contrôle possible, les renseignements biographiques que nous donnons sur bon nombre de ces étrangers; — 2º les indications recueillies par la Police sur la conduite, la moralité, les relations, les opinions présumées de chaque individu. C'est alors une source française, dont nous avons usé avec discrétion, moyennant les réserves que nous indiquons au chapitre IV.

IV. — Aux **Archives municipales** de Bordeaux, les 17 registres de la correspondance active et passive des Jurats au XVIIIᵉ siècle; — les papiers de la période révolutionnaire, dont l'inventaire a été dressé par MM. A. et G. Ducaunnès-Duval (3 vol. in-4º parus); — les registres de l'état civil aux XVIIᵉ, XVIIIᵉ et XIXᵉ siècles (1); — le registre des noms de famille choisis par les Israélites de Bordeaux en 1808; — un dossier (en quatre parties) de certificats délivrés par les consuls de divers États de la Confédération germanique en faveur de leurs ressortissants antérieurement à 1864; — un registre des élections de domicile et demandes de naturalisation entre 1858 et 1880 (série I), versé aux dites Archives en 1916; — les fiches policières de 1906, 1910-13, portant sur plus de six cents Allemands et Autrichiens; — enfin divers dossiers, registres et plans où se rencontrent incidemment des indications relatives à notre sujet.

V. — A l'**Hôtel de la Police municipale**, un dossier relatif au Cercle des étrangers, complétant celui des Archives départementales; — les registres (en deux volumes) récapitulatifs des déclarations faites par les étrangers de 1888 à 1910 (2); — et la statistique du mouvement des étrangers de 1896 à 1914 (3).

---

(1) Pour l'état civil antérieur à 1790, nous nous référons aux dépouillements qu'en a donnés le généalogiste Pierre Meller, dans deux opuscules que nous citerons souvent.

(2) Ces registres sont dressés en vue des besoins de la police et non des exigences de l'histoire. C'est assez dire que nous avons dû les consulter avec précaution. Ils récapitulent les fiches policières en matière d'état civil seulement, et les suppléent pour les années où ces fiches font défaut. Les noms de lieux sont estropiés jusqu'à devenir parfois méconnaissables, ou bien sont accompagnés d'indications fausses : *Beirouth* au lieu de *Bayreuth*, *Galice* au lieu de *Galicie*; Linz, Spa, Kiew, Luxembourg sont placés en Allemagne.

(3) Ces registres de statistique comprennent plusieurs colonnes, dont une seule (celle des déclarations reçues) mérite confiance, pour les raisons que nous expliquerons au chap. IV.

VI. — A la **Bibliothèque municipale** de Bordeaux, les *Tablettes historiques* de Bernadau (8 reg. mss., cotés 713, de 1787 à 1851) (1); — les *Notes biographiques* de Laboubée, sur les Bordelais notables (17 reg. mss., cotés 712), — et la Correspondance, en 1911, de M. Jean de Maupassant, bibliothécaire, avec M. Schemann (de Fribourg-en-Brisgau), en vue du centenaire du comte de Gobineau.

VII. — A l'ancien **Cimetière des Étrangers** (1769 et ss.) et au **Cimetière protestant** de la rue Judaïque (1827 et ss.), les registres de sépulture (2) et les inscriptions tumulaires (3).

VIII. — **A la Chambre de Commerce**, nous comptions obtenir d'utiles renseignements sur la part des Autrichiens et des Allemands dans l'activité économique de notre ville. Mais il nous a été répondu, à deux reprises, que les cartons n'étaient pas classés en ,vue des recherches de ce genre. Nous avons donc dû renoncer à en tirer parti, sans être d'ailleurs tout à fait dupe de l'explication donnée.

IX. — Les archives particulières des deux **Consulats impériaux d'Allemagne et d'Autriche** ont été mises sous scellés en août 1914 et confiées à la garde du consulat des États-Unis; puis (février 1917), à celle du consulat de Suisse. C'est assez dire qu'elles ne nous ont pas été accessibles (4).

X. — Aux **Archives de la Marine** (dites Archives du Port), nous n'avons rien demandé (5). Elles fourniraient pourtant à l'histoire des relations de Bordeaux avec les Villes hanséatiques aux XVIIIe et XIXe siècles, une moisson d'indications précises, mais d'une profusion telle que notre travail en eût été submergé. Il y a là matière à un chapitre distinct qui pourra être traité plus tard, quoiqu'il y manque sur trop de points encore des renseignements essentiels.

Pour la même raison, nous n'avons point cru devoir entrer dans l'histoire privée des familles et des firmes allemandes aux deux derniers siècles. Outre que cette histoire nous a paru prématurée à beaucoup d'égards, elle eût enflé notre manuscrit au delà de ce que conseillait la sagesse, tant sont abondantes les mentions à recueillir dans les minutes notariales, dans les registres de l'ancien Contrôle

---

(1) Voyez les extraits que nous en donnons à l'Appendice III.

(2-3) Voyez les extraits que nous en donnons à l'Appendice III.

(4) Nous n'avons pu savoir ce qu'étaient devenues les archives des nombreux consulats germaniques tombés en 1866. Il y a présomption qu'elles ont été revendiquées par l'ambassade de Prusse à Paris. — Les archives du consulat de Hanovre ne furent réunies à celles du consulat d'Allemagne qu'en 1871.

(5) Elles se trouvent encore au Magasin des vivres à Bacalan, alors que leur vraie place serait au Dépôt départemental de la rue d'Aviau.

des notaires, dans les factums judiciaires de ce temps (¹), et dans les riches dossiers de familles constitués par M. P. Robert de Beauchamp, archiviste de la Société des Archives historiques de la Gironde (²).

Dans les trois principales **Bibliothèques** de Bordeaux (celles de la Ville, de l'Université et de la Chambre de Commerce), nous avons soit consulté, soit dépouillé un grand nombre de recueils imprimés, entre autres :

XI. — Les *Hanserecesse* de la Société historique de Lubeck (3ᵉ section, de 1477 à 1530, 9 vol.); — les *Ordonnances des rois de France* (t. XVI et XIX); — les premiers *Registres de la Jurade*, de 1406 à 1422; — l'*Inventaire des registres de la Jurade de Bordeaux*, de 1520 à 1783 (6 vol. parus); — le *Codex juris gentium diplomaticus* de Leibnitz (avec son complément) (4 tomes en 2 vol., 1693-1700); — le *Catalogue des actes de François Iᵉʳ* (10 vol.); — la collection des *Archives historiques de la Gironde* (50 vol. in-4º parus (³); — l'ancien *Almanach royal* du XVIIIᵉ siècle, — qui tous nous ont fourni d'utiles et abondants renseignements pour les temps antérieurs à la Révolution.

XII. — En ce qui concerne les temps postérieurs : le *Moniteur* et le *Journal officiel*, pour les dates d'exequatur des consuls étrangers; — le *Bulletin des lois* (partie suppl.), pour les actes de naturalisation; — divers recueils de législation internationale; — les *Procès-verbaux de la Chambre de Commerce de Bordeaux* depuis 1851 ; — les recensements quinquennaux de la population ès années 1872-1911 ; — l'*Almanach de Gotha* et l'*Annuaire Didot-Bottin*, dont l'exactitude est rarement en défaut; — les annuaires du département depuis 1790, plusieurs revues périodiques (⁴) et quelques journaux locaux. Toutefois, dans l'ensemble de ceux-ci, nous n'avons dépouillé méthodiquement que *La Gironde* de 1871, et, pour les premiers mois de la présente guerre, *La Petite Gironde* (édition du matin) et *La Liberté du Sud-Ouest* (édition

---

(¹) A la bibliothèque de la Cour d'appel et à celle de la Ville.

(²) Au domicile de l'auteur.

(³) Il faut y ajouter les tomes LI et ss., dans lesquels nous avons commencé de reproduire cent vingt-six pièces inédites se rapportant à notre sujet, de 1702 à 1914.

(⁴) Par exemple : *Le Bull. polymathique*, 1802 et ss. ; *La Gironde, revue de Bordeaux*, 1833-39 ; *L'Homme gris*, 1838 et ss. ; *La Revue d'Aquitaine*, 1856-70 ; *La Revue philomathique*, 1898-1917.

de quatre heures) (¹). Quant à *La Tribune* de 1871 et aux feuilles boulangistes de 1877, elles n'ont été utilisées qu'avec les précautions requises en pareil cas.

xiii. — Plusieurs relations imprimées de voyages faits à Bordeaux par des Allemands ou des Hollandais, depuis le commencement du xvie siècle, ne nous ont, sauf exception (²), rien appris d'essentiel sur la colonie. Par contre, nous avons recueilli beaucoup de traits instructifs dans le livre *Aus der Gascogne*, qu'a publié, en 1908, M. Reinhold Lindenbein (³). qui fut, de 1874 à 1902, pasteur de l'église allemande de Bordeaux. Il fournit une note très personnelle qui assaisonnera quelques chapitres du présent ouvrage.

xiv. — Quelques revues spéciales, vouées à promouvoir la propagande allemande à l'étranger ou à suivre l'histoire de la race allemande au dehors, comme *das Echo, Organ der Deutschen im Auslande,* 1881 et ss., *das Deutschtum im Auslande* (organe du *Verein für das Deutschtum im Auslande*), 1881 et ss., *die Woche,* 1900 et ss., *die Deutsche Erde,* 1902 et ss., nous auraient été sûrement d'un grand secours si nous avions pu en feuilleter la collection complète; mais nous n'avons eu à notre disposition que des numéros dépareillés. — Nous en dirons autant de deux journaux parisiens, *die Pariser Zeitung* et *der Deutsche,* fondés au commencement du xxe siècle et se donnant tous deux très franchement pour les champions du *Deutschtum* en France, le second s'adressant plus particulièrement aux colonies de province, parmi lesquelles il avait ses correspondants attitrés (⁴).

Sources manuscrites ou *Sources imprimées,* nous avons eu à établir chaque fois leur valeur propre en les soumettant à un examen critique indispensable.

Par malheur, cette abondante documentation se répartit fort inégalement. Antérieurement à 1870, elle ne nous a permis rien de plus que de retracer synthétiquement l'histoire des quatre premiers

---

(¹) En ce qui regarde les dix feuilles publiques qui ont paru à Bordeaux de 1750 à 1789, notre excuse de n'en avoir rien tiré est dans ce fait qu'il n'en subsiste pas de collections complètes dans les bibliothèques qui nous ont été accessibles. — Pour la période révolutionnaire, l'excellente bibliographie analytique des journaux, dressée par M. Ernest Labadie (1910), ne signale rien qui ait retenu notre attention. — Quant aux innombrables journaux des années 1800 à 1870, le catalogue n'en a pas encore été fait, en sorte que le chercheur reste sans guide devant cette montagne de papier imprimé.

(²) Par exemple : Mme Laroche, née Guttermann (1785), L. Meyer (1801), H.-L. Behncke (1841), R. Pappritz (1898), A. Conrad (1910). Nous les citerons en temps et lieu.

(³) Voy. plus loin tout particulièrement le chap. vii.

(⁴) D'après M. Henri Schœn, *les Institutions allemandes,* cité plus loin.

siècles de la colonie. A partir de 1871, au contraire, elle devient si touffue que nous avons pu traiter par voie analytique, en dix chapitres distincts, toutes les parties de notre sujet.

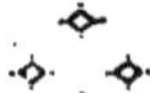

xv. — Aux renseignements puisés dans les archives locales et dans les recueils imprimés, se sont ajoutés fort utilement les renseignements oraux qui nous ont été procurés par une trentaine de personnes, que des relations d'affaires ou de société avaient mises en rapports avec la colonie austro-allemande de Bordeaux. La plupart de ces personnes ayant exprimé le désir de n'être point désignées ici, nous prenons le parti de n'en nommer momentanément aucune (1). Mais nous leur conservons à toutes une gratitude d'autant plus justifiée, que sans elles l'étude entreprise n'eût guère pu aboutir.

Parmi ces informateurs bénévoles, nous avons dû distinguer deux catégories : les uns plutôt favorables à la colonie allemande de Bordeaux, par la raison qu'ils n'avaient rien de grave à lui reprocher; — les autres plutôt défavorables, parce qu'ils considéraient surtout la colonie flottante qui, nous le verrons, prêtait le flanc à beaucoup de médisances et de suspicions. Quoi qu'il en soit, notre enquête, menée avec toute la circonspection nécessaire, nous a permis de recueillir beaucoup de faits instructifs qui, avant dix ans, seront tombés dans l'oubli.

D'autre part, nous-même avons connu jadis directement quelques-uns des principaux représentants de la colonie. Le souvenir qu'ils nous ont laissé nous incitera, non certes à une bienveillance qui n'est plus de saison, mais du moins à la pondération dans les jugements et à la mesure dans l'expression, qui sont de tous les temps. Peut-être réussirons-nous, à l'aide de ces informations et de ces impressions, soigneusement contrôlées les unes par les autres, à fixer les caractères historique et psychologique de ce groupement exotique, à apprécier la portée exacte de son activité économique, à montrer

(1) Nous ne faisons exception que pour MM. Ernest Labadie, abbé Gaillard, Th. Amtmann, E. Corbineau, Fernand Thomas, Mlle Cluzan, membres de la Société des Archives historiques de la Gironde; pour M. Oudot de Dainville, sous-archiviste aux Archives du département, et pour M. H. Durand, bibliothécaire de la Chambre de Commerce, dont les indications se sont référées surtout à des documents qui leur avaient passé sous les yeux. Ces indications ont compensé bien souvent l'absence de répertoires et d'inventaires, qui rend si malaisée la consultation de certains fonds d'archives.

comment il se recrutait, se maintenait et se comportait au sein de la population bordelaise; comment, enfin, il a disparu sans résistance et sans bruit, par contre-coup des événements que l'Allemagne et l'Autriche ont déchaînés sur l'Europe en juillet-août 1914.

De travaux relatifs à notre colonie, il n'en existe pas encore, sauf un, en allemand, sur la communauté ecclésiastique (¹). Mais nous avons consulté avec profit une étude de M. Jules Mathorez, sur *la Pénétration des Allemands en France sous l'ancien régime* (²); une autre de M. Oudot de Dainville, sur *les Relations commerciales de Bordeaux avec les villes hanséatiques aux XVIIᵉ et XVIIIᵉ siècles* (³); un article de M. Max Couytigne, sur *l'Infiltration allemande dans le commerce bordelais* (⁴).

L'étude de M. Henri Schœn, docteur ès lettres, sur *les Institutions allemandes en France* (⁵), au commencement du XXᵉ siècle, ne nous a pas été du moindre secours, puisqu'elle ne consacre que six lignes à Bordeaux. Par contre, divers ouvrages spéciaux, français et allemands, que l'on trouvera cités en temps et lieu, nous ont permis de préciser plusieurs points de notre sujet, particulièrement en ce qui concerne les consulats étrangers et le mouvement économique.

(¹) Travail manuscrit. Voy, notre chap. VIII.

(²) Dans la *Rev. des études histor.* (Paris, 1916, 97 pp. in-8º), non exempt de quelques menues erreurs en ce qui touche Bordeaux.

(³) Dans la collection Hayem, *Mém. et doc. pour servir à l'hist. du comm. et de l'indust. en France* (4ᵉ série, Paris, 1916, pp. 213 à 262).

(⁴) Dans *Le Monde industriel et commercial* (Paris, octob. 1916, pp. 9 et 10).

(⁵) Dans *La Revue alsacienne illustrée* (Strasbourg, t. XI, suppl. 1909).

PREMIÈRE PARTIE

PRÉPONDÉRANCE des NÉERLANDAIS

(1462-1697)

CHAPITRE I

Des Origines à l'Édit de Nantes

Par ses origines historiques la colonie marchande qui va faire l'objet de notre étude ne remonte qu'au dernier tiers du xvᵉ siècle (¹). Les Germaniques (Flamands, Hollandais, Teutons, Prussiens) que l'on rencontre quelquefois dans notre ville avant 1462, ne s'y trouvaient qu'à titre individuel et temporaire.

(¹) C'est en 1375 que le nom de Bordeaux apparaît pour la première fois dans les recès de la Hanse teutonique *(Hanserecesse)*. Mais jusqu'à la fin de la guerre de Cent ans les Anglais se réservèrent, pour écarter les Hanséates, le monopole de transporter les vins du Bordelais en Angleterre d'où, par la Hanse de Londres, ils se répandaient dans les contrées du Nord. — Ce monopole excluait en même temps toute action de la marine proprement bordelaise, qui se trouva réduite au petit cabotage. Nous nous expliquons ainsi que Bordeaux n'ait contribué en rien au développement du droit maritime, alors qu'Oléron y a introduit quelques éléments particuliers. Dans la *Collection des lois maritimes antérieures au xviiiᵉ siècle*, qu'a éditée le grand érudit Pardessus (6 vol. in-4º), le nom de Bordeaux ne figure même pas à la table.

On nous permettra de rappeler que nous avons déjà mis en lumière quelques faits de cette période dans une étude sur *Bordeaux et la Hanse teutonique au xvᵉ siècle* (voir la *Revue histor. de Bordeaux*, 1910), d'après les *Hanserecesse* qui se publient sous le patronage de la Société historique de Lubeck. Cette étude s'arrête à la fin du xvᵉ siècle. Le dépouillement que nous avons fait plus récemment des tomes V à IX (1504 à 1530) de cette collection, édités par D. Schæfer et F. Techen, ne nous a donné pour Bordeaux que les insignifiantes mentions des années 1520 et 1521, reproduites plus loin.

Quelques-uns nous sont nommément connus, par exemple ce verrier appelé Thomas Aleman, à qui les jurats permettent, en 1407, de s'établir à Bordeaux pour y exercer son industrie (¹); — ce Jacques Ram, maître ès arts et licencié en médecine de l'Université de Montpellier, que les mêmes jurats admettent, en 1414, à soutenir une thèse en leur présence et à prêter serment entre leurs mains, avant de fixer ses gages de médecin à la somme de 40 francs par an (²); — ces valets de bourgeois (trois Allemands, sept Hollandais et un Flamand) que nos prudents magistrats n'autorisent à résider en ville qu'après prestation de serment, 1414 (³).

Quelques années plus tard, nous rencontrons des Allemands importateurs de grains. Ce sont les premiers connus de cette longue lignée d'Hanséates qui jusqu'à la Révolution seront maintes fois chargés de sauver Bordeaux de la disette. Ils étaient assez puissants dès lors pour consentir à la Ville un prêt de 2.000 francs d'or (⁴), qui leur fut régulièrement remboursé en 1420. Les délibérations qui les concernent méritent d'être rapportées dans leur teneur originale (⁵) :

Lo perbost disso que la plus breua via que y sia, que hom prenga deu blat d'aquetz marchandz Alemans, et hom los balhe bonas pleyas de los pagar (anno 1420).

(¹) *Registres de la Jurade* : délibérations de 1406 à 1409 (édit. 1873, p. 208). Le contexte laisse deviner que le mot *Aleman* n'est pas tant le nom patronymique de ce verrier que la désignation de sa nationalité, puisque les jurats lui imposent un serment de loyauté envers le roi de France et ses sujets.

(²) *Reg. de la Jurade* : délibérations de 1414 à 1422 (édit. 1883, pp. 25, 26, 34, 42, 58).

(³) *Ibid.*, pp. 81, 82. Les trois Allemands s'appellent A. Guauter, J. Hisbrart et H. Miqueu. — Vers 1357, un ami de Pétrarque, Philippe de Vitri, évêque de Paris, avait dans sa domesticité deux Allemands : *Alemanni non intelligentes nisi parum nec scientes loqui gallicum*. (Commun. de M. Ant. Thomas, membre de l'Institut.)

(⁴) Environ 50.000 francs, valeur actuelle; plus exactement 53.000 francs, au jugement de mon confrère M. Brutails.

(⁵) *Ibid.*, pp. 396, 438, 463 et 593.

Fo ordenat que lo loctenent et los senhors juratz anessan au Castet, per beser si se poyre trobar aucuna bia de patz entre los Alemans, qui aben pres Marcelha, et los qui perseguen la deliuransa deudit Marcelha...... (anno 1420).

E plus, ordoneren comissaris a pagar los dos milia franx que la ciutat abe malebat deus Alemans..... (anno 1420).

Fo ordenat que los Alemans bendan lo blat que comensat an, au pretz que lo an comensat, so es assaber à XXX^{ta} soudz (anno 1422).

Ces premières constatations nous permettent de croire que les Bordelais ne partageaient pas tout entière la mauvaise impression que les Allemands produisaient sur les contemporains de Charles VI : *Le plus estrange d'Almeigne*, disaient ceux-ci, au rapport du célèbre chirurgien Gui de Chauliac, pour caractériser tout homme dont l'aspect les frappait [1].

Rien ne nous autorise à dire que ces premiers représentants des pays germaniques à Bordeaux aient dès lors formé un groupement ethnique organisé [2]. Aucun texte ne dépose en ce sens, et la présomption est plutôt contraire, eu égard aux circonstances historiques et politiques de ce temps.

Il en est autrement après le retour de la Guienne à la France. Les Anglais ne pouvant plus retenir le monopole qu'ils s'étaient attribué, durant deux siècles, de transporter les vins de Bordeaux dans les pays du Nord sur les navires de la Hanse de Londres, les marchands de la Hanse de Bruges comprirent qu'il y avait une place à prendre, commercialement parlant. Dès le mois de février 1461/62 ils sollicitèrent et obtinrent de Louis XI des privilèges

---

[1] *La Grande Chirurgie*, édit. de Tournon, 1598, p. 25 de l'épître dédicatoire (d'après Francisque Michel, *ouv. cité*, I, 354).

[2] Un registre notarial du fonds de l'abbaye de Sainte-Croix (H, 1186, f. 13 v°), que nous a obligeamment signalé M. G. Ducaunnès-Duval, fait mention de l'engagement contracté comme couturier, le 24 octobre 1460, par un certain Juhan le Roy, « deu pays d'Alemanha », à raison de 10 liards par jour, chez Jehan Olivey, marchand de Bordeaux.

pour ceux des leurs qui trafiquaient en France, tant par terre que par mer, nommément à Bordeaux [1]. Non seulement il fut stipulé que le droit royal d'aubaine et de bris de naufrage serait suspendu en leur faveur [2], mais encore qu'ils pourraient posséder dans notre ville une maison commune [3]. C'est ainsi que les marchands des pays de Flandre, Brabant, Hollande et Zélande prirent légalement pied sur notre sol, l'année même où Louis XI réinstallait les grandes foires bi-annuelles de Bordeaux, tombées en désuétude.

L'année suivante, des lettres patentes édictèrent que les nations étrangères paieraient toutes également le droit de 12 deniers par livre en temps de foire [4]. Si ces lettres ne furent point spéciales à Bordeaux, du moins purent-elles s'y appliquer, et nos jurats se hâtèrent de les enregistrer [5].

La politique avisée de Louis XI se réservait d'ouvrir bientôt les autres ports de la côte française à l'activité de tous les Hanséates. Par avance celui de Bordeaux se

[1] Voir les *Ordonnances des rois de France*, XV, 348-351 : loi relative au commerce que « les Zélandois, les Hollandois, les Brabançons, les Flamands faisoient avec les François..... tant en nos villes de La Rochelle et de Bordeaulx que ailleurs. Art. 2: Pourront les dicts supplians avoir une maison en la dicte ville de La Rochelle et ailleurs .... ». — Ce *ailleurs* comporte évidemment le nom de Bordeaux mentionné expressément dans le titre de la loi.

[2] Cependant nous rencontrerons vers 1631 le don des biens d'un aubain, Ferdinand de la Faille, marchand flamand de Bordeaux, au sieur de Flavin (Arch. dép. de la Gironde, *Invent.*, C, 3826, p. 220).

[3] Il y a quelque apparence qu'elle se trouvait au Chapeau-Rouge, comme leur hôtellerie du xvi° siècle que nous signalons plus loin, si même les deux établissements ne se confondaient pas en un seul, — et tout cela suppose un prévôt, un chef quelconque, bien qu'on n'en ait pas encore rencontré la mention.

[4] 12 juillet 1463, mentionnées dans l'*Inv. des reg. de la Jurade*, VI, p. 221.

[5] Dans un registre de la Douane de Hull, où s'inscrivait le détail des vins importés de Bordeaux en Angleterre pendant la seconde moitié du xv° siècle, Francisque Michel signale (*ouv. cité*, I, 345, 354) deux noms : Ramon Motz et Emor Rhychold, qui nous semblent l'un allemand, l'autre scandinave. Mais rien ne démontre indubitablement qu'ils aient fait partie de la naissante colonie de Bordeaux.

trouvait avantagé. Pour y attirer les étrangers, le roi leur concéda, à la demande des jurats, le droit de tester et de disposer de leurs biens (juin 1472) [1], et il confirma, en août 1483, quelques jours avant sa mort, les privilèges qu'il avait accordés en 1462 aux marchands de Bruges [2].

D'autre part, depuis l'avènement du nouveau roi, les Anglais avaient repris, en fait, pour leur profit personnel, leurs vieilles relations avec Bordeaux. Ils ne manquèrent pas de réclamer et ils surent obtenir, en janvier 1475/76, les privilèges dont ils avaient besoin [3]. Il est avéré qu'en 1520-1521 ils se réservaient encore le droit de transporter sur leurs seuls navires, à l'exclusion de ceux des Hanses continentales, les vins de Bordeaux à destination de l'Angleterre [4].

Parallèlement ou pour mieux dire concurremment avec les efforts victorieux des Hanses de Londres et de Bruges pour prendre place à Bordeaux, il faut savoir distinguer un troisième mouvement, rival des deux autres, mais qui n'eut pas d'abord le même succès : celui que tentèrent les Hanses de Lubeck, Hambourg et Brême pour n'être point totalement évincées par leurs alliées de Bruges. Dès 1464, les Osterlins [5] avaient fait confirmer par Louis XI les

[1] *Ordonn. des rois de France*, XVII, pp. 524-525. Le préambule est instructif : « Sçavoir faisons à tous présens et advenir nous avoir receue l'humble supplication des maire et juratz de nostre ville et cité de Bourdeaulx, contenant que la dite ville est habitée de plusieurs personnes de diverses contrées, dont les anciens sont estrangiers; lesquelx ont faict et font difficulté d'y terminer leurs jours parce qu'ilz ne peuvent tester ne disposer de leurs biens sans congé de nous, et à ceste cause icelle ville ne se peut bonnement peupler... »

[2] *Ibid.*, XIX, p. 136, sous ce titre : « Confirmation d'un traité d'alliance avec les Aldermans de la Hanse teutonique. »

[3] *Ibid.*, XVIII, p. 160. Cf. le *Reg. de la Comptablie de Bordeaux* (publié par G. Ducaunnès-Duval dans les *Arch. hist. de la Gironde*, t. I, pp. 66 et ss.), où il est fait mention de plusieurs navires venant de Londres ès années 1482-83.

[4] Voir dans Dietrich Schæffer (*Hanserecesse*, VII (1905), pp. 598, 846, 881 et 889) les négociations des délégués hanséates à Bruges en août 1520 et septembre 1521.

[5] C'est-à-dire les gens de l'Est. Le terme se rencontre dans l'acte de confirmation donné par Charles VIII en 1489. — Bien que Brême ne soit pas nommé-

privilèges qu'ils avaient obtenus de son prédécesseur
Charles VII (¹), mais limités aux ports de la Manche
(Dieppe, Honfleur, Harfleur, Cherbourg) et à ceux de
l'Océan jusqu'à La Rochelle inclusivement (²). Cette première confirmation leur fut sans doute profitable puisqu'ils
en demandèrent le renouvellement en 1473 (³), trois ans
environ après que Bruges se fut détachée délibérément
de la grande Hanse teutonique. Ils le réclamèrent une
troisième fois lors de l'avènement de Charles VIII, qui étendit en effet à tous les Hanséates de l'Empire, sept. 1483 (⁴).
la confirmation que, quelques semaines plus tôt, les marchands de Bruges avaient sollicitée pour eux seuls. Le
revers de cette « paix perpétuelle » fut donné par les magistrats au nom de toute la confédération en avril 1484 (⁵).
Elle fut encore confirmée par le même roi en août 1489 à
la demande de Lubeck (⁶), et supprima en droit la rivalité
entre Bruges et les autres villes de la Hanse. En fait, les
Brugeois restèrent maîtres pour longtemps de la situation
dominante qu'ils avaient prise à Bordeaux depuis 1462.

A la lumière de ces faits, si clairsemés qu'ils soient,
nous entrevoyons qu'à partir du règne de Louis XI une
colonie germanique, où coexistaient des éléments de diffé-

ment désigné dans la série de traités que nous énumérons, nous ne pouvons
douter que ses navires vinssent aussi à Bordeaux. L'un d'eux est mentionné
dans le *Reg. de la Comptablie* cité précédemment.

(¹) Probablement en 1459. Voy. notre notice sur *Bordeaux et la Hanse teutonique*, p. 393, — et, dans nos *Nouvelles recherches critiques sur les relations
politiques de la France avec l'Allemagne au moyen âge*, la longue note de la
page 277.

(²) *Ordonn. des rois de France*, XVI, pp. 197 et ss.

(³) *Ibid.*, XVII, p. 525.

(⁴) *Ibïd.*, XIX, p. 136, avec vidimus de la confirmation accordée par Louis XI.

(⁵) Dans Godefroy, *Histoire de Charles VIII*, p. 379, et dans Leibnitz, *Codex
juris gentium diplom.*, I, p. 447.

(⁶) Dans Leibnitz, *Mantissa cod. juris*, 2ᵉ partie, p. 171.

rentes nationalités, grandissait et s'organisait sur notre sol ; malheureusement nous sommes hors d'état de préciser quelle était son importance numérique.

Ces éléments tendaient déjà à la variété, puisque, en cette fin du XVe siècle, la colonie comprenait d'autres membres encore que des marchands. Nous y rencontrons en l'année 1469 un artiste du nom de Hans Clot, qui peignit pour l'église de notre abbaye de Sainte-Croix le beau rétable dont il subsiste un important fragment au Musée municipal (¹). L'activité de ce peintre étranger, dont le lieu de naissance est encore inconnu, se prolongea jusqu'au commencement du XVIe siècle.

Quelques années plus tard, exactement en 1486, Bordeaux vit arriver par la voie de terre deux artisans souabes qui proposèrent aux jurats d'établir une imprimerie et passèrent contrat avec eux pour une durée de dix années. C'étaient Michel Svierler *(d'Ulm)*, associé à Jehan Waltear *(de Mindelheim)*. Pour des raisons qui restent ignorées de l'histoire, leur entreprise ne réussit point. Aucune production n'a été signalée jusqu'ici comme sortie de leurs presses (²). Les Bordelais durent attendre

---

(¹) Dans un article publié par la *Revue histor. de Bordeaux* (1910, p. 52), M. J. de Lasuen, qui constate sur ce rétable la signature *Hans Clot.... M...* *fecit*, admet que le signataire n'est autre que le maître Hans dont fait mention le registre de comptes de la Fabrique de Saint-Michel. Il ajoute (d'après Braquehaye, *les Peintres de l'Hôtel de Ville de Bordeaux*), que Hans travaillait encore au commencement du XVIe siècle. Voici les mentions que vise M. de Lasuen : 1 fr. 50 liards « à mestre Hans per pintar las armas deu Papa et de Moss. lo Cardenau et las armas deu Rey et la Trinitat et Nostra-Dona et sent Myqueu et l'usche deu tronc deu perdon » (25 mars 1492) ; — 11 fr. « à Johan Bernart, ypolhicari, per l'aur que prengo mestre Hans per daurar las pomas de la cruiz » (25 septembre 1492) ; — 16 fr. « à mestre Hans per daurar lad. crotz et lo banet et per pertrayre sur la tela la ymage de s. Myqueu » (7 octobre 1492) ; — 3 fr. 35 liards « à Hans, pintre, per pintar lo tabernacle en que portén Nostre-Senyor per la ville » (28 juin 1495). (Voy. J.-A. Brutails, *Invent. des Arch. départ. de la Gironde*, série G, 2252, fonds de la Fabrique de Saint-Michel.)

(²) Sur ce curieux épisode, voy. E. Gaullieur, *l'Imprimerie à Bordeaux en 1486* (Bordeaux, 1869, 44 pp. grand in-8º), — et surtout Jules Delpit, *Origines de l'Imprimerie en Guyenne* (Bordeaux, 1869, 112 pp. grand in-8º, extraites des *Tablettes des Bibliophiles de Guyenne*, t. I).

jusqu'en 1519 pour posséder enfin un atelier typographique (¹).

Hans Clot, Svierler et Waltear sont pour nous les précurseurs de la grande émigration pacifique et civilisatrice qui de l'Est se répandait alors sur toute l'Europe occidentale, apportant avec elle des arts nouveaux : imprimerie, peinture à l'huile, gravure, procédés mécaniques, etc. Gutenberg, van Eyck, Albrecht Durer, Adam Krafft, Peter Fischer, Claus Sluter, en étaient les principaux représentants, en un temps où des arts plus nobles et plus relevés prospéraient aussi en Italie. C'est alors, sous le règne de Maximilien Iᵉʳ, que s'épanouit une civilisation spécifiquement germanique (²), — la seule vraiment originale et nationale qu'ait connue l'Allemagne, — couvée pendant toute la seconde moitié du xvᵉ siècle aux Pays-Bas bourguignons, dans la région du Rhin et du haut Danube, sous des influences et par des causes que nous ne pouvons entreprendre de rappeler ici. Il nous suffit de marquer que notre région en reçut un rayon.

Il ne faut donc point nous étonner si la colonie hanséatique de Bordeaux, d'abord uniquement composée de marins et de marchands, s'augmenta, dès la première moitié du xvıᵉ siècle, d'éléments nouveaux que, sous le souffle de la Renaissance et de la Réforme, l'Allemagne prodiguait alors aux pays voisins. Il est non moins intéressant de remarquer qu'au moment où la grande Hanse teutonique en décadence cesse de déverser sur les ports de France les Allemands et les Néerlandais, ceux-ci s'infiltrent dans notre pays par les voies de terre et ne tardent

---

(¹) La première imprimerie qui ait fonctionné en Guienne fut, d'après Jules Delpit *(ouv. cité,* p. 13), celle que Jean Maurus, originaire de Constance en Souabe, établit à La Réole en 1517, appelé par l'évêque de Bazas, Amanieu d'Albret.

(²) J. Janssen a mis ces faits en pleine lumière dans les premiers volumes de sa *Geschichte des deutschen Volkes seit dem Ausgang des Mittelalters* (Fribourg, 1877 et ss., 8 vol.), écrite d'ailleurs à un point de vue apologétique.

pas à former des groupes importants à Paris, Lyon, Marseille et plus tard à Bordeaux. Quoi qu'il en soit, représentants du *Cavaliertour*, comme l'électeur palatin Frédéric II (¹), humanistes et érudits comme Hubert Thomas de Liège (²), médicastres itinérants plus riches d'empirisme que de vraie science, prédicants réformateurs comme Frère Thomas Illyricus (³), colporteurs de livres et d'images venus des grandes foires de Francfort, artisans « mécaniques » comme ce Hanric Cruse, fondeur de cloches, qui opérait dans notre région dès 1499 (⁴), pédagogues errants comme André Zébédée, originaire du Brabant ; Joachim Polite, venu de la Zélande ; Gérard Cœrselius, de Diest au diocèse de Liège ; Mathias Itterius, de Kinroy, audit diocèse ; Ghysbert Kolen, de Louvain ; Horstanus, dont le lieu de naissance est encore inconnu, et autres régents du Collège de Guienne (⁵), tous plus ou moins germanisants, commencent à faire foule à Bordeaux et y révèlent leur présence de mille manières jusque vers le commencement des guerres de religion. Hubert Thomas s'intéressa aux antiquités gallo-romaines de notre ville jusque là de copier neuf inscriptions latines qui ont pris place dans le premier recueil épigraphique qu'ait eu le

---

(¹) L'électeur palatin Frédéric II, qui visita Bordeaux à deux reprises, en 1501 et 1526, est le premier en date de ces voyageurs de marque.

(²) Hubert Thomas Leodius (ou Thomas de Liège), secrétaire de Frédéric II précité, qu'il accompagna dans son second voyage à Bordeaux. (Voy. C. Jullian, *Inscriptions romaines de Bordeaux*, II, 1890, p. 359.) La relation encore inédite du voyage de Thomas Leodius à Bordeaux se trouve dans un manuscrit de la bibliothèque de Leyde.

(³) Frère Thomas Illyricus, réformateur catholique avant la Réforme, né à Osimo dans les Marches, de parents dalmates, vint à Bordeaux entre 1518 et 1521. Ce n'était sûrement pas un Allemand, mais il apparaît comme frotté de culture germanique autant que latine. (Voy. H. Patry, *les Débuts de la Réforme protestante en Guyenne, 1523-1559*. Bordeaux, 1912, in-4°, pp. xii à xix de l'introduction.)

(⁴) Communication de Mⁿᵉ Cluzan à la Société des Archives historiques de la Gironde, 23 mars 1917.

(⁵) Cf. E. Gaullieur, *Histoire du Collège de Guyenne*, passim.

xvi⁰ siècle, celui d'Apianus et Amantius, publié à Ingol-
stadt en 1534. Horstanus fut, en 1539 et années suivantes,
le précepteur chargé d'enseigner le latin au jeune Michel
de Montaigne. « L'expédient que mon père trouva, raconte
lui-même l'auteur des *Essais*, ce feut qu'en nourrice et
avant le premier dénouement de ma langue, il me donna
en charge à un Allemand qui depuis est mort fameux
médecin en France, du tout ignorant de nostre langue et
très bien versé en la latine Cettuy-cy, qu'il avoit fait venir
exprez et qui estoit bien chèrement gagé, m'avoit conti-
nuellement entre les bras » (¹).

L'hôtellerie préférée de ces étrangers du Nord et de l'Est
était alors celle du *Chapeau-Rouge*, près de la rue Tro-
peyte, à deux pas de la Garonne qui amenait la plupart
d'entre eux par bateau jusqu'au cœur de la cité (²).

Il est parfois malaisé de distinguer, à travers les documents du temps, les gens du Nord d'avec les Espagnols et
les Italiens qui eux aussi affluaient alors dans notre ville.
Le savant Francisque Michel ne s'en est point toujours
dépêtré, lorsqu'il nous dit, en gros (³), que « nombre
d'étrangers s'étaient fait naturaliser et, à la faveur de
leur nouvelle qualité, ils servaient de prête-nom à leurs
compatriotes pour faire entrer en franchise des marchan-

(¹) Voy. Paul Bonnefon, *Montaigne : l'Homme et l'Œuvre* (Paris, 1893, p. 30).
Vers la fin de sa vie, en 1580, Montaigne, faisant route pour l'Italie, visita
l'Allemagne du sud : Mulhouse, Bâle, Bade, Constance, Augsbourg, Innsbruck,
Trente, et y prit grand plaisir (voy. *ibid.*, pp. 262-270). C'est, croyons-nous, le
premier en date des Bordelais de marque, qui ait pris directement contact
avec les pays germaniques. Quelques années plus tard, il entrait en relations
épistolaires avec le célèbre philologue flamand Juste Lipse *(ibid.)*.
(²) **Fr.** Michel, professeur à la Faculté des Lettres, *Hist. du Commmerce
à Bordeaux*, 1867, I, p. 400.
(³) **Fr.** Michel, *ouv. cité*, I, p. 393.

dises d'autrui en la traite et grande coutume de Bordeaux ».
— Mais de quels étrangers s'agit-il ? De ceux qui arrivaient
du Nord ou de ceux qui arrivaient du Midi ? Parmi les
naturalisations obtenues sous François Ier par des étrangers
résidant à Bordeaux, on a signalé jusqu'ici un seul Hanséate, Paul Bretsinger, originaire du comté de Flandre (1),
et sept étrangers natifs d'autres contrées, un Basque, deux
Espagnols, quatre Italiens (2).

Toujours est-il que, pour couper court à l'abus qui lui
était dénoncé, le roi promulgua, le 29 juin 1534, une
déclaration portant que les naturalisés français seraient
tenus de bailler entre les mains du comptable de Bordeaux
caution suffisante de la valeur des droits qui pourraient
appartenir à la Couronne (3).

Il serait peut-être plus loisible d'étendre aux Allemands
de Bordeaux la suspicion d'espionnage dont François Ier
arguait en 1543 contre les sujets de Charles-Quint établis en
France (4). Mais là encore la preuve directe nous manque,
et comme précédemment la question reste ouverte. Il y
eut certainement, dans l'un et l'autre cas, des scandales
avérés, sans lesquels les sanctions prises par le pouvoir
royal resteraient inexplicables.

Au point de vue commercial les Hanséates proprement
allemands, de Brême, Hambourg. Lubeck, ne jouèrent

---

(1) Décembre 1542, d'après le *Catal. des Actes de François Ier*, I, iv, p. 395,
n° 12851.

(2) *Ibid.*, IX, p. 541, tables générales, au mot BORDEAUX.

(3) *Ibid.*, II, p. 708, n° 7194, d'après un registre des Archives départementales de la Gironde, dont la cote a été depuis lors changée.

(4) Voy. l'instructif article de la *Revue hist. de Bordeaux* (janv. 1915, p. 45)
publié par notre confrère A. Brutails sous le titre *Retrait de naturalisations
au XVIe siècle* : « ..... Il est bien vraysemblable que la plus part des dessus
dictz [ressortissans à l'Empire] ne résident en icellui [royaume de France]
pour affection qu'ils ayent à nous et au bien de noz affaires, mais pour, en
faisant leur prouffit particulier, donner advis au dict empereur et ses ministres
de tout ce qu'ilz entendent de l'estat et disposition de noz dictes affaires,
ainsi que sommes tres bien advertiz qu'il a esté faict depuis la dicte ouverture
de la guerre. »

point immédiatement dans notre port le grand rôle que semblait leur promettre la « paix perpétuelle » de septembre 1483, conclue avec la Hanse teutonique tout entière. Les immunités qui leur furent octroyées ou confirmées par la royauté française en 1489, 1536, 1552, 1604, 1655 ([1]), quoique négociées directement d'abord avec Lubeck, puis avec Hambourg, ne dépossédèrent point Bruges de la position privilégiée que ses marchands avaient prise à Bordeaux. Cette dépossession ne se produira en fait qu'au cours du XVIIIe siècle.

C'est par exception qu'en l'année 1492 nous rencontrons à Bordeaux un certain Jean Vanoncle se disant originaire d'une des villes de la Hanse « en Alemaigne », quoiqu'il porte un nom plutôt hollandais ([2]). Pour les échanges avec le nord de l'Europe, Anglais et Néerlandais restèrent, pendant deux siècles, les vrais bénéficiaires de la politique commerciale de Louis XI, emportant nos vins et rapportant des harengs, du plomb, de la frise, du drap, de la couperose, des fromages, etc. ([3]). Une ordonnance des jurats du XVIe siècle. d'une date imprécise ([4]), qui fait défense à tous Anglais ([5]), Écossais, Hollandais et Normands d'empaquer les harengs dans des barils de Flandre, ne nomme point les Allemands. Nous rencontrerons souvent au XVIIe siècle la même prétérition ([6]).

([1]) Dans Leibnitz, *Mantissa cod. juris gentium* (Hanovre, 1700, 2e partie, pp. 171 à 184). Les trois premières confirmations sont accordées à la demande de Lubeck, la dernière à la demande de Hambourg ; pour celle de 1604 il n'y a point d'indication de ce genre.

([2]) Il est mentionné dans un registre notarial (E, 6531 [?] des Archives départementales de la Gironde) sous cette formule singulière : 5 avril 1492, Jehan Wanoncle, « marchand du pays des Alemaignes et demorant en la vile de la Hanse en Alemaigne ». (Communic. de Mlle Cluzan, membre de la Société des Archives historiques de la Gironde.)

([3]) D'après Fr. Michel, *ouv. cité*, I. p. 433, année 1546.

([4]) *Regist. du Clerc de Ville au XVIe siècle*, publ. par Pierre Harlé (1912. p. 309).

([5]) Pour les XVIe et XVIIe siècles, l'*Invent. des regist. de la Jurade*, I, pp. 165 et ss. fournit de précieux détails sur la présence des Anglais à Bordeaux.

([6]) Voy. ci-dessous, chap. I bis.

Si le *Dragon volant* de Lubeck, le *Christofle* de Hambourg, le *Faucon* de Kœnigsberg stationnent en rade de Bordeaux au cours de l'année 1549, c'est au service des marchands flamands ou hollandais, au nombre desquels nous pouvons nommer Arnault Richert (arrivé en 1515), Dominique de Ram (en 1538), Michel Meerman (à la fin du siècle) [1]. Il en est sûrement de même de ces navires de Flessingue, Middelbourg, de la Gueldre, d'Amsterdam et Rotterdam qui abordent à Bordeaux entre 1580 et 1590 [2]. A la vérité, en 1546 un bourgeois de notre ville entre en relations avec un marchand de Lubeck [3]; un autre, en 1590, propose aux jurats de faire venir de Hambourg les munitions de guerre dont ils ont besoin [4]. Mais ce sont les seuls exemples que nous puissions citer, au xvie siècle, de rapports directs entre le grand port de la Garonne et ceux de l'Allemagne du Nord.

En 1560-1561, le pouvoir royal, à la prière des jurats, confirma la tenue de deux foires franches par année [5]. Quoique l'histoire locale ne sache pas grand'chose de ces « assises du commerce », qui se sont perpétuées jusqu'à nos jours, nous leur devons au moins une mention. Instituées en vue d'attirer les marchands étrangers, nous tenons pour probable qu'elles furent souvent visitées par ceux de Nuremberg et d'Augsbourg, dont les habitudes itinérantes sont connues. L'avenir apportera sans doute, à cet égard, quelques révélations utiles. En voici une déjà qui se rapporte précisément à la fin du xvie siècle;

---

[1] Voy. Fr. Michel, *ouv. cité*, I, pp. 430, 432, 436. Le *Quatre Fils Aymon* signalé en 1546 (*ibid.*, p. 437) était hollandais. — Pour les Meerman, voy. ce que nous disons plus loin.

[2] *Inv. des Arch. dép. de la Gironde*, C, 4089 et 4090.

[3] Fr. Michel, I, p. 427, note 1.

[4] *Inv. des reg. de la Jurade*, I, p. 355. — L'Inventaire des Archives précité, C, 4089 et 4090, mentionne la présence à Bordeaux, en 1590, d'un navire de Hambourg; serait-ce celui dont notre bourgeois se servait?

[5] *Inv. des reg. de la Jurade*, VI, p. 221. — Il y eut en leur faveur de nouvelles lettres patentes en 1565, 1576 et 1610 (*ibid.*, p. 222).

elle est tirée du livre qu'un ardent catholique de ce temps, Florimond de Ræmond, conseiller au Parlement de Bordeaux, publia sur *la Naissance et les Progrès de l'Hérésie de ce siècle* (¹) :

..... Comme notre ville de Bordeaux est l'abord ordinaire de tous les peuples qui viennent du Nort charger nos vins de Gascogne, j'ay souvent pris plaisir à m'aboucher avec toutes sortes de gens, et de diverses religions, qui sont parmy ces nations, et entre autres des Anabaptistes ; sonder le fond de leurs sectes, et n'ay peu sans étonnement voir que, parmy le tracas des affaires du monde, où leur négociation les promène, ils puissent toujours maintenir leur âme en même assiète, sans que la cholère ny passion les emporte, quelque injure qu'on leur face, ny que le mélange des autres nations altère leur façon de vivre. L'an 1598, au tems que toute la Guyène étoit assiégée de la faim, je me rencontray parmy dix ou douze de ces gens-là. Aprez divers propos, l'un d'entr'eus me dit, avec une merveilleuse franchise : « Vous pouvez vous dire chrétiens, vous autres catholiques, qui, plongez en plaisirs et délices, laissés cependant vos frères étenduz à vos portes ? Vos rues sont presque jonchées des cors alanguiz et my-morts tandis que vos tables plient sous le fais de diverses viandes et de vos vins délicieus. Ils sont tous déchirez à lambeaus, montrant la chair à nud, cependant que vous êtes couverts de soye. Il n'en va pas ainsi parmy nous. Jamais aucun de notre religion ne mendie son pain ; il a toujours de quoy s'entretenir avec sa petite famille ; toute notre église y contribue sans qu'on ayt veu aucun demander l'aumône ou trainer une vie otieuse ; chacun travaille, et si, par fortune de mer, il fait naufrage, cette perte particulière est en partie réparée par le général. » Comment, fis-je, le Sauveur n'a-t-il pas dit : « Vous aurez toujours des pauvres avec vous ? » « Oui, dit-il, mais c'étoit pour montrer l'imperfection qui devoit être parmy ceus qui se disent les fidelles, dépouillez de cette belle robe blanche, qui est la charité..... »

(¹) Paris, 1ʳᵉ édit., 1605, p. 95. — Nous avons le regret de ne pouvoir consulter trois publications allemandes de ce temps, qui nous donneraient probablement des renseignements de première main sur nos foires : 1° Les *Relationes semestriales*, publiées à Francfort depuis 1590, par Conrad Lautenbach, et depuis 1597 par Théodore Maurer ; — 2° le *Mercurius gallo-belgicus*, publié à Cologne par Janssonius, de 1588 à 1608 ; — le *Mercurius*, de Lorchanus et Ens, publié dans la même ville, de 1596 à 1610.

Il y avait à Bordeaux, dès le xvie siècle, quatre « ensei-gnes » ou compagnies suisses, qui étaient, en 1586-1587, sous les ordres du colonel Hans von Affry, du capitaine Lindauer et du lieutenant Heinrich Lichtenstein [1]. Nous ferons plus amplement connaissance avec elles à la fin du xviie siècle [2]. La cessation des guerres de religion fixa également dans notre ville, pendant quelques années, de 1589 à 1596 environ, un régiment de lansquenets allemands commandés par le colonel Hans Friedrich [3]. Par une singulière ironie du temps, Suisses et lansquenets tenaient garnison au Château-Trompette (et peut-être aussi au fort Louis et au fort du Hâ) pour maintenir les Bordelais dans l'obéissance au roi ! Les mentions que l'on connaît de leur présence ne sont pas assez explicites pour permettre de dire si ces soudards se mêlèrent jamais à la colonie germanique de notre ville [4]. Serait-ce leur faire si grand tort que de supposer qu'ils fréquentaient surtout les tavernes des Chartrons, les mauvais lieux de Château-Gaillard et du Maucaillou [5] ?

[1] *Inv. des Arch. dép. de la Gironde*, C, 4041.

[2] Voy. la fin du chapitre suivant, à propos de la révocation de l'Édit de Nantes.

[3] *Inv. des Arch. dép. de la Gironde*, C, 3803 et 3804 (pp. 187, 192 et 193), 3872, 3888, 4019 et 4041. Cf. *Arch. hist. de la Gironde*, XXIV, p. 42,

[4] Vers le même temps, 1586-1587, on rencontre la mention (dans un état des comptes provenant d'un trésorier de l'armée du maréchal de Matignon, C, 4041) du paiement des gages dus à un certain Jean Trillatz, « interprète en langue germanique ».

[5] *Inv. des reg. de la Jurade*, VI, pp. 213, 359.

CHAPITRE I BIS

De l'Édit de Nantes aux Traités de Ryswick

Moins pour avoir inauguré en Europe l'esprit de tolérance religieuse que pour avoir mis fin aux troubles civils du XVIᵉ siècle, l'Édit de Nantes semble pouvoir servir de point de départ à la deuxième phase de l'histoire que nous racontons. Il rendit possible cet édit royal de 1599 relatif au desséchement des marais, qui amena chez nous une si forte immigration de Flamands flamingants, lesquels s'agrégèrent aussitôt à la colonie germanique de notre ville.

Conduits et disciplinés par un certain Conrad Gaussen, « marchand », ces Flamands s'occupèrent d'abord, après contrat passé avec nos jurats, de donner écoulement aux eaux stagnantes dont Bordeaux était encore entouré (1599) (¹). L'entreprise était de longue durée. Il semble qu'elle se soit exécutée à la satisfaction des intéressés : ce nom de Conrad [Gaussen], qui est, de vieille date, celui d'une rue des Chartrons, serait comme le témoignage de leur reconnaissance. Catholiques pour la plupart, sinon tous, ces Flamands eurent, à partir de 1660 environ, un prédicateur en leur langue à la chapelle de Notre-Dame des Chartrons, qui s'appela plus tard « chapelle des

---

(¹) Voy. le comte de Dienne, *Hist. du desséchement des lacs et marais en France av. 1789* (Paris, 1891, pp. 117-129), et J.-G. Dautct, *Hist. du desséchement des marais de Bordeaux* (dans la *Rev. philomathique*, 1906, p. 224 et ss.). Cf. Baurein, *Variétés bord.*, nouv. édit., I, 118, et II, 178. — Conrad Gaussen, + 1627, est encore mentionné dans un acte de 1609 relatif à la tour de Cordouan (*Inv. des reg. de la Jurade*, IV, p. 23).

Étrangers » (¹), — puis à la chapelle du Saint-Esprit, en vertu d'un contrat passé avec les religieux de Notre-Dame en 1668 (²). En tant que communauté ecclésiastique, leur trace se perd à partir de ce moment.

Outre les marais voisins de Bordeaux, ces immigrés, leurs descendants ou successeurs, allèrent dessécher également ceux de la terre de Lesparre appartenant au duc d'Épernon (1628) (³), ceux de l'île d'Épernon (1643), de Saint-Vivien et Vendays (1648) (⁴). Quoique ces localités soient assez éloignées du chef-lieu, il semble que nos Flamands n'aient à aucun moment laissé s'amoindrir le groupement qu'ils y avaient formé et dont l'existence se constate aisément tout au long du XVIIᵉ siècle (⁵).

Vers le milieu de l'année 1635, ils frappent un grand coup que le « clerc » de la Jurade rapporte en ces termes (III, p. 426) :

(¹) Nous nous sommes déjà occupé de cette colonie, avec plus de détails, dans notre étude sur les *Origines histor. des paroisses Saint-Louis, Saint-Martial et Saint-Remi de Bordeaux*. (Voy. la *Rev. histor. de Bordeaux*, 1911, p. 223 et ss.)

L'Inv. des reg. de la Jurade nomme un certain nombre de ces marchands flamands : Jacob Noe et Isbram en 1632 et 1633, Pel en 1642, etc. (Voy. le t. VI, pp. 491, 530, 587 et 588.)

(²) Contrat du prêt de la chapelle du Saint-Esprit (près la porte Saint-Germain, rue du Chapelet), consenti en faveur des marchands flamands et hollandais [représentés par Jean Vanthousum et Jean Molerars, résidant à Bordeaux], par la supérieure du couvent des religieuses de Notre-Dame de cette ville [pour une durée de cinq années], 4 mai 1668 (*Arch. hist. de la Gironde*, XXV, 180).

(³) Lettre du duc d'Epernon au cardinal de Richelieu, 25 janvier 1628 : « J'é passé contract, il y a quelque temps, avec des marchands flamands habitués à Bordeaux, pour le desséchement de quelques marays qui sont dans ma terre de Lesparre.... » (*Arch. hist. de la Gironde*, II, p. 207). — Baurein (*ouv. cité*, I, 119) nous apprend que la paroisse de Queyrac est bordée en partie par un chenal appelé du *Poldre de Hollande*, « qui est la dénomination donnée à la ceinture du marais de Lesparre ».

(⁴) D'après F. Michel, *ouv. cité*, I, p. 138.

(⁵) Baurein, *ouv. cité*, I, 118, ajoute que les familles flamandes apportèrent dans le Médoc « la méthode de faire du beurre frais qu'on appelait de la *petite Flandre*, mais dont la cessation a été occasionnée par la conversion des pacages en terres labourables ».

Le nommé Guillaume van der Platen, marchand flamand (¹), faisant pour les ambassadeurs extraordinaires des États généraux, ayant présenté une requête au Parlement [de Bordeaux], aux fins de l'enregistrement d'un arrêt du Conseil, du 25 février 1635, portant que les sujets des dits États, soit originaires soit non originaires, jouiront des mêmes exemptions et privilèges que les naturels françois, en conséquence qu'ils pourroient trafiquer dans le royaume et terres de l'obéissance du Roy, tant par terre que par mer, vendre, acheter, troquer et disposer de leurs marchandises et denrées comme bon leur sembleroit, et transporter celles qui ne seroient pas de contrebande, tant dedans que dehors le royaume, sans payer des droits plus forts que les naturels françois, avec défenses de les troubler : la Cour ordonna, à la réquisition de M. le Procureur général, que cette requête seroit communiquée à M. le Procureur-syndic [de la Ville]. Ce qui ayant été fait, celuy-ci en fait son rapport en Jurade et MM. les jurats délibèrent que, avant d'y répondre, le tout seroit communiqué à M. le Gouverneur de la province ; ce qui fut fait. Et ce seigneur en écrivit à ce sujet.

Quoiqu'il soit encore question de cette affaire dans les séances suivantes de la Jurade, il n'est point dit clairement quelle solution lui fut donnée. Nous ne croyons pas nous tromper en affirmant que cette solution fut conforme aux désirs des requérants ; la suite le prouvera indirectement. 1635 est donc une des dates essentielles de l'histoire de la colonie néerlandaise de Bordeaux.

Les Hollandais avaient, en 1632, obtenu un autre avantage du même genre, en arrachant à la royauté des lettres patentes qui déchargeaient du droit d'aubaine les sujets des Provinces-Unies disséminés dans toute la France (²). Ils marchaient donc vaillamment à la conquête de l'égalité des étrangers avec les régnicoles, en un temps où la législation du moyen âge s'imposait encore partout.

C'est en prenant le terme de « Flamand » dans son

____

(¹) Entendez *hollandais*.

(²) *Inv. des Arch. dép. de la Gironde*, C, 3842. — Cf. C, 3908, où il est question du droit d'aubaine prélevé sur un Flamand en 1631, c. à d. l'année qui précéda les lettres patentes que nous mentionnons.

sens géographique strict que l'on a considéré Gaussen et ses compatriotes comme venus des Pays-Bas espagnols. Pourtant, nous soupçonnons que, sous ce nom, on comprenait aussi les Hollandais des Provinces-Unies, où l'on s'occupait en grand de canalisations et de desséchements. La confusion entre Flamands et Hollandais est constante à Bordeaux au XVIIe siècle [1]. Ariste Ducaunnès-Duval le constate expressément dans son étude sur la famille Meerman et en donne plusieurs preuves [2]. Cette confusion provient non seulement de l'ignorance où étaient nos ancêtres des changements introduits dans la géographie politique de l'Europe durant la seconde moitié du XVIe siècle, mais aussi de ce fait que l'expression « Pays-Bas » ou Néerlande avait englobé jadis presque tous les territoires qui se partageaient maintenant entre deux dominations politiques. L'acte de 1668 concernant la chapelle du Saint-Esprit est, à notre connaissance, le seul qui, parlant de ces catholiques de langue germanique, les distingue clairement suivant leurs nationalités respectives.

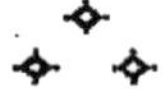

Pendant toute la première moitié du XVIIe siècle, alors que Bordeaux subit les fâcheux contre-coups des troubles incessants qui l'agitent, et que, d'autre part, l'Empire est en proie aux horreurs des luttes civiles, aux dévastations des armées étrangères, il n'y a guère trace d'Allemands dans notre ville, bien que le voyageur Just Zinzerling en ait signalé les agréments à ses compatriotes dès 1616 :

> *Ille terrarum mihi præter omnes*
> *Angulus ridet* [3].

---

[1] Dans les registres de la Jurade, Anvers est dit en Hollande, Amsterdam et Rotterdam en Flandre !

[2] *Famille Meerman...* (Bordeaux, 1897, pp. 2 et 32).

[3] D'après J. Zinzerling, *Itiner. Galliæ* (Lyon, 1616), sa visite à Bordeaux est de 1612. (Cf. A. Babeau, *Les Voyageurs en France*, 1885, p. 68 et ss.)

Pas plus que le Brandebourgeois Paul Hentzner en 1598 ou que le Danzickois Abraham Gollnitz en 1628, qui visitèrent Bordeaux aux dates précitées et notèrent ce qu'ils y avaient vu, le Thuringien Zinzerling n'a fait partie de la colonie. Tous trois ne firent que passer, s'arrêtant à peine quelques jours. Comme Hubert Thomas, au siècle précédent, ils ne semblent pas avoir prêté la moindre attention à leurs compatriotes (¹).

Un certain Jacques Sauvage (natif *de Büssbach*, dans la vallée inférieure du Rhin), qui se fait naturaliser Français en 1618 ou 1619, est une exception (²). Mais la paix qui suivit les traités de Westphalie modifia insensiblement cet état de choses. Vers 1659 nous rencontrons Marcus Scholtz (*de Brème*) et en 1660 Friedrich Bourdowyn (*de Cologne*), qui obtiennent, aux dates indiquées, des lettres de naturalité (³). Le généalogiste Meller cite Baumgarten (*de Thorn*), et un certain Dierx dont le lieu d'origine est inconnu (⁴). Nous ajouterons à ces noms ceux de Jacob Muller, patron du navire *Le Saint-Joseph* (*de Hambourg*), Eduard Pinchel, patron du *Saint-Jacob* (*de Lubeck*), qui tous deux apparaissent en l'année 1665 (⁵); — puis les noms de Johann Ariès (*de Hambourg*), mort à Bordeaux

---

(¹) Il en faut dire autant des Allemands qui, revenant d'Espagne par Saint-Jean-de-Luz, s'arrêtaient à Bordeaux, comme le duc de Nieubourg (avec vingt-deux malles) et certain gentilhomme non dénommé, qui passèrent en 1625 (*Inv.*, C. 4098).

(²) Arch. dép. de la Gironde, C, 3820. — Un autre registre des mêmes Archives (C, 3891, f° 169) fait mention sous la date de 1609 d'un duc de Wurtemberg, auquel est assignée sur la caisse du Receveur général des finances de Guienne une somme de 7,500 livres. Il s'agit certainement du remboursement des sommes que le roi de Navarre avait empruntées audit duc vers 1588, et pour lesquelles il avait hypothéqué le duché d'Alencon qui ne fut racheté qu'en 1611. (Voy. M. J. Mathorez, *ouv. cité*, p. 79.)

(³) Arch. dép. de la Gironde, C, 3837, 3838 et 3933. — Jacques Heillard (de Magdebourg) que cite aussi l'*Inventaire*, C, 3837, résulte d'une mauvaise lecture pour Jacques Hellaert (de Middelbourg).

(⁴) *Familles bord. av. la Révolution* (1909, p. 50).

(⁵) D'après le registre du notaire Estève où abondent les contrats de commerce maritime (Arch. municip. de Bordeaux, fonds Delpit, s. numéro).

en 1680, de Hermann Schreuder, mentionné en 1686, et de Ernst Vitner (*d'Artenberg en Moravie*), vers 1699 [1]. Mais, disséminés sur une période de quarante années, ces dix noms ne peuvent représenter qu'une faible partie de la colonie germanique de ce temps. L'élément proprement allemand y était donc réduit à peu de chose, comme au XVIe siècle.

Remarquons encore que les magistrats de Bordeaux ne font point mention des Allemands lorsque, en 1612, ils interdisent les fonctions de courtier à toute personne non qualifiée, tant Français et Bretons que Flamands, Anglais, Écossais [2]; ni en 1618 lorsqu'ils s'élèvent contre les abus dont se sont rendus coupables les Flamands, Anglais, Écossais, Espagnols [3]; ni en 1643 lorsqu'ils projettent d'établir un impôt extraordinaire sur les marchands étrangers de notre ville, nommément les Flamands et les Anglais [4]. Même constatation de notre part à propos d'un arrêt du Conseil du roi de 1629, portant que désormais les Anglais et les Irlandais paieraient au bureau de la Comptablie de Bordeaux les mêmes droits d'entrée (6 %) et de sortie (5 %) que les autres étrangers : Flamands, Hollandais, Écossais, Espagnols [5]. D'Allemands point de nommés.

C'est qu'en effet les Hanses de Brême, Hambourg, Lubeck, Danzig étaient en décadence depuis le règne de Charles-Quint et condamnées au simple cabotage depuis l'Acte de navigation de Cromwell (1651). Leurs navires ne dépassaient plus guère les mers septentrionales et lais-

---

[1] *Familles bord. av. la Révolution* (1909, pp. 14, 20, 22). Hermann Schreuder est qualifié d'abord de « marchand hollandais », puis, l'année suivante, de « marchand allemand » sous le nom d'Arman Skreuder.

[2] *Inv. des reg. de la Jurade*, IV, p. 46. Sous le nom de Flamands, le texte englobe probablement aussi les Hollandais, par suite de la confusion que nous avons expliquée.

[3] *Ibid.*, III, p. 423.

[4] *Ibid.*, VI, p. 428.

[5] *Inv. des Arch. dép. de la Gironde*, C, 3825.

saient, en deçà du Pas de Calais, toute liberté d'action à la Hanse de Bruges. Pourtant les Hambourgeois surent obtenir, en mai 1655, confirmation des privilèges accordés par les rois de France depuis 1464 (¹) et même conclure avec le gouvernement royal, représenté par Mazarin, un « traité sur le fait de la marine », favorable à leurs intérêts et conforme à leurs réclamations, qui fut vérifié et enregistré par les Parlements de Paris, Rouen, Rennes, Bordeaux, dont les ressorts s'étendaient jusqu'à la mer (²). C'est la première tentative heureuse par eux faite pour prendre pied en France et comme la charte de leur établissement dans notre pays. Toutefois les effets ne s'en révéleront à Bordeaux qu'au cours du XVIIIᵉ siècle. Lorsque peu après l'avènement de Louis XIV, les jurats de notre ville apprirent que la peste sévissait à Hambourg, ils n'hésitèrent pas à demander au Parlement un arrêt qui suspendit pendant près de cinq ans, du 6 novembre 1664 au 26 mars 1665 (³) le peu de rapports qui pouvaient exister déjà entre les deux ports (⁴).

D'autre part, si l'on se rappelle que la Ligue du Rhin, fondée en 1658, s'était placée volontairement sous la dépendance des rois de France, et que cette Ligue comprenait, outre les trois électeurs de Mayence, Trèves et Cologne, le comte palatin du Rhin, l'évêque de Munster, le duc de Brunswick, le landgrave de Hesse-Cassel, les

---

(¹) Dans Leibnitz, *Mantissa cod. juris gentium*, déjà cité, 2ᵉ partie, p. 184.

(²) *Ibid.*, p. 185.

(³) *Inv. des reg. de la Jurade*, IV, pp. 591 et 594.

(⁴) Une preuve de ces rapports, la seule que nous connaissions, est fournie par le fait de ce Henri Jense Rubke qui, en 1663, verse à l'Hôtel de Ville une somme de 600 livres représentant les droits par lui dus sur 400 tonneaux de seigle que les jurats lui avaient permis de faire encharger pour Hambourg (*Inv. des reg. de la Jurade*, VI, p. 637). Le prénom de Jense nous interdit de voir dans ce Rubke un Allemand. C'était plus vraisemblablement un Danois. — Une autre preuve résulte de la présence en rade, au mois de mars 1692, d'un navire appelé *Les Frères*, apportant de Danzig un chargement de blé (*Inv. des reg. de la Jurade*, VI, p. 654). Le texte ne dit point quel était le propriétaire de ce navire.

ducs de Luxembourg et de Bavière, et le roi de Suède
pour la Poméranie, on peut soupçonner que bon nombre
de leurs sujets s'empressèrent d'émigrer en France. A vrai
dire, nous n'en trouverons pas la preuve à Bordeaux avant
le dernier tiers du siècle et elle nous sera fournie uniquement par les lansquenets qui tenaient garnison au
Château-Trompette (¹). Mais il serait vraiment bien singulier que ces hommes d'armes n'aient point été accompagnés ou précédés par des « gens de marchandise »,
comme on disait alors.

Le monopole des transports, qui faisait des Néerlandais
les grands « rouliers » de l'Océan (comme l'avaient été
jadis les Phéniciens dans la Méditerranée), fut un moment
compromis par les efforts que tentèrent d'un commun
accord, pour s'y soustraire, le Roi de France et le Grand-
électeur de Brandebourg. M. Boissonnade (²) a raconté
abondamment cette curieuse histoire et conclu que l'échec
de cette politique commerciale retombe surtout sur le
gouvernement français. La seconde Compagnie du Nord,
instituée par Colbert en 1669, eut des effets très limités,
qui ne semblent point s'être étendus jusqu'à Bordeaux.
Du côté brandebourgeois il y eut moins encore : un projet
mort-né, présenté au Grand-électeur par son conseiller
ordinaire Benjamin Raulé, lequel méditait l'établissement
d'une association de marchands qui eût entrepris, à Hambourg, le commerce direct avec les ports français « pour
avoir la marchandise de première main et afin de pouvoir
avec le temps faire de grandes choses ».

Il est instructif de connaître quels étaient, au temps du
Grand-électeur, les goûts préférés de la clientèle allemande
en fait de vins français. C'est encore M. Boissonnade qui

(¹) Voy. à la fin du présent chapitre.

(²) Professeur à l'Université de Poitiers, *Hist. des premiers essais de relations économiques directes entre la France et l'Etat prussien pendant le
règne de Louis XIV (1643-1715)*, dans les *Mém. de la Soc. des Antiq. de
l'Ouest* (Poitiers, 3ᵉ série, VI, 1912).

nous le dira sommairement : « Tandis que les Hanséates achetaient surtout des vins blancs d'Anjou, de Haute-Guienne et de Cognac, tandis que les Suédois recherchaient principalement les vins blancs de Loire, d'Angoumois, de Langon et de Tursan, accessoirement les vins rouges de Champagne et de Bourgogne, les Prussiens préféraient les vins rouges et blancs de Bordeaux, dits du haut pays, c'est-à-dire provenant de Libourne, de Fronsac, de Coutras, de Bergerac, d'Agenais, de Périgord, de Quercy, d'Albigeois et de Gascogne, de même que les vins blancs et rouges des Graves [1]..... » — Les grands crus du Médoc n'étaient donc pas encore entrés dans la consommation allemande.

A en croire Francisque Michel [2], suivi par Théophile Malvezin [3], les Hanséates allemands, tenus pour suspects (nous ne savons pas à quel titre) [4], auraient, pendant tout le XVIIe siècle, cédé la place aux Scandinaves pour le transport des vins des Graves et autres produits du Bordelais vers l'Europe septentrionale. En réalité ce furent les Néerlandais (Hollandais des Provinces-Unies ou Flamands des Pays-Bas alors espagnols) et, pendant un demi-siècle encore, les Anglais, qui continuèrent de jouer ce rôle et d'écarter la concurrence des armateurs venus des régions plus septentrionales. En 1600, un marchand de Flessingue, présent à Bordeaux, demande à nos jurats l'autorisation d'expédier vers sa ville natale un chargement

---

[1] *Histoire...*, déjà citée, p. 12, d'après un ouvrage du temps, *Le Parfait Négociant*, I, 506.

[2] *Hist. du Comm. à Bordeaux*, II (1870), p. 138.

[3] *Hist. du Comm. de Bordeaux*, II (1892), p. 309.

[4] En 1636, un Allemand de qualité, qui traversait Bordeaux au cours d'un voyage en France, fut arrêté comme suspect (à tort d'ailleurs) d'espionnage et de faux monnayage (*Inv. des reg. de la Jurade*, V, p. 292). — Plus explicitement, M. Louis Reynaud signale, avec preuves à l'appui (*Infl. franç.*, p. 388), les sentiments de « dédain » qu'inspirait aux Français des XVIe et XVIIe siècles le Tudesque butor, lourdaud, avide, querelleur, au demeurant bon ouvrier et bon soldat.

de grains : en 1632-33, un Flamand, du nom d'Isbram, est signalé comme établi à Bordeaux depuis plusieurs années dans le commerce des graines de lin (1). Jacob Noé, mentionné en 1632, Pel en 1642, sont également des Flamands (2), et ce sont aussi des marchands flamands qui, en 1643, contribuent à sauver Bordeaux de la famine (3). Si nos armateurs bordelais sont *personnellement* en correspondance avec Rotterdam (4), Anvers (5), Amsterdam (6), — jamais avec les ports de la côte proprement allemande, — c'est par exception. Leurs échanges commerciaux avec le Nord se font le plus ordinairement par l'intermédiaire des étrangers, dont les navires sillonnent en maîtres et la rade de Bordeaux et le fleuve (7).

Les efforts du gouvernement français pour chasser de nos ports les voiliers de la Hollande et pousser les nôtres vers les pays du Nord sont une autre question, que M. Oudot de Dainville a récemment exposée avec beaucoup de clarté (8). Ces efforts, inaugurés par Michel de Marillac dès 1629, repris, faiblement d'ailleurs, par le cardinal de Richelieu, plus fermement par Colbert, n'aboutirent point. Si le grand ministre de Louis XIV réussit à constituer à Bordeaux, par un arrêt du Conseil du 27 juin 1671 (9), une « Compagnie privilégiée des négociants de Bordeaux », à la demande prétendue d'une dizaine de négociants de notre ville, il nous faut ajouter que cette Compagnie dut liquider

---

(1) *Inv. des reg. de la Jurade*, VI, pp. 491, 503 et 530.

(2) *Ibid.*, VI, pp. 530, 587 et 588.

(3) *Ibid.*, VI, pp. 598 à 600.

(4) *Ibid.*, I, p. 294, année 1618, Rotterdam y est dit en Flandre !

(5) *Ibid.*, III, p. 598, année 1664. Anvers y est dit en Hollande !

(6) *Ibid.*, IV, p. 216, année 1682.

(7) Ne serait-ce pas à la requête de ces Hollandais et Flamands de Bordeaux que fut créée, par édit royal de 1608 (*Inv. des Arch. dép.*, C, 3891 et 3995), un « entrepôt ou magasin général des marchandises entrant ou sortant, sujettes à la visite des commis » ?

(8) *Mémoire* publié dans la « Collection Hayem », 1916.

(9) Voy. le *Livre des privilèges de Bordeaux*, à la date.

dès 1674, et laisser le champ libre aux concurrents étrangers. Les Néerlandais garderont jusque vers le milieu du xviiie siècle l'avance qu'ils avaient su prendre.

Dès 1621 nous constatons que nos Flamands expédient à l'étranger le miel du pays (1). Ce sont eux encore, ou peut-être les Hollandais, qui, les premiers, introduisirent la fabrication et la consommation de la bière à Bordeaux, non sans avoir à subir l'opposition des jurats. Écoutons ce que dit le clerc de Ville :

1663, 5 mai. Certains étrangers s'étant ingérés à faire de la bière, en telle sorte qu'ils en débitoient plus de 2.000 tonneaux par an, MM. les jurats, sur la réquisition de M. le procureur-syndic, défendent à toutes sortes de personnes d'en faire dans la ville et banlieue, sous peine de confiscation et de 1.000 livres d'amende, parce que cela préjudicioit à la vente des vins, consommoit une grande quantité de grains, préjudicioit à la santé en ce qu'on la faisoit avec des blés pourris et de l'eau corrompue, et que ce n'étoit une boisson que pour les habitans des pays froids..... (2).

L'interdiction est renouvelée en 1665, puis en 1699 aux dépens des moines de Sainte-Croix qui s'étaient mis à fabriquer eux aussi cette boisson. Pourtant en 1710 les jurats autoriseront le sieur Neyrac, marchand de Bordeaux, à faire décharger cinquante tonneaux de bière qu'il a fait venir d'Amsterdam, et qu'il désire enchayer aux Chartrons, « à la charge d'avertir MM. les jurats quand il voudra en disposer et afin que la consommation ne s'en fasse pas dans la ville ni fauxbourgs contre les statuts ». L'interdiction de brasser de la bière ne sera levée, à Bordeaux, conformément à un arrêt du Conseil

---

(1) *Inv. des Arch. dép. de la Gironde.* C. 3898. — L'*Inv. des reg. de la Jurade* (III, p. 587) signale, en 1664, des « marchands flamands » résidant à Bordeaux.

(2) *Inv. des reg. de la Jurade*, II, pp. 92 et 93. — Les étrangers visés dans la délibération du 5 mai 1663 ne sont pas explicitement dénommés, et nous pourrions songer aux Anglais et même aux Allemands, aussi bien qu'aux Flamands et aux Hollandais. Mais l'autorisation donnée en 1710 semble trancher la question en faveur des Hollandais.

d'État du 2 septembre 1710 ([1]), que quelques années plus tard.

En ce qui concerne les vins, les Hollandais de Bordeaux ne se montrèrent pas moins novateurs. Ce sont eux qui, les premiers, ont pratiqué « les façons à donner » pour les mettre au goût de la clientèle étrangère. Le fait se prouve avant 1669 ([2]). Colbert ne s'en scandalisait d'ailleurs pas. « S'il est nécessaire, écrit-il, de travailler les vins pendant l'hiver, de les frelater, comme font les Hollandais, cela peut aussi bien se faire à Bordeaux, et on peut y faire venir les plus entendus en cet art, en cas que ce soit un secret des Hollandais » ([3]). Ce n'en est pas moins un curieux trait de l'histoire de ces négociants étrangers que d'avoir inauguré ces pratiques destinées à utiliser les divers crus locaux, les médiocres comme les bons. Malheureusement la limite est difficile à établir entre le coupage légitime et le coupage frauduleux. Beaucoup de négociants français et étrangers, qui suivirent l'exemple donné par les Hollandais, ne surent bientôt plus distinguer cette limite. Tant il y eut qu'en 1682 ou 1683, l'ambassadeur des Provinces-Unies près la cour de France se plaignit hautement de la moindre valeur des produits livrés par Bordeaux à la consommation de ses compatriotes. Sur ce, arrêt de notre Parlement qui, sans y regarder de plus près, interdit d'une façon absolue le procédé des coupages ([4]). — Nous verrons que l'interdiction ne servit guère, puisque

---

([1]) *Inv. des reg de la Jurade*, II, p. 93. — Cependant nous verrons en 1750-1753 les jurats de Bordeaux faire opposition à l'établissement en ville d'une brasserie par les sieurs Letellier et de Marsilly, jugée contraire aux droits de la cité et à l'intérêt des habitants (*Inv. des Arch. dép. de la Gironde*, C. 3683). Mais l'industrie que les jurats proscrivaient *en ville*, ils la toléraient dans le faubourg des Chartrons où faisaient foule les gens du Nord.

([2]) M. de Dainville, *Mémoire* cité, p. 228.

([3]) Lettre de Colbert à M. d'Aguesseau, intendant de la Généralité de Bordeaux, 1670 (dans *Lettres de Colbert*, III, u. p 549). — Le grand ministre de Louis XIV ne tarda pas cependant à trouver que les Hollandais dépassaient trop souvent leur droit et les accusa plusieurs fois de fraude et de falsification. (Voy. *ibid.*, pp. 463, 597, 606 et 626.)

([4]) *Inv. des Arch. de la Gironde*, C. 4374.

le Parlement sera obligé de la renouveler deux fois au cours du xviiie siècle.

Dans une lettre à M. de Pomponne, ambassadeur de France à La Haye (21 mars 1669), Colbert nous apprend avec une certaine précision comment procédaient ces étrangers : « Les Hollandais viennent tous les ans dans les rivières de Garonne et de Charente avec trois ou quatre mille (?) vaisseaux enlever les vins pendant les mois d'octobre, novembre et décembre. Ils portent tous ces vins dans leur pays où ils payent leurs droits d'entrée. Ils en consomment le tiers ou environ. Les deux autres tiers sont conservés, accommodés ou frelatés, et ensuite, lorsque la mer s'ouvre au mois de mars ou d'avril, rechargés sur les mêmes vaisseaux et portés en Allemagne, mer Baltique et autres pays du Nord où les vins de France se consomment. Ces mêmes vaisseaux reviennent chargés de bois, chanvre, fer et autres marchandises de gros volume qui servent à leurs bastimens. » (1).

Au fond, Colbert n'était peut-être pas aussi satisfait qu'il le laisse croire ici, de la prospérité des Hollandais de Bordeaux. Le système commercial auquel son nom est resté attaché était essentiellement protectionniste, et comme tel plutôt défavorable à l'intrusion des étrangers.

Sur d'autres points le grand *Mémoire sur la Généralité de Bordeaux*, de 1698, est des plus instructifs (2) :

Les principales cargaisons que font les étrangers sont des vins (3), des eaux-de-vie, des prunes, du vinaigre, de la raisine. Les droits du

---

(1) *Lettres, Instr. et Mém. de Colbert*. édités par P. Clément, III, ii, p. 463. Est-il besoin de dire que le chiffre de trois à quatre mille vaisseaux est vraisemblablement un *lapsus calami*, qu'il faut corriger par quatre ou cinq cents ?

(2) *Mém. ms. sur la Génér. de Bordeaux*, par M. de Bezons, intendant, 1698 (aux Arch. dép. de la Gironde, série I, fo 48). Cf. Boulainvilliers, *Etat de la France* (Londres, V. 1737, p. 351), reproduisant presque littéralement le susdit mémoire.

(3) Un cahier de doléances présenté au roi par les députés de Bordeaux en 1650 (*Inv. des Arch. dép.*, C, 3784), se plaint de ce que, au lendemain des traités de paix de Westphalie, des vaisseaux hollandais, qui se trouvaient à Bordeaux, avaient été emmenés contre tout droit, chargés de plus de 2,000 tonneaux de vin.

roy ont monté quelquefois, dans les bureaux qui sont dans l'étendue de l'Élection de Bordeaux, à plus de quatre millions de livres.

Les étrangers apportaient autrefois des drapperies et étoffes des manufactures d'Angleterre et d'Hollande, des toilles d'Hollande. L'entrée de ces marchandises n'est point permise, quand à présent, par le port de Bordeaux. L'on apportoit aussy beaucoup d'harangs et du poisson des pesches des étrangers..... Le commerce n'est point encore étably avec les Anglois ; il vient jusqu'à présent peu de leurs vaisseaux. Il y a quelques Écossois. Il est venu beaucoup d'Hollandois depuis la paix [de Ryswick]..... Ce sont les étrangers qui envoyent ou viennent eux-mêmes charger avec leurs vaisseaux qui ne viendront point à vuide.... Il n'y a point de bastiments françois qui aillent porter les denrées de cette province dans les pays étrangers.

Lors de la contagion de 1664, des mesures prophylactiques furent prises par nos jurats contre les Hollandais, analogues à celles que nous avons signalées en parlant des Hambourgeois :

Comme la maladie contagieuse fut extrêmement échauffée pendant cette année [1664] en Hollande et Zélande, raconte Pontelier (¹), Messieurs les jurats désirant pourvoir à la sécurité publique et empêcher que ce mal ne se glissât dans la ville par le transport des marchandises de ce pays et par la communication des matelots qui en viennent, ordonnèrent que tous les vaisseaux mouilleroient l'ancre devant les palus de Blanquefort pour y faire leur quarantaine, pendant laquelle le maître du vaisseau seroit tenu de déplier toutes les marchandises et les faire parfumer.

Le lecteur remarquera la différence de traitement dont les jurats bordelais usèrent en cette occasion, suivant qu'il s'agissait des Allemands ou des Hollandais. Les égards accordés à ceux-ci, nous les retrouverons d'ailleurs en 1672, lors de la déclaration de guerre faite par le roi de France « à Messieurs les États généraux » : l'intendant de la Généralité de Bordeaux et les jurats de la ville décidèrent, en

____

(¹) Voy. Pontelier, *Contin. de la Chron. bordelaise*, p. 97.

réponse à une demande de Colbert, que les Flamands et les Hollandais ne seraient point inquiétés (¹). — Autant d'avantages dont ceux-ci savaient, à chaque fois, tirer très bon parti (²).

De ces Hollandais, beaucoup nous sont nommément connus : les Meerman qui, arrivés à la fin du XVIᵉ siècle, se sont perpétués à Bordeaux jusqu'au XIXᵉ (³) ; Guill. van Platen, « marchand flamand », mentionné en 1635 (⁴), dont nous avons déjà rappelé le rôle de premier plan ; Pierre Colembourg, « marchand flamand », en 1647 (⁵) ; F. Vandamme + en 1648 (⁶) ; les Vandebrande *alias* Vandenbranden, dont le nom s'est conservé jusqu'au commencement du XIXᵉ siècle ; les Kater, qui ont laissé le leur à une rue du quartier d'Arès (⁷) ; Bierquens, Jean Denève, Bacqueman, Wesdrop, marchands flamands, signalés en 1650 (⁸) ; Valandal, Abraham Alkan, Alard, Cram, signalés en 1651 (⁹) ; Josué van Herlant (*d'Amsterdam*), domicilié à Bordeaux au milieu du XVIIᵉ siècle (¹⁰), Samuel Melic (*d'Amsterdam*) en 1657 (¹⁰), Henry van Bommel et Joachim Mendoze Cat en 1680 (¹⁰), Hendrick Seelen (¹⁰), à la fin du

---

(¹) Voy. dans *Lettres, Instr. et Mém. de Colbert* (édités par P. Clément, II, pp. 664-665), une lettre à l'intendant de la Généralité de Bordeaux, 14 octobre 1672. Cf. A. Ducaunnès-Duval, *Famille Meerman*, p. 2, sans indication de source.

(²) Dans sa *Collection des lois marit. antér. au XVIIIᵉ siècle*, Pardessus a inséré aux t. I et IV, ch. IX, X et XXIV, les lois des Pays-Bas ; — au t. II, ch. XIV, les lois de la Ligue hanséatique ; — au t. III, ch. XIX, XX et XXI, les lois de Brême, Hambourg et Lubeck. Nous ne voyons pas qu'on puisse en tirer la moindre indication utile à l'histoire de la colonie germanique de Bordeaux.

(³) Cf. plus loin les paragraphes que nous consacrons à cette famille.

(⁴) A. Ducaunnès-Duval, *Famille Meerman*, p. 2.

(⁵) *Inv. des reg. de la Jurade*, t. V, p. 292.

(⁶) Je ne suis pas aussi persuadé que P. Meller de l'origine hollandaise des Vandamme, qui sont dits sieurs de Carcanieux.

(⁷) Plus connus au XVIIIᵉ siècle qu'au XVIIᵉ.

(⁸) Mentionnés par F. Michel, *ouv. cité*, I, p. 436, d'après les documents du temps.

(⁹) *Id., ibid.*, p. 437, d'après les documents du temps.

(¹⁰) *Id., ibid.*, pp. 438 et 439, d'après les documents du temps.

xviie siècle (¹); les Vandenberg. les Jean de Ridder (²), les Gaspar Pelt, les Vanpulle (³), les Constantin Cruipling, les Vanherlaer (⁴), les Daniel Oyens (⁵).

Dans quelle mesure les noms germaniques recueillis dans les documents imprimés traduisent-ils l'importance du commerce de Bordeaux avec les villes du Nord au xviie siècle ? N'y en eut-il point d'autres ? Et en quel nombre ? — Nous l'ignorerons jusqu'au jour où les sources spéciales (en l'espèce les archives de la Hanse de Bruges) s'ouvriront à nous pour compenser l'insuffisance évidente des sources générales dont nous disposons présentement.

Les archives locales n'ont pas non plus encore livré tous leurs secrets, tant s'en faut; toutefois celles de la famille Meerman sont assez abondantes et assez variées pour que Ariste Ducaunnès-Duval père en ait pu tirer une étude substantielle (⁶), qui montre quelle place considérable occupait cette dynastie de marchands dans le commerce bordelais.

Les Meerman d'Amsterdam (*alias* Merman, Meermann et plus tard De Meerman) firent un premier séjour dans notre ville à la fin du xve siècle, de nouveau à la fin du xvie; mais ne s'y établirent définitivement qu'en 1600 en la

---

(¹) La forme Hendrick est scandinave plutôt que hollandaise. Mais si nous tenons pour vraisemblable que ce Hendrick Seelen est le même personnage que le Zelen, mentionné plus loin comme Hollandais à propos du règlement des interprètes en 1721, nous pouvons tenir pour fondée l'attribution de F. Michel.

(²) F. Michel, *ouv. cité*, I, p. 436, fait mention de la maison Bierquens et Ridders en 1650.

(³) Mentionné dans l'*Inv. des reg. de la Jurade*, VI, p. 582, sous la date de 1642, le même sans doute qui est appelé ailleurs Van Pulen.

(⁴) Ne serait-ce pas le personnage qui est appelé Van Herlant dans F. Michel, *ouv. cité*, I, p. 438 ?

(⁵) F. Michel, *ouv. cité*, I, p. 437, le nomme sous la date de 1651.

(⁶) *Famille Merman ou de Meerman. Notice généalog. et biograph., 1480-1896* (Bordeaux, 1897, g. in-8° de 202 pp., avec portraits et inventaire des archives de ladite famille, contenant 515 pièces). — Voy. la reproduction des signatures autographes d'un Michel et d'un Samuel Merman dans les *Arch. hist. de la Gironde*, XXX, pp. 87 et 184.

personne de Michel Merman (+ vers 1610). Celui-ci prit logis au faubourg de la Rousselle, comme plus tard aussi son fils Samuel. Deux autres fils d'un second lit, Isaac et Moïse, y demeurèrent également, mais firent installer aux Chartrons, dans le cours du xviie siècle, une grande raffinerie de sucre, la seule, semble-t-il, qu'il y eût alors à Bordeaux (¹).

Inscrit sur le *Livre des bourgeois* de la cité dès 1603, Michel Meerman se francisait par cela même. Ses descendants se francisèrent plus encore puisqu'ils passèrent au catholicisme vers le milieu du règne de Louis XIV. Leur nom se retrouve à des titres divers tout au long du siècle suivant; mais, en droit aussi bien qu'en fait, ils avaient cessé depuis longtemps de faire partie de la colonie étrangère.

S'il n'est pas possible de connaître toute la variété de leurs opérations commerciales, nous savons pourtant qu'en 1600 ils étaient propriétaires ou copropriétaires du navire *L'Hercule* venu d'Emden en Frise; — en 1634, du *Pigeon-d'Or* de Flessingue; — en 1656, du *Dauphin-Doré* d'Amsterdam; — en 1664, du *Jeune-Prince* d'Amsterdam; — en 1665, du *La Ville-de-Copenhague*, qui se rendait en cette ville; — en 1667, du *La Ville-de-Bordeaux*. Nous savons aussi qu'en cette même année le *Salvator* de Lubeck vint prendre le fret des Merman pour Hambourg, Lubeck et les autres ports de la Baltique; — qu'en 1668 le *Saint-Jean-Baptiste* de Stockholm, en 1669 le *Ramus* de Rotterdam, en 1670 le *Saint-Pierre* de Rotterdam, en 1672 l'*Arc-en-Ciel* de Wismar (qui appartenait alors à la Suède), étaient en rade de Bordeaux aux mêmes fins que le *Salvator*. Nous savons enfin qu'entre les années 1674 et 1678 Pierre Merman expédiait du tabac à

(¹) Ce fait, affirmé sans date précise par Jean Merman, dans son registre de famille (p. 3 de la notice Ducaunnès), n'a pas été confirmé jusqu'ici par les documents locaux.

Lubeck, affrétait le *Saint-Jean* et la *Samaritaine* pour cette ville et faisait assurer le *Constant-Frindt* en partance pour Rotterdam.

D'autres noms de navires hollandais nous sont parvenus, qui se rencontraient à Bordeaux avec ceux des Meerman : le *Saint-Pierre* de Middelbourg en 1617 (¹), le *Saint-Jean* de Rotterdam en 1644, la *Concorde* de Flessingue en 1655, le *Druide* d'Amsterdam en 1667 (²), appartenant à d'autres propriétaires (³).

La situation prépondérante que les marchands néerlandais prirent à Bordeaux au xviiᵉ siècle s'avère par la plupart des faits que nous avons rapportés dans les pages qui précèdent. Elle explique le zèle avec lequel beaucoup d'entre eux, pour donner toute sécurité à leurs intérêts commerciaux, réclamèrent la naturalisation. Des lettres patentes d'Henri IV, promulguées en avril 1595 (⁴), l'avaient accordée de plein droit aux sujets des Provinces-Unies et des Pays-Bas espagnols déjà domiciliés dans le royaume, mais sans rien régler pour l'avenir. Les demandes individuelles ne tardèrent pas à se produire dans la colonie de Bordeaux :

Paul Boul en 1599,

Jacques Lenard (*d'Anvers*) vers 1600 (⁵),

Jean et Abraham Vandenpom en 1602,

Jean Lansecot en 1605,

(¹) *Inv. des Arch. dép. de la Gironde,* C, 3895.

(²) D'après Fr. Michel, *ouv. cité*, I, pp. 433 et 434..

(³) En 1620, des navires venant de Hollande et de Flandre furent saisis par des pirates ennemis à l'embouchure de la Gironde (*Inv. des Arch. dép. de la Gironde,* C, 4063). — Quand en 1628 les jurats de Bordeaux voulurent aider à la prise de La Rochelle, ils louèrent six vaisseaux hollandais qu'ils envoyèrent s'embosser à l'entrée du canal de cette ville (*ibid.,* C, 3994 et 3996).

(⁴) Arch. dép. de la Gironde, C, 3820. — Cette naturalisation en masse peut être rapprochée de celle qui fut accordée par Henri II en 1550 et Henri III en 1574, aux Portugais de Bayonne (*ibid.,* C, 3846).

(⁵) Arch. dép. de la Gironde, *Reg. de transcription des Edits royaux,* C, 3809. — Nous nous sommes reporté au registre même, l'inventaire qu'en donne M. Gouget étant souvent fautif.

Barbe Staclz et Antoine Bonner en 1612 (¹),

F. Vandenberg (*de Mons en Brabant*) en 1621 (²),

Jean Van Pulen (*d'Anvers*) en 1635 (³),

Jacques Hellaert (*de Middelbourg*) en 1658,

Joris Vanhemstede (*d'Amsterdam*) en 1658,

Constantin et Cyprien Cruypling (⁴) en 1659,

Dubley Collendrini en 1659,

Daniel Oyans ou Oyens (*d'Amsterdam*) en 1659,

Bernard de Stonaker (*de Flessingue*) vers 1660,

Adrien Delacroix (*d'Amsterdam*) vers 1660 (⁵),

Jacques Van der Rivière [?] (*de Rotterdam*) en 1660-61 (⁶),

Godefroi Hackaert (*d'Anvers*) en 1659-61 (⁷),

représentent pour nous autant de bénéficiaires de la bienveillance royale.

Jacques Camps Kiesfeld (*de Bruxelles*), chanoine de Latran, administrateur de l'abbaye de Clairac en 1661 (⁸),

Jean Van Hoof (*de Rotterdam*) en 1666,

Léonard Creau (*de Middelbourg*) en 1666,

Bellezard (*d'Anvers*) en 1668 (⁹),

Van der Slis et Martin Brower en 1669 (¹⁰),

Adriensen (*de Flessingue*) vers 1676,

Henri Pick (*de Battenbourg en Gueldre*) vers 1677,

Guillaume Loeyen (*de Liége*) vers 1677 (¹¹),

(¹) Arch. dép. de la Gironde, *Regist. de transcription des Édits royaux*, C, 3817.

(²) *Ibid.*, C, 3822.

(³) *Ibid.*, C, 3829 et 3913. Cf. série B, un autre registre de transcription d'édits royaux, de 1632 à 1636, fᵒ 62.

(⁴) L'*Inventaire* porte Cruypaing. Dans d'autres documents on lit Cruipning.

(⁵) *Inv.*, C, 3837.

(⁶) *Ibid.*, C, 3933, fᵒ 8.

(⁷) *Ibid.*, C, 3838. Cf. C, 3933, fᵒ 8.

(⁸) *Ibid.*, C, 3838. Rien ne prouve que Kiesfeld résidât à Bordeaux. Je soupçonne pourtant en lui le chapelain chargé de desservir la chapelle des Étrangers, aux Chartrons, dont il a été fait mention plus haut.

(⁹) *Ibid.*, C, 3841.

(¹⁰) *Ibid.*, C, 3843.

(¹¹) *Ibid.*, C, 3846.

Martin et François Oeillartz (*de Middelbourg*),

Jacob Lienau père et fils (*de Flessingue*),

Barthélemy de Huisdins (*de Huisdins*),

Conrad Tradel (*d'Amsterdam*), tous quatre en 1668, avec confirmation en 1678 [1],

Antoine Clander (*d'Amsterdam*) en 1678 [2],

Cornelis Delfgauw (*de Rotterdam*) en 1686,

J. Clock en 1686 [3],

Jacques de Meyre (*d'Ordenheim* au pays d'Alost) vers 1693 [4],

continuent et achèvent pour nous, avant les traités de Ryswick, la série des Néerlandais de Bordeaux qui obtinrent des lettres de naturalité [5].

Ces trente représentants de la colonie néerlandaise avaient prospéré dans leurs affaires, puisqu'ils se décidaient à prendre racine sur place et à faire souche de Français authentiques. L'un d'eux, François Demons (traduction de Franz Vandenberg) ne tenta rien de moins, en 1636, que d'acquérir à deniers comptants un office de trésorier de France au Bureau des finances de Bordeaux, comme successeur de M. de Verthamon. Mais il y eut opposition à sa réception et peut-être ne fut-il pas admis [6]. Un autre, Henri Pick, qui était banquier, semble avoir été un fort habile homme, dans tous les sens de ce terme. Il avait, avant 1698, logé gratuitement pendant deux ans,

[1] Il est dit que ces quatre Néerlandais avaient établi des moulins à huile à Bordeaux avant 1668.

[2] *Inv.*, C, 3847.

[3] *Ibid.*, C, 3852.

[4] *Ibid.*, C, 3854. J. de Meyre (appelé plus tard de Meyère) est dit établi depuis vingt ans à Bordeaux, où « il travaille à faire des eaux-de-vie et du vinaigre ». Il est naturalisé sans payer aucun droit, à charge de finir ses jours dans le royaume et de ne s'entremettre dans aucune affaire concernant les étrangers. — Un autre de Meyère (Pierre-Henri), sera naturalisé vers 1699 (*ibid.*).

[5] Nous négligeons ici deux noms français : Heillard, de Middelbourg (1659), et les frères Delacroix, d'Amsterdam (1660), mentionnés dans l'*Inventaire*, C, 3931 et 3932.

[6] *Inv. des Arch. dép. de la Gironde.* C, 3972.

dans sa maison du Chapeau-Rouge, M. de Boufflers et M. de Sainte-Rhue, commandants militaires de la Province. Il en fut amplement dédommagé quelques années plus tard (¹).

Si le nombre des naturalisés alla décroissant, ce fut par la faute du gouvernement royal qui, en révoquant le privilège, dont jouissaient les bourgeois en titre, d'être exemptés des droits de comptablie, supprima les mobiles intéressés qui poussaient les étrangers à demander la naturalisation (²). Depuis 1629, beaucoup de ceux-ci avaient sollicité et le plus souvent obtenu d'être reçus « bourgeois de la ville » aux conditions accoutumées. Privilège insigne, qui n'allait qu'à des gens de probité et de mérite reconnus, et leur conférait, avec le « droit de cité » dans toute sa splendeur, l'honneur d'être inscrits sur le *Livre des bourgeois* (³). En quel nombre furent-ils ? Il est malaisé de le dire exactement, le *Livre* n'établissant jamais l'état civil des bourgeois admis. En nous guidant presque uniquement par la forme des noms, nous croyons pouvoir

---

(¹) *Inv. des reg. de la Jurade*, IV, pp. 487 et 514.

(²) « L'on doit remarquer à l'égard des étrangers naturalisés qui ont pris des lettres de naturalité avant 1675 [que] l'on n'en prend pas depuis, parce qu'on revoqua pour lors les privilèges des bourgeois qui jouissaient pour lors de l'exemption des droits de comptablie, et comme il n'y a plus de privilège l'on ne prend plus de lettres de naturalité. » (*Mém. ms. sur la Général. de Guienne*, 1698, f° 47 v° de l'exemplaire des Arch. dép. de la Gironde.) — Cf. une lettre de M. de Bezons, intendant, 18 sept. 1691, dans Boislisle, *Corresp. des Contr. génér.*, I, n° 987 : « La suppression du droit de bourgeoisie à l'égard des habitans de Bordeaux a esté cause que les étrangers n'ont plus pris de lettres de naturalité, parce qu'ils ont vu qu'il n'y avait plus aucun privilège..... » — En 1709, le gouvernement français obligera tous les étrangers naturalisés depuis 1660 à prendre des rentes constituées au denier vingt (*Inv. des Arch. dép.*, C, 3786, p. 173).

(³) Voy. l'*Inv. des reg. de la Jurade*, II, p. 433 et ss. — A la p. 434, sous la date du 13 juillet 1613, il est dit que « désormais tous les bourgeois qui seroient reçus seroient enregistrés dans un livre séparé, sans qu'à l'avenir cette règle peut être changée ». Ce *Livre des Bourgeois* a été publié en deux tomes par M. Le Vacher de Boisville, pour la Société des Arch. histor. de la Gironde (1898). Le tome I, qui concerne le xviiᵉ siècle, reproduit selon l'ordre alphabétique les noms que nous avons relevés selon l'ordre chronologique.

considérer comme d'origine hollandaise ou flamande tous les noms qui suivent ([1]) :

François Van den Berg, marchand (1629),

Gaspard Pel ou Pell (1637),

Abraham de Brosser, marchand et banquier (1638),

Harmand Vanhartux, marchand (1638),

Jean de Ridder, marchand flamand (1638),

Jean Breyl (1642),

Alard et Cram, avant 1654 ([2]),

Gérard et Josué Vanherlaer (1659), confirmés en 1665,

Henri Vankessel, marchand (1669),

Joris Vanhaemstede, marchand (1671),

Bernard Vanschoonacker, marchand (1677),

Henri Pieck, marchand (1677) ([3]),

Jean Baumgarten, marchand (1683),

Pierre Power, marchand (1683),

Pierre de Kater, marchand (1687),

Philippe Van den Branden, marchand (1690),

Jean Clop, marchand (1691),

Guillaume Jung, marchand (1694).

[1] Etait-ce un Néerlandais ce De Beringhen, premier valet de chambre du roi et seigneur d'Armonvilars, mentionné en 1612 (*ibid.*, p. 433). Rien ne le prouve péremptoirement. — D'autre source, nous savons que Michel Mermann avait été reçu bourgeois en 1603. Voy. ci-dessus, p. 32.

[2] Pontelier (*Contin. de la Chron. bourdel. du* XVIIᵉ *siècle*) insère, p. 74, la mention suivante : « Le 5 juin [1654], par ordonnance de Messieurs les maire et jurats, furent cassées les lettres de bourgeoisie des nommés Alard et Cram, marchands hollandois, non naturalisés. » La raison de cette cassation n'est point donnée, à moins que ce ne soit l'absence de « lettres de naturalité ». De fait, ces deux noms ne figurent pas dans les registres de la Jurade. Nous n'y trouvons pas non plus les noms de Vanpulle (1640), Constantin Cruipling (1654), Daniel Oyens (1659), et Mathurin Janssens, maître chirurgien (1689), enregistrés dans le *Livre des Bourgeois*.

[3] Cf. *Inv. des reg. de la Jurade*, VI, pp. 119 et 131, année 1698. Est-il permis de rapprocher de ce Pieck (*alias* Pick) un certain Picq, billetier aux Chartrons en 1555 (mentionné dans le *Reg. du clerc de Ville* publié par P. Harlé en 1912, p. 10), et un Léonard-Henry Pick, receveur des tailles en l'élection de Bordeaux, 1748 (dont nous avons une requête dans la liasse C, 3984, des Arch. dép. de la Gironde) ?

Tous les Néerlandais ne méritaient pas cet honneur. En 1646, le Parlement avait prononcé contre un grand nombre de Flamands, conjointement avec divers marchands et courtiers bordelais, un arrêt de condamnation pour monopoles, « usures horribles » et autres abus par eux commis dans l'exercice de leur commerce. « Ils sont dans un tel décry, affirme un magistrat, que partout on les appelle *mange-paysans* et qu'ils semblent avoir fait entre eux le despartement des paroisses pour y dévorer les pouvres et pour achepver la ruine entière du pays » (¹). — Le jugement est sévère. Est-il mérité ? N'y a-t-il point lieu de craindre que les torts de quelques-uns aient été étendus au groupe tout entier ? C'est ce que nous ne pouvons dire, puisque les accusés n'ont pas été admis à se défendre devant l'histoire (²).

Quelques mots seulement sur les effets de la révocation de l'édit de Nantes dans la colonie de Bordeaux.

Les préliminaires de cette révocation avaient commencé de bonne heure, visant à réduire toujours plus le nombre de « ceux de la R. P. R » pour diminuer d'autant la gravité de l'acte final. Dès 1678, les PP. Jésuites faisaient abjurer le luthéranisme dans la chapelle de leur collège ou dans celle de leur noviciat, parfois dans celle du Château-Trompette, à un certain Georg Muller (*de Magdebourg*), à Jacques Kroller (*du canton de Berne*), à Heinrich Flohl (*de Brême*) ; l'année suivante, à Johann Fischer (*Saxon d'origine*), à Jean Laurent (*d'Amsterdam*), à Urbain Basse (*de Danzig*), à un nommé Thomas (*de

---

(¹) Lettre de Dubernet, président du Parlement de Bordeaux, au chancelier Séguier, 29 nov. 1646 (dans *Arch. hist. de la Gironde*, XIX, p. 164).

(²) Dans son *Inv. de la coll. Godefroy* à la Bibliothèque de l'Institut (1914, p. 391), M. F. Gébelin signale une lettre des États généraux des Provinces-Unies au chancelier Séguier « touchant le procès d'un marchand d'Amsterdam contre un marchand de Bordeaux » (La Haye, 6 oct. 1648). Nous n'avons pu savoir quelle en était la teneur.

Lubeck), presque tous soldats des « enseignes » suisses que nous avons rencontrées au siècle précédent (¹).

A mesure que l'heure attendue s'approche, les PP. Jésuites multiplient leur zèle de convertisseurs à l'égard de ces étrangers; en 1682 ils obtiennent l'abjuration de Jean-David Arneut (*de Marbach, Wurt.*); l'année suivante, celles de Jean Reytner (*de Werde, Saxe*), Nicolas Adam (*du pays de Hesse*), Jean Brun (*de Copenhague*), Laurens Nicolas (*de Copenhague*), Nicolas Muller (*du pays de Saxe*), André Premer (? Bremer) (*de Halberstadt*); Elisabeth Veulker (*du Palatinat rhénan*), appartenant, nous ignorons à quel titre, à la compagnie franche des Suisses; Jean-George Veugt (*du pays de Saxe*), Christian Bust (*de Franconie*), Christian Mescher (*de Strasbourg*), Paul Wallingen (*de Colmar*), André-Feucht Grünwaldt (*de Franconie*). Leur zèle se soutient si bien que, pendant les mois de juillet-août-septembre 1683, ils convertissent encore Gerard Just (*de Bois-le-Duc en Brabant*), Henri Loubens (*de Danzig*), Jean Simon (*du canton de Berne*), Jean-Georges Melbeck (*de Heidelberg*), André Smith (*de Hambourg*), Jean-Marie Rab (*de Mannhein*), Jœrg-Michel Mœser (*de Francfort-sur-le-Main*).

En l'année 1684 les succès sont moins nombreux, la matière se faisant plus rare. Cependant les PP. Jésuites enregistrent encore l'abjuration de Jœrg-Balster Schwab (*d'Altbach dans la principauté de Birkenfeld*), Jean-Conrad Mescher (*du duché de Wurtemberg*), Mathieu Kedner (*du même duché*), Barthélemy Huber (*de Saint-Gall en Suisse*), Christian Springer (*du canton de Berne*), Johann Kwentz (*de Zurich*), Henri Bol (*de Brandebourg*).

(¹) Voy. le *Catalogue de ceux qui ont fait abjuration de la R. P. R. et fait profession de la religion catholique et romaine entre les mains des Pères du Collège de Bordeaux de la Compagnie de Jésus* (de 1673 à 1694). Registre de 76 ff. gr. in-8°, aux Archives départementales de la Gironde, série H, fonds des Jésuites, sans numéro. — Chaque procès-verbal porte la signature du Jésuite répondant; par contre, celle de l'abjurant fait ordinairement défaut.

En 1685, année de la Révocation, ils ne font abjurer qu'un seul soldat : Jean-Joachim Kik (*de Lindau en Tyrol*); — en 1686, Jean Barthélemy (*de Zerwelt, dans le margraviat de Durlach au pays de Bade*); Jean Liebmann (*d'Orsmund près Wesel*); Hercule de Capal (*de Chur au pays des Grisons*); Jean-Georges Andreas (*de Francfort-sur-le-Main*); Christian Grünwald (*de Brunswick*); Léonard Teinle (*de Nuremberg*); Daniel Bulau (*de Modon, canton de Berne*); Benoît Marienstern (*de Stockholm*); Jacques Nicolas (*de Copenhague*); Jean-Jacques Alt (*de Bâle en Suisse*); Frédéric Errich (*de Brunswick*). Ces nouveaux convertis, jeunes pour la plupart, finissaient par obéir aux exhortations des révérends pères comme à une consigne de leurs chefs militaires, si bien que, dès la fin de l'année 1686, les Bordelais purent s'édifier à la pensée que les « enseignes » suisses du Château-Trompette ne comptaient plus un seul hérétique de langue allemande.

La Révocation une fois prononcée (¹), il fallut aviser à résoudre de nouvelles difficultés. « Pour rassurer les protestants étrangers, nous dit M. Paul Bert (²), le roi avait émis deux déclarations (janvier et juin 1686) qui les autorisaient à continuer leur commerce en toute liberté, à entrer dans le royaume et à en sortir à leur gré, avec leurs femmes, enfants et domestiques ». — Et l'auteur cite à l'appui de cette tolérance l'exemple de deux marchands anglais établis à Bordeaux. Des autres il ne sait rien. Son contexte nous autorise à croire que Hollandais, Allemands, Scandinaves bénéficièrent de la même tolérance, au moins provisoire; car il nous dit plus loin (p. 96) que « les

______

(¹) Les protestants bordelais, de langue française, se réfugièrent en grand nombre dans les Provinces-Unies, notamment à Amsterdam et Rotterdam. (Voy. F. de Schickler, article Refuge, dans l'*Encyclop. des Sciences relig.* de Lichtenberger, V, p. 776, et XII, p. 841.)

(²) *Hist. de la Révoc. de l'Edit de Nantes à Bordeaux et dans le Bordelais, 1653-1715* (Bordeaux, 1908, pp. 89 et 90, d'après les documents conservés aux Archives nationales).

étrangers, les grands négociants quittèrent la ville » à la fin de 1686 (¹), — et que, en 1689, pendant la guerre contre la Ligue d'Augsbourg, le pouvoir central songea à faire expulser tous les étrangers religionnaires qui se trouvaient à Bordeaux. Mais, soucieux avant tout des intérêts économiques de la ville, l'intendant de la Généralité prit sur lui de surseoir aux ordres du roi. « Il y a ici, écrit-il, un grand nombre d'étrangers qui étaient religionnaires et qui, pour se faire naturaliser, se sont convertis, lesquels seraient aussi à redouter que les Anglais non naturalisés. » — Le roi se laissa convaincre, affirme M. Paul Bert, et la colonie étrangère, considérablement diminuée cependant par l'émigration de la première heure, put vivre à Bordeaux sans être désormais inquiétée (²).

Jusqu'à la Révocation les protestants français de Bordeaux eurent leur cimetière particulier hors ville, dans le faubourg de Saint-Genès, entre la rue de Berry et la rue Tanesse actuelles. Est-ce là qu'étaient aussi inhumés les protestants étrangers? Nous le présumons, sans en avoir la preuve.

La guerre que Louis XIV soutint pendant neuf ans contre la Ligue d'Augsbourg ne fut pas moins funeste aux étrangers établis dans notre ville que l'avait pu être la suppression de la liberté de conscience. « Dès le mois d'octobre 1688, les négociants de Bordeaux s'étaient associés pour faire la course contre les Hollandais, et les étrangers naturalisés s'étaient même unis à cette association sous des noms intermédiaires » (³). Cette assertion

(¹) D'après M. A. Ducaunnès-Duval (*ouv. cité*, p. 3), quelques-uns des Flamands et Hollandais protestants de Bordeaux quittèrent la ville après l'acte de révocation. « D'autres restèrent en s'astreignant à pratiquer extérieurement le catholicisme. »

(²) Malgré tout, M. P. Bert n'a point étudié à fond cette partie de son sujet, et ses assertions restent un peu vagues.

(³) Voy. Boislisle, *Corresp. des Contrôl. génér.*, I, p. 642, résumant deux lettres de l'Intendant, des 14 oct. et 12 déc. 1688.

de M. de Bezons, intendant de la Généralité de Guienne, laisse deviner une perturbation profonde des relations économiques que nous avons constatées précédemment, et une diminution de la colonie germanique. Une autre lettre du même intendant, datée du 18 septembre 1691 (¹), établit qu'au début de cette longue guerre il y avait dans le commerce de Bordeaux vingt-quatre Anglais non naturalisés, et plusieurs Hollandais, qui ne l'étaient pas davantage. A la date de la lettre précitée, il n'y avait plus que des Danois et des Suédois. D'Allemands il n'est jamais fait mention.

Du milieu néerlandais ont émergé quelques noms qui font partie de l'histoire littéraire et artistique de Bordeaux au xviiᵉ siècle. Ainsi en 1613 un docteur flamand, dont l'identité ne nous est point connue, enseignait les doctrines de Raymond Lulle, le fameux alchimiste espagnol du xiiiᵉ siècle, auteur de l'*Ars magna*. Dénoncé par deux Jésuites de la ville, notre docteur reçut des jurats l'ordre de se taire sous peine de 10,000 livres d'amende (²). En 1629 un certain René Hopquen (Hopkins?), natif d'Amsterdam, fut chargé de décorer une pyramide érigée au Chapeau-Rouge (³). Une trentaine d'années plus tard, un peintre d'origine flamande, Gaspard Netscher, séjourna quelque temps à Bordeaux. C'est tout ce qu'on en sait (⁴). Mais son fils Théodore, né dans nos murs en 1661 et mort en 1732, a joui comme portraitiste d'une réputation dont les fondements ne sont pas encore établis (⁴).

Ce n'est pas seulement comme voyageur, à l'instar de Hentzner, Zinzerling ou Gœlnitz, c'est aussi comme membre de la colonie de Bordeaux, où il séjourna dix

---

(¹) Voy. Boislisle, *Corresp. des Contrôl. génér.*, I, p. 987.

(²) *Inv. des reg. de la Jurade*, V, p. 57. — Il semble résulter du contexte que l'enseignement de ce docteur se donnait hors du Collège de Guienne.

(³) *Ibid.*, VI, p. 289.

(⁴) Voy. Laboubée, *Notes biographiq. mss.*, t. XIV, à la Bibl. municipale de Bordeaux.

ans, que nous devons rappeler ici le nom d'un artiste hollandais de ce temps. De 1638 à 1649 Hermann van der Hem s'appliqua à reproduire par le dessin tous les monuments, tous les paysages de Bordeaux et de la région qui le frappèrent. Ces dessins, au nombre de quatre-vingt-deux, présentent presque tous une valeur à la fois documentaire et artistique, qui les rend précieux à notre souvenir. Ils donnaient aux voyageurs un exemple qui a été trop rarement suivi (¹).

Comme témoins encore visibles de leur présence à Bordeaux et de leur prospérité commerciale, deux Hollandais ou Flamands de ce temps, dont les noms n'ont point été conservés, firent édifier les deux maisons jumelles à pignons qui se voient sur le quai des Chartrons, entre la rue Latour et la rue du Couvent. Elles sont une curiosité de ce quartier plutôt qu'un embellissement (²).

Dès ce temps nous saisissons ou plus exactement nous devinons la présence à Bordeaux d'un groupe flottant de colons germaniques, qui s'ajoute plus ou moins durablement au groupe permanent. Il se compose des marins dont les navires mouillent sur la Garonne, et s'accroît pendant les deux grandes foires de l'année des marchands venus du Nord par eau, pour participer à ces assemblées du commerce. Le marquis de Seignelay le laisse entendre

(¹) Avant Van der Hem, un autre Hollandais, Joachim de Weert (ou du Viert), avait lui aussi, au cours d'un voyage en France entre 1609 et 1614, dessiné, avec moins d'habileté mais avec le même souci d'exactitude, les monuments et les vues de diverses villes de la région du Sud-Ouest.

L'œuvre de ces deux artistes, conservée à Paris et à Vienne, a été reproduite en 1904, aux frais de la Soc. des Arch. histor. de la Gironde (tome XXXIX), par les soins de son dévoué trésorier, M. Th. Amtmann. Cette belle publication est précédée d'une instructive et abondante notice, due à M. Paul Courteault.

(²) M. Paul Courteault a reproduit l'une d'elles dans son *Bordeaux à travers les siècles* (1909, p. 68), comme « maison hollandaise ». Qui sait si les têtes de lion (*Loewe*, pluriel *Loewen*) qui ornent les toitures de ces deux maisons, à la retombée des pignons, ne sont pas destinées à rappeler que les propriétaires étaient des Flamands de Louvain (*Loewen*)?

clairement dans une lettre à Colbert, en l'année 1670 : « C'est une chose fort agréable à voir que le port de Bordeaux pendant la foire. La ville, ajoute-t-il, paroit dans l'enfoncement, et le port, qui est en croissant et qui s'appelle à cause de cela le port de la Lune, est orné de sept à huit cens vaisseaux, tant français qu'étrangers, qui viennent charger les vins qui font toute la fortune du pays » (1). L'intendant De Bezons ne parle point autrement dans son *Mémoire de 1698 sur la Généralité de Guienne :* « Il y a presque toujours, dit-il, dans le port de Bordeaux, quand le commerce va raisonnablement, cent vaisseaux étrangers et, dans les temps de foire, quatre ou cinq cens. Il y en a eu souvent davantage » (2). — On ne nous demandera pas de préciser quelle était en ces deux occasions là proportion des navires néerlandais par rapport aux autres. Quant à l'écart qui existe entre les chiffres de 1670 et ceux de 1698, il provient du marasme qui pesait sur le commerce de notre ville depuis 1683 environ et qui devait persister jusque vers 1730, autant par suite de l'émigration des négociants protestants que comme conséquence des deux dernières guerres de Louis XIV et des désastres qu'engendra le système de Law. C'est au milieu de ces désastres que s'ouvre pour notre sujet une nouvelle période par l'arrivée inopinée des Hanséates allemands, qui vont bien vite occuper le premier plan de l'histoire que nous racontons (3).

(1) Dans *Lettres, Instr. et Mém. de Colbert,* édités par P. Clément, III, ii, p. 24.

(2) *Mémoire* ms. déjà cité, fo 48.

(3) Aux noms que nous avons cités d'après les sources imprimées, beaucoup d'autres pourraient être ajoutés si nous avions le moyen d'interroger les minutes notariales conservées aux Archives départementales de la Gironde. Celles du notaire Deferrand, par exemple, qui vont de 1654 à 1701, sont pourvues d'amples répertoires de noms propres (cotés 3 E, 4118 et 4119) où nous avons recueilli une vingtaine de noms nouveaux, flamands et hollandais pour la plupart, qui ne figurent pas dans notre texte : Bernard Janssen, Guillaume van Wootz, Jacques Vanwaldren, Willem Winschuyl, B. Tanschonacker, Vanlieberghen, Vankessel, Crosswick, Nicukerke, Stranz, Vanrynodick, Hanckocke, etc., qui mériteraient peut-être d'être identifiés.

DEUXIÈME PARTIE

PRÉPONDÉRANCE des ALLEMANDS

(1697-1870)

CHAPITRE II

Des Traités de Ryswick à la Révolution

Les traités de Ryswick, qui furent loin d'être glorieux pour la France, ouvrent, en fait, la deuxième période de l'histoire que nous esquissons. Cette période de 173 ans a pour première phase tout le XVIIIe siècle jusqu'à la Révolution, et est caractérisée par les nombreuses immigrations, hollandaise, scandinave, suisse, allemande surtout, que nous allons rappeler dans le présent chapitre.

Et si quelque lecteur s'étonne de ce que nous continuons de rapprocher ainsi les uns des autres, sous le nom générique de « Hanséates », les Hollandais et les Scandinaves avec les Allemands proprement dits, nous ferons remarquer que le célèbre intendant de Guienne, Aubert de Tourny, n'a point procédé autrement dans la grande enquête de 1743 dont nous aurons à parler, tant il était évident qu'il y avait, entre ces cousins de nationalités différentes, solidarité ou tout au moins communauté d'intérêts et de tendances aussi bien que de race, de croyances et de mœurs (¹). Toutefois il ne faut pas ignorer que les documents du XVIIIe siècle les désignent plus ordinairement sous l'appellation plus large de « gens du Nord ».

En ce qui touche les Scandinaves, rappelons d'abord la lettre d'un ambassadeur de Louis XIV auprès de la cour de Copenhague, adressée au secrétaire d'État de la marine en avril 1695 :

Il est certain, écrit-il, que les gens de ce païs-ci commencent à se servir du sel de France plus qu'ils ne faisoient auparavant, et que les vins rouges et blancs qui viennent par Bourdeaux et par Nantes y sont d'un plus grand débit et beaucoup plus chers qu'ils n'estoient cy-devant. On s'est persuadé qu'ils estoient plus sains que le vin du Rhin, et cette opinion en pourroit procurer le débit avec avantage. Il est à considérer aussy que la conjoncture est très favorable pour mettre entre les mains des Danois une partie du commerce que les Hollandois faisoient en France, et diminuer par là leur navigation (²).

A l'appui de cette lettre nous pouvons affirmer que la fin du XVIIe siècle et le commencement du XVIIIe ont vu s'établir à Bordeaux les Danois Alefsen, Petersen, Bentzien (³); — le Suédois Nicolas Fenwick (*de Stockholm*, qualifié quelquefois de Norvégien (⁴), — les Luetkens, dont on ne sait trop s'ils étaient Scandinaves, Hollandais ou Lubeckois de nationalité; — un certain Harmensen, arrivé en 1710 et décédé après 1743 (⁵) — et plus tardivement, vers 1790, Jean-Henri Brown (*de Copenhague*) (⁶).

(¹) Cf. l'Ordonnance royale du 1er décembre 1696 « pour faire sortir des Compagnies suisses tous les hommes qui ne sont point Suisses, Grisons, Allemands, Polonais, Suédois ou Danois » (Isambert, *Recueil des anciennes lois*, XX, p. 281).

(²) Citée par F. Michel, I, p. 439 (d'après les *Arch. nat.*, K, 1356, p. 23).

(³) P. Meller, *Familles prot.*, voir les tables.

(⁴) *Id., ibid.*, p. 38. Son fils Robert se marie à Bordeaux en 1762 (*ibid.*).

(⁵) Enquête de 1743, à notre Appendice III. — Il est appelé Harmens en 1734 dans l'*Inv. des reg. de la Jurade*, II, p. 359.

(⁶) Marié à Bordeaux en 1791, d'après Meller, *ouv. cité*, p. 72. Son père résidait à Elseneur.

Petersen, Bentzien, Brown, n'ont pas d'histoire. Pour Alefsen, il n'est pas démontré qu'il se soit chargé, comme on l'a dit, de dessécher les marais du Médoc (¹). De Nicolas Fenwick nous pouvons assurer qu'il réussit dans ses affaires ; il fit en effet construire sur le quai, au coin du Pavé des Chartrons, une superbe demeure que représente une *Vue perspective* de 1741, et il a laissé son nom à une cale toute voisine, qui existe encore.

Harmensen lui aussi fit fortune, à voir le chiffre des impôts qu'il payait en 1743 (²). Mais le nom le plus saillant de ce groupe est celui de Luetkens qui apparaît vers 1699. Nommé consul par le roi de Suède en 1705, il se fût sans doute montré à la hauteur de son rôle si les Bordelais, mieux inspirés qu'ils ne le furent, avaient consenti à le reconnaître en cette qualité (³). A défaut du père, les trois fils feront bientôt leur trouée à Bordeaux : Henri né en 1689, mort en 1779 ; Jean-Jérôme, né à Lubeck, 1695-1769 ; Pierre-Lucas, 1699-1785 (⁴).

Ces Scandinaves, nous les rencontrerons tout au long du xviiie siècle, mais isolément plutôt que groupés à la façon des Hollandais et des Allemands. A peine pourrions-nous dire qu'ils forment un sous-groupe ethnique. Leur activité se confondra le plus souvent avec celle des Hanséates de la Basse-Allemagne maritime, depuis Brême jusqu'à Memel, à la remorque desquels ils nous

---

(¹) D'après P. Meller, *Familles prot. avant la Révolution*, p. 18, sans indication de source. Il figure en 1755 sur l'état des étrangers propriétaires de biens-fonds, comme Hambourgeois (Appendice III).

(²) Vers 1771, Louis XV confirma les lettres de noblesse que Auguste III de Pologne avait accordées aux sieurs Harmensen (Arch. dép. de la Gironde, C. 3869).

(³) Voy. plus loin, p. 98. — Les dates que nous donnons ici s'accordent malaisément avec celles que l'on trouve dans les *Arch. hist. de la Gironde*, XXX, p. 257. Un travail de critique reste à faire.

(⁴) Parmi leurs descendants, nous connaissons Henri II, Juste-Claude et Charles (Meller, *passim*). Henri II était à Bordeaux en 1715 et 1720, d'après l'*Inv. des reg. de la Jurade*, II, 168 et III, 600. — Cf. à l'Appendice III, à propos de l'enquête de 1743, ce que nous disons de leur lieu de naissance.

paraissent avoir toujours marché. D'où la difficulté, l'impossibilité même qui se présentera pour nous de les séparer de l'ensemble et de leur consacrer une section du présent chapitre, comme nous continuerons de le faire pour les Hollandais.

Quel qu'ait été le labeur de ces tard-venus de l'extrême Nord-Est, ils étaient trop peu nombreux pour lutter victorieusement contre les Néerlandais ancrés à Bordeaux depuis deux siècles déjà. De croire par ailleurs que leur flotte suffisait pour répondre aux besoins grandissants de notre commerce local, il n'y a pas non plus apparence: Nos Suédois donnèrent tous leur effort lorsque, en 1732, ils mirent en route une vingtaine de navires pour les mers septentrionales.

La continuation de la prédominance des Hollandais s'explique aisément. Alors que, à Ryswick, l'empereur Léopold avait signé avec Louis XIV un traité où seuls les intérêts politiques et territoriaux étaient pris en considération [1], Messieurs les Etats généraux des Provinces-Unies avaient eu soin de conclure pour une durée de vingt-cinq ans un traité de commerce, de navigation et de marine où les intérêts économiques tenaient la première place [2]. Ils y avaient même ajouté une clause portant exception, en leur faveur, du fameux droit de 50 sous par tonneau qui se levait dans les ports de France sur tous les navires étrangers [3]. Quoi de surprenant dès lors s'ils luttèrent encore si avantageusement sur notre « place » pendant une grande moitié du xviiie siècle contre les Scandinaves d'abord et plus tard contre les Allemands

[1] Traité du 30 octobre 1697 (dans Dumont, *Corps diplomatique*, VII, 2e partie, p. 421).

[2] Traité du 20 sept. 1697, ratifié le 3 octobre suivant (*ibid.*, pp. 386 et 393).— Le 9 octobre, une Ordonnance royale porta que les vaisseaux hollandais seraient reçus dans tous les ports de France (Isambert, *Recueil des anciennes lois*, XX, pp. 301).

[3] Dumont, *ouv. cité*, pp. 391 et 394.

lorsque ceux-ci commencèrent d'affluer ? (¹) Un « tarif » avait été fixé dès 1699 entre la France et la Hollande « suivant la convenance réciproque », en exécution de l'article 12 du traité de Ryswick (²). Les égards du pouvoir royal pour ces marchands venus d'Amsterdam et de Rotterdam étaient poussés à ce point qu'on leur fit restituer, en 1714, l'excédent de droits qu'ils avaient payé, pendant trois mois, aux employés de la Ferme de Bordeaux (³). Aussi lorsque, à quelques années de là, ils se crurent trop lourdement imposés, n'hésitèrent-ils pas à réclamer une décharge qu'ils obtinrent très vraisemblablement grâce à l'appui de leur ambassadeur auprès de la cour de France. Ce fut l'objet d'une correspondance avec le Contrôleur général et l'Intendant de Guienne ; correspondance dont les premières pièces seules nous ont été conservées (⁴).

Les relations de notre port avec ceux des Provinces-Unies se continuèrent donc de plus belle aussi longtemps que les Hollandais ne se laissèrent point supplanter par les Allemands. Ces relations se constatent par documents probants, spécialement en 1707, 1710, 1714, 1715(⁵). En ladite année 1714, un négociant de notre ville expédie 1.800 boisseaux de seigle en Hollande (⁶) ; en 1715, cinq

---

(¹) Une lettre de l'intendant De Bezons, datée du 25 mars 1698, contient une curieuse mention, qui malheureusement manque de précision. « Plusieurs négociants étrangers établis à Bordeaux, mais non naturalisés [de quelle nationalité ?], sont venus demander permission d'aller en Hollande *ou ailleurs* pour faire leurs comptes avec leurs associés ou leurs correspondants. Leurs intentions ne paraissent pas suspectes, et il ne semble même pas qu'ils aient besoin de passe-ports, puisqu'ils ne sont pas naturalisés, et doivent par conséquent être libres de quitter le royaume dès qu'il n'y a plus de guerre. » (Boislisle, *Corresp. des contrôl. généraux*, II, n° 1706.)

(²) Actes des 29 mai, 30 juillet, 7 décembre et 8 décembre 1699 (Arch. dép. de la Gironde, C, 1651).

(³) Voy. notre Appendice III.

(⁴) Requête des marchands hollandais, lettre de l'ambassadeur au contrôleur général, lettre du contrôleur à l'intendant (Arch. dép. de la Gironde, C, 3212).

(⁵) *Inv. des reg. de la Jurade*, III, p. 45 ; II, pp. 93, 107 et 167.

(⁶) *Ibid.*, VI, p. 677.

navires partent de Bordeaux pour la Hollande ([1]), pas un seul pour la Baltique, ni même pour l'embouchure de l'Elbe ou de la Weser. Il y a apparence toutefois qu'en l'année 1708, au cours d'une disette, ce furent des navires de Danzig qui nous amenèrent des chargements de blé ([2]).

Ce sont là, à vrai dire, des chiffres encore modestes, à supposer qu'on n'en puisse trouver d'autres. Mais vingt-cinq ans plus tard, lorsque la « splendeur commerciale » de Bordeaux s'affirme aux yeux de tous, notre port voit repartir, en une seule année, de cinq à six cents navires étrangers pour la Hollande ([3]), une centaine environ pour les villes hanséatiques et vingt seulement, avons-nous dit déjà, pour la Suède ([4]).

Pour aider au développement de ces utiles relations, les négociants bordelais firent un grand effort : ils décidèrent en 1706 d'envoyer quelques-uns de leurs fils en Hollande pour s'initier à la langue et aux besoins du pays ([5]). L'effort ne fut d'ailleurs, ce semble, jamais renouvelé.

L'activité de ces Néerlandais se poursuit concurrem-

([1]) Jouannet, *Statist. du dép. de la Gironde*, II (1843), p. 330.

([2]) Un *Mémoire au député de la Chambre de Commerce pour la cessation des lettres de représailles accordées par le roy à l'abbé de Polignac en 1707 contre les vaisseaux de la ville de Danzick* est accompagné de cette note : « Cette cessation est accordée par le roy en vue de remédier par le transport des bleds de Dantzick à l'extrême nécessité dont Bordeaux était affligé », 1708 (Arch. dép. de la Gironde, C, 4290, f° 4).

([3]) Pour les relations de Bordeaux avec Amsterdam, en 1739, et Rotterdam, en 1743, voy. l'*Inv. des reg. de la Jurade*, IV, p. 217. — M. le capitaine de Saint-Jours nous signale obligeamment (dans le *Bull. de la Société de Borda*, à Dax (Landes), tome XXXIII), un article de M. Dangé sur *les Vins du Béarn en Hollande*, de 1730 à 1770, qu'il est instructif de rapprocher de notre texte.

([4]) Voy. l'*État du commerce des villes maritimes* [1730-1732], par l'abbé Bellet (dans *Arch. hist. de la Gironde*, XLVIII, p. 124). Husum cité comme lieu de destination est un petit port sur la côte occidentale du Holstein. Honsburg est probablement une mauvaise lecture pour Flensburg sur la côte orientale du Danemark. Treptoux est pour Treptow dans la Baltique, non loin de Colberg.

([5]) *Inv.*, C, 4267 (p. 126), et 4260 (p. 70).

ment avec celle des Scandinaves sans rivalités apparentes. Dans un « état des principaux contribuables » de Bordeaux dressé en 1709 (1), figurent, à côté du Suédois Luetkens, « gros marchand aux Chartrons », le Hollandais Vandebrande et Thomas Clock, qualifiés également de « marchands aux Chartrons ». Clock, Vandebrande et d'Egmont sont parmi les signataires d'un certificat rédigé en 1729 par dix-sept négociants de notre ville à l'occasion des projets de transformation du quai du Chapeau-Rouge (2). Nous en retrouverons plusieurs parmi les propriétaires de biens-fonds que dénomme une statistique de 1755 (3).

Dès le commencement du XVIIIe siècle, les Bordelais avaient vu débarquer de Hollande :

Thomas Clock (*alias* Colck) père, dont la présence se constate encore en 1743 (4) ;

Daniel d'Egmont, + 1767 à l'âge de soixante-dix ans (5) ;

Beyermann, ancêtre d'une famille qui s'est perpétuée à Bordeaux jusqu'au XXe siècle (6) ;

Les Both (*alias* Booth), qui sont dits quelquefois de Hambourg (7) ;

Jacques Hooghstael, reçu bourgeois en 1722 ;

Welter, que les textes ne mentionnent qu'une seule fois ;

Les Van Hemert, mieux connus (8) ;

---

(1) *Arch. hist. de la Gironde*, XLIV, p. 412 et ss.

(2) *Ibid.*, XLVIII, pp. 279 et 280.

(3) Voy. plus loin, à propos des Allemands dénommés dans la même statistique.

(4) Son fils J.-B.-Alexandre obtint en 1757 le titre de conseiller secrétaire à la chancellerie du Parlement de Bordeaux (Appendice III).

(5) Il est dit Suédois dans un acte de 1765 ! (Meller, *ouv. cité*, p. 39. — Cf. p. 28, note).

(6) L'un des Beyermann se prénommait Erasme, un autre Cornelis, ce qui confirme à nos yeux leur origine hollandaise.

(7) Léonard Booth, + 1777 à l'âge de soixante ans ; Folkert Both, + 1786 à l'âge de quatre-vingts ans.

(8) Un J. J. van Hemert se marie à Bordeaux en 1765. Il est dit de Copenhague ! (Meller, *ouv. cité*, p. 39).

Les Van Dohren qui plus tard se germanisèrent (¹);

Les Winthuysen et les Vanderhagen dont nous avons plusieurs mentions ;

Antoine Raab et Bolkardus Vorck qui signent, en 1743, avec quatre autres compatriotes, la requête en décharge d'impôts dont nous avons parlé tout à l'heure :

Jean de Brauwer, dit, en 1755, « flamand autrichien », et qui avait épousé en 1730 une Hooghstael (²) ;

Toebaert *alias* Thoebaertz et Cat, qui vivaient encore en 1755.

Ces Hollandais ne se contentaient pas de véhiculer nos vins aux Pays-Bas : de bonne heure ils virent une source de gain dans l'exportation des goudrons et brais des landes gasconnes, particulièrement du côté de Bayonne. Le lieutenant particulier de l'Amirauté de cette ville s'en plaint vivement en l'année 1709, sans voir le profit qu'en tiraient ses administrés, et il propose d'interdire cette exportation. Le ministre s'y refuse sagement « dans le but de ne pas dégoûter les particuliers de ressemer des pins à la suite de l'hiver » (³). Mais les opposants ne se tenaient pas pour battus. En 1715, ils firent courir le bruit, erroné, paraît-il, que les Hollandais enlevaient dans les landes de Bordeaux toute la graine des pins, payant 80 livres le boisseau ce. qui ne coûtait avant le terrible hiver de 1709 que 5 livres, afin de faire chez eux et dans le Nord des semis. L'exagération de l'accusation est en tout cas manifeste. Le ministre se borne à répondre qu'en Hollande il n'y a pas de terrain propre à la culture

---

(¹) L'assertion de Meller que les Van Dohren sont d'origine hollandaise n'est pas contredite par ce fait que Jean-Henri-Christoph von Dohren + 1781 à trente ans, Nicolas von Dohren + 1793 à soixante-trois ans, et son épouse Sarah-Marie Boetefeur + 1820 à soixante-dix-sept ans, sont dits tous trois de Hambourg sur le registre des sépultures du cimetière des Etrangers. On peut très bien admettre qu'ils avaient émigré de Hollande à Hambourg vers le milieu du xviii⁰ siècle et modifié l'orthographe de leur particule : van en von.

(²) Voy. plus loin, à propos du *Livre des Bourgeois*.

(³) *Inv. des Arch. dép. de la Gironde*, C, 3686.

des pins et que, dans tout le Nord, il y a plus de pins qu'on n'en veut (¹). — Toute cette question mériterait d'être traitée à fond. Nous ne pouvons ici que l'effleurer en passant.

En 1737 ou 1738, il y eut une nouvelle plainte de l'ambassadeur de Hollande contre le coupage des vins bordelais. L'Intendant rappela à ses subordonnés l'arrêt de 1683 (²). — Nouvelle plainte de l'ambassadeur en 1764. Nouvel arrêt du Parlement, puis ordonnance conforme des jurats « réglementant la police des vins pour s'opposer aux pratiques incriminées » (18 juillet 1764) (³). Mis en cause sur ce point, se sentant atteints dans leur honneur professionnel, les commerçants bordelais (les directeurs de la Chambre de commerce en tête) s'élevèrent contre cet arrêt et signèrent une protestation couverte de cent quarante noms de négociants, armateurs ou propriétaires, démontrant « la nécessité de faire des coupages pour l'étranger » (⁴). Près d'un tiers des signataires se composait d'Allemands, de Hollandais, de Scandinaves, d'Anglais (⁵). En admettant même que cette protestation n'ait point obtenu gain de cause dès ce temps, elle devait triompher plus tard. Le procédé dont elle prend la défense sortira toujours vainqueur des attaques dont il est l'objet, à condition de rester dans de justes limites. C'est ce que ne comprit point la corporation des négociants en vins de Rotterdam, qui approuva publiquement l'arrêt du Parlement de Bordeaux (⁶).

(¹) *Inv. des Arch. dép. de la Gironde*, C, 3686.

(²) Voy. ci-dessus. p. 27. — Cf. l'*Inv.*, C, 4308.

(³) *Inv.*, C, 3683.

(⁴) *Ibid.*, C, 3683. — Voy. notre Appendice III, à la date de 1764.

(⁵) Exactement 43, presque tous en tête de la protestation, d'où l'on peut inférer qu'ils en avaient pris l'initiative.

(⁶) Sur un autre point encore, les consommateurs hollandais, qui formaient une bonne partie de la clientèle de Bordeaux, semblent avoir été mécontents des pratiques du négoce local. On possède une « Plainte des négociants d'Amsterdam adressée au commerce de Bordeaux sur l'inégalité de contenance,

La guerre dite de Succession, qui éclata en 1745, eut pour les Hollandais de Bordeaux un fâcheux contre-coup. Un arrêt rendu par le Conseil d'État [1] porta que les sujets des Etats généraux des Provinces-Unies cesseraient de jouir, dans les ports et les villes du royaume, des avantages qui leur avaient été accordés par le traité conclu avec eux en décembre 1739. La place qu'ils avaient conquise dans le commerce local s'en trouva pendant quelques années amoindrie. Mais ce n'était pas contre la concurrence française, c'était contre la concurrence allemande qu'ils avaient maintenant à lutter. Un mémoire adressé à la Chambre de commerce de Bordeaux en 1769 [2] concluait avec amertume que « la France était encore au berceau pour la navigation de la Baltique » ; il eût pu aussi bien dire pour la navigation de la mer du Nord en ce qui concernait Bordeaux. Un autre mémoire, émané cette fois de la Chambre de commerce et adressé au Ministre de la marine en 1785 [3], prouve qu'à cette date encore la navigation entre la France et la Hollande restait aux mains des étrangers.

Du milieu de ces Flamands et Hollandais quelques noms émergent au cours du XVIIIᵉ siècle.

En 1738, l'un des sculpteurs admis à décorer les nouveaux édifices de la place Royale et la fontaine Saint-Projet fut le sieur Vanderworck, dont nous ignorons le lieu d'origine, mais que nous pouvons bien croire Hollandais [4]. Il eut pour prédécesseur à la place Royale, dès 1733, son compatriote Verberckt, né à Anvers en 1704 [5].

---

principalement dans les grands crus, des tonneaux et futailles du Bordelais et de Bergerac », 1784 (*Inv.*, C, 3683). La Chambre de commerce, n'admettant pas la solidarité de la plainte, renvoya les plaignants devant le Parlement.

[1] A Versailles, le 31 décembre 1745 (Arch. dép. de la Gironde, C, 1651).

[2] *Inv. des Arch. dép. de la Gironde*, C, 4439.

[3] *Ibid.*, C, 4439, p. 245.

[4] *Inv. des reg. de la Jurade*, VI, p. 259.

[5] Péret et Marionneau, *Doc. inéd. sur les trav. du sculpteur Verberckt* (Paris, Plon, 1883).

A ce titre, tous deux résidèrent pendant quelques années à Bordeaux.

Plus connu fut François-Louis Lonsing, peintre portraitiste originaire de Bruxelles, qui exerça son art dans notre ville jusqu'à la fin de la Révolution [1]. Sur une vingtaine de toiles qu'il a laissées, notre Musée n'en possède que deux : le portrait du duc de Duras (*Catal.*, 508), assez terne d'aspect, et le portrait de Lonsing par lui-même (*Catal.*, 509), plein de mouvement et de vie.

Beaucoup plus tard, nous rencontrons un lunettier hollandais, du nom de Nicolas Vancranenburgh [2]. Mais il y a quelque apparence, d'après le contexte, que ce compatriote de Spinoza ne venait à Bordeaux qu'à l'occasion des deux grandes foires annuelles.

Plus considérable à tous égards fut le personnage de Jacques-Philippe Vandebrande. Né à Bordeaux le 20 décembre 1722, il s'y établit comme négociant, puis fonda une verrerie à Libourne en 1749 et voulut encore, quelques années plus tard, y construire une faïencerie [3]. Pour ce faire, il sollicita l'autorisation qui lui était indispensable. Hustin (*de Douai*) qui, peu d'années auparavant, avait établi sa fabrique à Bordeaux, opposa son privilège. « Mais Vandebrande fit valoir un argument assez spécieux : il expliqua que, si Libourne était à moins de dix lieues de

---

[1] Labouhée, *Rec. cité*, XI, f° 105, le fait naître à tort en 1737; d'autres en 1743. M. Meaudre de Lapouyade a prouvé qu'il était né en 1739. — Gœthals a donné d'intéressants détails sur cet artiste, dès 1805, dans un article du *Bull. polymathique du Muséum de Bordeaux*, n° 15 de fructidor an XIII. M. Meaudre de Lapouyade lui a consacré une magistrale étude, qui ne laisse plus rien à dire : *Un Maître flamand à Bordeaux :* LONSING, *1739-1799* (Paris, J. Schemitt, 1911, in-4° de 109 pp.).

Cf., un article de Gustave Labat dans les *Actes de l'Acad. de Bordeaux* (1902, pp. 47-58), et un autre de M. F. Thomas dans la *Rev. histor. de Bordeaux* (1912, p. 419).

[2] *Inv. des reg. de la Jurade*, II, p. 25.

[3] Pour tous ces faits et ceux qui suivent, voy. M. Ernest Labadie, *Notes et doc. sur trois faïenceries du Bordelais au* XVIIIe *siècle* (Bordeaux, 1910, p. 3).— Cf. du même auteur, *Notes et doc. sur trois faïenceries libournaises* (Bordeaux, 1909, pp. IX et ss., 24 et ss.). — Voy. aussi l'*Inv. des Arch. dép. de la Gironde*, C, 3424, 3779 et 4255 (p. 19), et les *Arch. hist. de la Gironde*, XLIII, passim.

Bordeaux par la voie de terre, par la voie de mer, c'est-à-dire par la Dordogne et la Garonne par lesquelles devaient se faire les transports de certaines marchandises, comme la faïence, cette ville était beaucoup plus éloignée et en dehors de la zone réservée à la manufacture bordelaise. Cet argument fut accepté. Des lettres patentes furent délivrées à M. Vandebrande et, dès l'année 1760, la manufacture de Libourne fonctionnait. »

Vandebrande a survécu dans notre histoire locale non seulement comme négociant à Bordeaux, « gentilhomme verrier patenté de Sa Majesté ». [1770] et faïencier à Libourne, mais aussi comme auteur d'un très instructif ouvrage publié en 1774 sous ce titre : *Voyage de Languedoc, Provence et comtat d'Avignon* (¹). C'est en son genre un récit capital, quoique peu répandu, pour la connaissance des mœurs et coutumes de ce temps. L'auteur mourut à Bordeaux le 11 février 1776.

Les Suisses des cantons allemaniques, les Streckeisen, les Preisswick, les Stehelin, les Roedel, les Leupold (²), ne se montrent que dans la seconde moitié du xviiie siècle: Par la race, la langue, les mœurs, les croyances, ils se rattachaient eux aussi, avec quelques restrictions, aux germanophones que nous envisageons; non pas aux Han-

---

(¹) Publié sans nom d'auteur, d'éditeur, d'imprimeur ni de ville en MDCCLXXIV (in-16 de 91 pp.). L'exemplaire de la Bibliothèque municipale de Bordeaux (*Catal.*, 23984) porte au verso du premier feuillet cette dédicace : *De la part de l'auteur pour M. Darche fils.* VANDE BRANDE. Seul le titre de départ indique le nom de l'auteur sous cette forme. *Relation d'un voyage de Languedoc, Provence et comtat d'Avignon fait en l'année 1774 par M. Vande Brande, adressée à son ami M. de Kater, écuyer, à Bordeaux.* Au bas du dernier feuillet, cette date : *A Montauban, le 15 sept. 1774.* — C'est en souvenir de Phil. Vandebrande qu'il y a une rue de ce nom aux Chartrons.

(²) Rudolph Preisswick (*de Bâle*), marié en 1774; — F. Rud. Stehelin (*de Bâle*), marié en 1777, établi à Bordeaux depuis 1770; — Jean Roedel, marié en 1780; — Johann Georg Streckeisen (également *de Bâle*).

séates du Nord, mais plutôt au groupe de ces marchands d'Ulm, d'Augsbourg et de Nuremberg qui, dès le xve siècle, parcouraient le Midi de la France pour y placer leurs marchandises (1). Notre lecteur n'ignore point d'ailleurs qu'au xviiie siècle, Zurich est un des grands centres du germanisme et partage, comme tel, toutes les passions, tous les sentiments de la race.

Peu après la guerre de Sept ans, un document signale le retour à Bordeaux d'un élément disparu depuis un quart de siècle (2) : les « Juifs tudesques et allemands », au nombre d'une quarantaine, « sans y comprendre dix à douze [autres] qui courent les campagnes des environs » (3). Les destinées ultérieures de ce groupe ethnique, que les contemporains incriminaient de toutes sortes de mauvaises pratiques, restent obscures pendant toute la seconde moitié du xviiie siècle et nous ne prenons avec lui qu'un contact passager autant qu'incertain (4). Mais nous le retrouverons au commencement du xixe siècle.

Venons aux Allemands proprement dits. Ce sont eux qui désormais vont faire brèche dans le bastion commercial à l'abri duquel Hollandais, Flamands et Scandinaves

---

(1) Voir notre étude sur *Bordeaux et la Hanse teutonique*, déjà citée.

(2) Disparu en ce sens que les Juifs allemands qui se trouvaient à Bordeaux au xviie siècle avaient été expulsés plus tard, en 1734, en vertu d'un arrêt du Conseil, sous prétexte qu'ils vendaient des marchandises prohibées ou contraires aux règlements (Arch. dép. de la Gironde, C, 1091 et 3791), et de nouveau en 1761 (au nombre de 152), sur l'ordre du Gouverneur de la Province (*Inv. des reg. de la Jurade*, VI, 479).

(3) Voy. les *Arch. hist. de la Gironde*, XLVIII (1913), pp. 584-58.

(4) En 1740, des maisons de Bordeaux faisant le commerce des vins sont chargées, par des Israélites allemands de Hambourg et d'Altona, d'acheter à des propriétaires bordelais des vins destinés à certaines pratiques de la religion juive (H. Kehrig, *le Privilège des vins de Bordeaux jusqu'en 1789*, Bordeaux, 1866, p. 93).

travaillaient à s'enrichir. En suivant les indications fournies par l'enquête de Tourny en 1743 (¹), nous rencontrons
d'abord les noms suivants :

  Winckhof (*de Hambourg*) (¹), établi à Bordeaux vers 1700;
  Woldt (*de Lubeck*) (²), établi à Bordeaux en 1703;
  Popp (*de Hambourg*) (³), établi à Bordeaux en 1707;
  Brommer (*de Hambourg*) (⁴), établi à Bordeaux en 1718;
  Rossau ou Rousseau (*de Danzig*) (⁵), établi à Bordeaux
en 1718.

Ces cinq noms constituent pour nous un premier groupe
d'Hanséates, véritables *Bahnbrecher* de la colonie allemande, solidement installés chez nous assez longtemps
avant Schrœder dont on a fait jusqu'ici le précurseur de
l'immigration hanséate de ce temps, quoiqu'il n'ait pris
pied aux Chartrons qu'en 1733. Mais après 1718, nous
n'avons plus, pendant douze ou treize ans, un seul nom
à enregistrer. Quelques faits se sont produits cependant,
dont l'historien attend les conséquences immédiates : en
1705 a été instituée la Chambre de commerce de Guienne,
qui donne un centre aux intérêts économiques de la ville (⁶);
en 1709 a été créé un office de capitaine des quais, port
et havre (⁷), pour introduire un peu d'ordre et de sécurité

(¹) Voy. notre Appendice III.

(²) Un Michel Woldt figure plus loin, sur la requête de 1765.— M. Mathorez
(*ouv. cité*, sans indication de source) note un Nicolas Wolt, établi à Bordeaux
(fils de Henri Wolt de Lubeck), qui sollicita en 1708 l'autorisation de faire
venir de Lubeck à Roscoff un chargement de graines de lin par l'*Aigle-
Couronné*. Ne serait-ce pas notre Woldt?

(³) Popp figure sur un rôle de capitation de 1752 comme cy-devant négociant
(Arch. dép., C, 2779) et sur l'état des étrangers propriétaires de biens-fonds
dressé en 1755 (Appendice III).

(⁴) Nous connaissons par des mentions de 1737 et 1752, un Georges Brommer
(*de Hambourg*), + 1762. — Un Jean-Jérôme Brommer reçut en 1767 de l'empereur d'Allemagne des lettres de noblesse (Meller, *ouv. cité*, p. 25). — Un
Just Brommer et un autre Brommer non prénommé figurent sur la requête
de 1765 mentionnée plus loin.

(⁵) Mentionné plus loin comme consul du roi de Pologne à Bordeaux.

(⁶) Voy. l'ouvrage de M. Michel Lhéritier, déjà cité.

(⁷) *Inv. des Arch. dép. de la Gironde*, C, 3786, p. 173.

tout le long du fleuve ; en septembre 1716 a été conclu entre la France et la république de Hambourg un traité en quarante-deux articles qui, en matière d'échouements et de prises, donne satisfaction aux réclamations des Hanséates (¹) ; en 1717 des lettres patentes ont autorisé Bordeaux à entreposer en franchise les denrées coloniales (²) ; d'autres ont aboli le droit d'aubaine en faveur des étrangers qui s'établiront dans ses murs (³) ; en 1724, la Jurade a installé aux Chartrons un bureau de déclarations pour les étrangers nouvellement arrivés (⁴).

Deux ans plus tard, l'avènement du cardinal Fleury au ministère donne figure nouvelle aux choses de la marine si fort négligées sous la Régence : le commissaire général ordonnateur, qui réside à Bordeaux depuis 1724 semble-t-il (⁵), y organise son service sur les bases fixées par la célèbre ordonnance de Colbert de 1681, pour le plus grand profit de notre port.

Ne négligeons pas non plus de rappeler qu'en 1721 la Chambre de commerce avait été saisie d'une demande de règlement adressée par les interprètes des langues étrangères à l'Amirauté de Guienne. Cette demande révèle implicitement l'existence d'une communauté ou corporation de ces indispensables auxiliaires du commerce maritime, desquels nous n'avons rencontré jusqu'ici que des mentions individuelles (⁶). Quelque peu embarrassée, la Chambre décida qu'elle prendrait l'avis d'une commission compé-

---

(¹) Dans Dumont, *Corps diplomat.*, VIII, 1ʳᵉ partie, p. 478.

(²) D'après Malvezin, *ouv. cité*, III, p. 34.

(³) *Inv. des reg. de la Jurade*, V, p. 296.

(⁴) *Ibid.*, V, p. 296.

(⁵) C'est la date à laquelle commencent nombre de registres des Archives du port de Bordeaux, inventoriées par M. Lacoste. Les pièces plus anciennes que possède ce fonds sont extrêmement rares.

(⁶) Par exemple : R. Miquaelsen, « marchand flamand, interprète pour les navires », 1640 ; Samuel Meerman, « bourgeois et marchand, interprète expert et bien entendu aux langues française et flamande », 1652 (A. Ducaunnès-Duval, *Famille Meerman*, appendice).

tente, où elle fit entrer trois courtiers royaux, trois marchands anglais, trois Hollandais (Clock, Both, Zelen,) trois Hanséates allemands (Lukes [?], Woldt, Popp) et trois Français (¹).

De la décision prise et du règlement élaboré, nous ne savons malheureusement rien.

Dans ces divers faits, d'importance d'ailleurs inégale, on entrevoit la manifestation d'une activité commerciale dont les étrangers sont appelés à bénéficier. Si de 1719 à 1730 nous n'avons pu signaler aucune immigration nouvelle, ce n'est peut-être que par suite des lacunes de notre documentation.

Quoi qu'il en soit, la grande infiltration proprement allemande commence vers 1731, quand a pris fin le long marasme commercial que nous avons vu naître vers l'année 1683. Elle introduit à Bordeaux, d'une manière indiscontinue, des noms nouveaux, dont plusieurs ont persisté jusqu'à nos jours et se sont même profondément incorporés à la population indigène (²) :

Vers 1731, Zachau (*de Lubeck*) (³).

Vers 1733, Jacob Schrœder (*de Lubeck*, + à Bordeaux en 1755 (⁴); — Johann Heinrich Schyler (*de Hambourg*), + à Bordeaux en 1776 (⁵). La raison sociale Schrœder et Schyler fut constituée par acte notarié à Hambourg le

---

(¹) Voy. F. Michel, *ouv. cité*, II, p. 398, sans indication de source.

(²) D'une manière générale, voir à notre Appendice III l'*Enquête* de Tourny en 1743 et les extraits du *Reg. des sépultures du Cimetière des Étrangers.* Cf. P. Meller, *les Familles protest. de Bordeaux... av. 1793* (Bordeaux, 1902), et *les Familles bordelaises av. la Révolution* (Bordeaux, 1909).

(³) Vivait encore en 1739 (Arch. dép., C, 1616). Un Martin Zachau figure sur la requête de 1765 mentionnée plus loin.

(⁴) Nous connaissons, outre ce Jacob Schrœder, + à soixante-quatre ans: un Friedrich Schrœder (*de Steinen*, peut-être *Steinheim près Minden*), + 1787, à quatre-vingt-trois ans; et un André-Joachim Schrœder (*de Lubeck*), marié en 1784 (Meller, *ouv. cité*).

(⁵) Nous connaissons, outre ce Johann Heinrich Schyler, + à soixante-cinq ans: un J. H. Schyler, + 1804, à cinquante-quatre ans; et un Etienne-Louis Schyler, + 1826, à soixante-quatre ans.

31 décembre 1738 (d'après les *Arch. hist. de la Gironde*, XXX, p. 254); — Westphalen (*de Hambourg*) (1).

Vers 1734, Lienau (*de Hambourg*) (2); — Hophner (*de Hambourg*) (3); — Boutin (*de Hambourg*) (4).

Vers 1736, Hoffmann (*de Hambourg*) (5).

Vers 1737, Hambrock (*de Hambourg*).

Vers 1740, Bohn (*de Hambourg*); — Von Beynum (*de Hambourg*) (6).

Ces onze nouveaux noms de négociants allemands nous sont fournis, comme les cinq premiers, par l'enquête qu'institua Aubert de Tourny, dès son arrivée à Bordeaux. Le très habile intendant de Guienne eut-il la prescience des services que ces étrangers pourraient rendre au grand négoce local ? Se rendit-il compte que ces gens du Nord, laborieux et entreprenants, allaient être le levain dont la pâte méridionale avait encore besoin pour entrer en fermentation ? Nous ne saurions dire. Ce qu'il y a de certain, c'est que Tourny se montra toujours favorable à ces immigrés et, bien loin de les tenir à distance, s'appliqua toujours à les encourager.

Il ne paraît point toutefois qu'en cette occasion Tourny ait vu le fond des choses. Et d'ailleurs il ne le pouvait guère. Ni dans l'histoire générale de la Hanse teutonique à la fin du XVIIe siècle, ni dans les accords qu'elle passa avec le roi de France en 1655 et 1716, ni dans les stipulations des traités de Ryswick, on ne découvre une explica-

(1) Westphalen est mentionné en 1741 comme associé de Karling (Arch. dép., Q. 108).

(2) Un Daniel Lienau figure sur la requête de 1765.

(3) Ne serait-ce pas le Hœpffner mentionné plus loin sur la requête de 1765?

(4) Jean-Philippe Boutin figure sur la requête de 1765 avec le prénom fautif de J.-G. — Mourut en 1778 âgé de soixante-trois ans. Il était donc né vers 1715.

(5) Figure également sur la requête de 1765. Nous avons quelques raisons de croire que ce Hoffmann était d'origine hollandaise, mais avait émigré à Hambourg comme Van Dohren et Luetkens cités précédemment.

(6) Un Heinrich von Beynum se rencontre dans un acte de 1783. Voir l'Appendice III.

tion suffisante de cette émigration soudaine et continue de tant de Hanséates sur Bordeaux entre 1700 et 1740. Certes, le colbertisme est bien mort et avec lui la défiance à l'égard des étrangers, la peur des importations : les gens du Nord le sentaient plus ou moins confusément. Par contre, nous pourrions peut-être prendre en considération certain passage de la lettre que le grand Leibniz écrivit en 1693 au prince de Windischgraetz en lui adressant son *Codex juris gentium diplomaticus*, qui venait de paraître à Hanovre (¹). L'auteur, que quelques-uns de ses écrits placent au nombre des « nationalistes » allemands (²) quoiqu'il écrivît le plus souvent en français, ne conseille rien de moins à ses compatriotes que d'engager contre la France une guerre commerciale, plus funeste, à son sens, que dix armées ennemies. — Il est bien permis dès lors de se demander si la suggestion de l'historiographe attitré de la maison de Brunswick-Lunebourg n'a pas trouvé écho chez ses voisins de Hambourg et de Lübeck et si leur montée incessante sur Bordeaux (et peut-être sur d'autres villes françaises) n'en est pas le contre-coup historique. — La question n'est pas présentement susceptible d'une réponse ferme ; mais il ne paraîtra point déraisonnable de la poser directement, si l'on considère que la région de Hambourg est, au xviiie siècle, un des principaux centres du germanisme naissant (³).

A ces seize premiers noms, qui tous sont ceux de négociants fortement établis sur place, nous pouvons en

(¹) Nous en reparlerons au chapitre IX, vers la fin.

(²) Par exemple, les protestations qu'il élève contre la gallomanie dans ses *Unvorgreifliche Gedanken* publiées après sa mort, — et son *Invite aux Allemands à mieux cultiver leur raison et leur langue*, qui est de 1679 (L. Reynaud, *ouv. cité*, p. 223).

(³) Nous avons déjà nommé Zurich au même titre ; il faut y ajouter, pour l'intelligence du mouvement intellectuel, religieux et social de l'Allemagne au xviie siècle et surtout au xviiie : Heidelberg, Halle, Gœttingue, Weimar, Stuttgart, Leipzig et même Strasbourg.

ajouter dix autres que la statistique de 1743 ne nomme point parce que ce sont des commis de bureau encore obscurs. Mais les années qui suivent allaient les mettre bientôt en vedette (¹) :

Georg Burckhard Cluver (*de Hambourg*), + 1783 à soixante-quatorze ans (²); arrivé entre 1729-34;

P. W. Metzler (*de Francfort-sur-le-Main*), + 1762 à cinquante-deux ans (³); arrivé entre 1730-35;

J. Th. Draveman (*de .....*), + 1753 à trente-huit ans (⁴); arrivé entre 1735-40;

..... Bluth (*de .....*); arrivé avant 1739 (⁵);

J. J. Bethmann (*de Francfort-sur-le-Main*), + 1792 à soixante-quinze ans; arrivé en 1740.

En 1749, Bethmann fut chargé, conjointement avec le sieur Imbert, de faire venir d'Angleterre des grains pour la ville de Bordeaux (Arch. dép., C, 1405). Imbert (appelé à tort Gimbert, peut-être pour G. Imbert) est encore dit associé de Bethmann dans le récit d'un voyage des frères Hildebrand à Bordeaux en 1755 (que vient de publier M. P. Courteault dans la *Rev. hist. de Bordeaux*, 1917). En 1762, le même Bethmann s'associa pour cinq ans avec Georg Daniel Meinicken, et tous deux s'adjoignirent

(¹) Le catalogue qui suit repose (sauf indication contraire) sur les données des registres de sépultures (voir notre Appendice III) qui énumèrent les noms selon l'ordre des décès. Nous les énumérons ici selon l'ordre probable de leur arrivée à Bordeaux, en admettant (un peu arbitrairement, nous en convenons) que ces immigrés quittaient leur pays entre vingt et vingt-cinq ans, ce qui n'est prouvé que pour quelques-uns.

Tous sont qualifiés « négociants » sur les registres de sépultures, ce qui nous garantit qu'ils appartenaient à la colonie sédentaire. Nous n'avons admis cependant que ceux qui mouraient après quarante ans, c'est-à-dire après position faite.

(²) Signataire de la requête de 1765 mentionnée plus loin.

(³) On trouve aussi un B. Metzler sur la requête de 1765 signalée plus loin.

(⁴) Inconnu d'autre source, avant la date que nous donnons; avait en 1777 une maison à Paris, rue Richelieu (C, 2792).

(⁵) Voy. l'*Inv. des reg. de la Jurade*, VI, 687 et 688. Bluth (appelé B. Luth !) figure plus loin sur la requête de 1765.

en 1768 Ernst Wilhelm Overmann. Dès 1775, il était considéré comme le principal armateur de Bordeaux (*Annuaire bordelais*). En 1779, il plaça sa maison sous la raison sociale Bethmann et fils. L'*Annuaire du commerce de Bordeaux*, par Bergeret, cite en 1779 (p. 233) deux maisons : Bethmann et Meynicken, Bethmann et Desclaux, la seconde étant peut-être celle du fils antérieurement à 1779. (Voir à notre Appendice III un ancien *Historique* de cette maison, publié vers 1824. La plupart des dates que nous lui empruntons sont d'ailleurs contredites par celles que fournit une notice moderne insérée dans les *Archives histor. de la Gironde*, XXX, p. 255. Nous n'avons pu trouver les éléments d'une étude rectificative.)

..... Karling (*de* .....) [1] ; arrivé avant 1741 ;

J. P. Weltner (*de Lubeck*), + 1788 à soixante-sept ans [2] ; arrivé entre 1741-46 ;

..... Zacau (*de Brême*) ; ..... Folkelbot (*de Hambourg*) ; ..... Meyer (*de Stettin*) [3] ; mentionnés tous trois en 1755 comme propriétaires de biens-fonds soit à Bordeaux soit aux environs.

Les quatorze noms qui suivent apparaissent après 1743, sans qu'aucun ait complètement dépassé la Révolution :

Walter Richter (*de Hambourg*), + 1757 à trente-trois ans [4] ; arrivé entre 1744-49 ;

J. C. Jacoby (*de Preutzlin, Meckl.*), + 1776 à cinquante ans ; arrivé entre 1746-51 ;

J. G. Brandt (*de Saalfelden, Saxe*), + 1779 à cinquante ans [4] ; arrivé entre 1744-49 ;

..... Havemeister (*de* .....) [5] ; arrivé avant 1750 ; vivait encore en 1760 ;

---

[1] D'après un document des Arch. dép., Q, 108 et 110.
[2] Inconnu d'autre source.
[3] Voy. notre Appendice III.
[4] Inconnu d'autre source.
[5] Arch. dép., série E, étude Richard.

..... Klemcke (*de* .....) (¹) ; arrivé avant 1750 ;

Jean Georg Streckeisen (*de Bâle*), + 1799 à quatre-vingt-quatre ans (²) ; arrivé vers 1750 ;

J. H. Rodde (*de Hambourg*), + 1780 à cinquante ans (³) ; arrivé entre 1750-55 ;

Nic. von Dohren (*de Hambourg*), + 1793 à soixante-trois ans (⁴) ; arrivé entre 1750-55 ;

J. J. Ph. Behrens (*de Hambourg*), + 1781 à quarante-six ans ; arrivé entre 1755-60 ;

J. A. Krebs (*de la Hesse-Cassel*), + 1798 à cinquante-sept ans ; arrivé entre 1761-66 ;

L. C. Ipping (*de Brême*), + 1795 à cinquante-trois ans ; arrivé entre 1762-67 ;

A. Trapp (*de Hambourg*), + 1792 à quarante-neuf ans ; arrivé entre 1763-68 ;

Joh. Casper Peters (*de Lubeck*), + 1786 à trente-deux ans (⁵) ; arrivé entre 1774-77 ;

David Behrendes (*de Berlin*), marié en 1783, + 1785 à trente-cinq ans ; arrivé vers 1780.

Les trente-deux négociants que nous allons maintenant nommer sont également débarqués dans la seconde moitié du XVIIIᵉ siècle ; mais, à la différence des précédents, ils se sont perpétués dans notre ville jusqu'aux premières années du XIXᵉ :

J. B. Mundermann (*de Lubeck*), + 1803 à soixante-seize ans (⁶) ; arrivé entre 1747-52 ;

(¹) Klemcke était associé de Havemeister. (Arch. dép., série E, étude Richard.)

(²) Banquier, devint consul de Prusse à Bordeaux. Voir plus loin.

(³) Serait-ce un parent de Louis-Henri Rode, que nous voyons figurer en 1765 parmi les signataires d'une protestation collective dont nous parlerons plus loin ?

(⁴) Il est dit commissionnaire en grains dans un document de 1791 (*Inv. des Arch. municip.*, III, p. 286).

(⁵) Ce Joh. Casper Peters semble avoir laissé un frère, Theodor Peters, qui en 1791 fait baptiser un de ses enfants (Meller, *ouv. cité*, p. 71). Cet autre Peters, qui déposa son bilan vers 1808 (d'après Daniel Ducos, *Mém.* mss. cités plus loin), était très vraisemblablement naturalisé Français.

(⁶) Signe la requête collective de 1765.

J. Robram (*de Magdebourg*, alias *de Potsdam*), + 1802 à soixante-six ans (¹); arrivé vers 1761.

J. J. Muller (*de Magdebourg*), marié en 1779, + 1814 à soixante-seize ans (²); arrivé vers 1762;

J. H. Sauer (*de Siegen, Westph.*), + 1804 à soixante-cinq ans (³); arrivé entre 1759-64;

L. J. Cappler (*d'Ohringen*), + 1809 à soixante-dix ans (⁴); arrivé entre 1759-64;

M. Chr. Weltner (*de Lubeck*), deuxième du nom, + 1823 à quatre-vingt-trois ans (⁴); arrivé entre 1760-65;

J. F. Artz (*de Reichenbach, Sil.*), + 1820 à quatre-vingts ans (⁴); arrivé entre 1760-65;

P. J. Bahn (*de Hambourg*), + 1801 à soixante ans (⁵); arrivé vers 1755;

Georg Daniel Meinicken (*de .....*) (⁶); arrivé avant 1762;

M. J. Stuttenberg (*de Lubeck*), marié en 1786, + 1812 à soixante-neuf ans (⁷); arrivé entre 1763-68;

J. H. Tegner (*de .....*), + 1813 à soixante-dix ans; arrivé entre 1763-68;

J. Thomas Bahr (*de Passewack, Pom.*), + 1807 à soixante-trois ans (⁸); arrivé entre 1764-69;

J. H. Wüstenberg (*de Stettin*), marié en 1767, + 1824 à soixante-dix-neuf ans (⁹); arrivé vers 1767:

(¹) Un Jean Robram aîné fut emprisonné en 1794. Il était associé avec Grauel (Arch. dép., L, 1193). — Cf. Meller, pp. 53 et 72.

(²) Emprisonné en 1794. Négociant en toute espèce de denrées, faisant aussi des opérations en banque.

(³) Sauer est mentionné dans le *Reg. du Consist. franç.* en 1768.

(⁴) Inconnu d'autre source avant la date que nous donnons.

(⁵) Figure sur la requête de 1765. Emprisonné en 1794.

(⁶) Signataire de la requête de 1765 mentionnée plus loin; marié en 1767, vivait encore en 1789.

(⁷) Il est mentionné en 1785 comme associé des sieurs Grignet et Cⁱᵉ, propriétaires d'une fabrique d'outils de fer établie à Cadillac (*Inv. des Arch. dép.*, C, 3682).

(⁸) Emprisonné en 1794; était naturalisé Français depuis 1788; négociant en sucres, étoffes, cafés. Voy. notre Appendice III, année 1782.

(⁹) Jakob Heinrich Wustenberg, négociant en vins et merrains, fonda sa maison de Bordeaux en 1779 (d'après Meller, *ouv. cité*, p. 68); devint armateur en 1789 (C, 3688) et vice-consul de Prusse en 1787; fut emprisonné en 1794. Il fut

A. H. Zimmermann (*de Pillau, Prusse or.*), marié en 1791, + 1806, à cinquante-neuf ans ([1]); arrivé entre 1767-72;

C. L. E. Grauel (*d'Erfürt*), + 1817 à soixante-huit ans ([2]); arrivé entre 1769-74;

M. J. Weiss (*de Francfort-sur-le-Main*), + 1813 à soixante-deux ans ([3]); arrivé entre 1771-76;

F. R. Utermark (*de Hambourg*), + 1806 à cinquante-quatre ans; arrivé entre 1772-77;

J. P. Vidal (*de Hambourg*), + 1806 à cinquante-quatre ans ([3]); arrivé entre 1773-78;

J. Moeller (*de Hambourg*), + 1825 à soixante-onze ans ([4]); arrivé entre 1774-79;

A. R. Basse (*du Mecklembourg-Schwerin*), + 1824 à soixante-dix ans environ ([5]); arrivé entre 1774-79;

P. Meinard (*de Magdebourg*), + 1826 à soixante-douze ans ([6]); arrivé entre 1774-79;

J. G. Geizler (*de Stettin*), + 1832 à soixante-dix-huit ans ([7]); arrivé entre 1774-79;

D. Geigenbach (*de Lindau, Bav.*), + 1822 à soixante-sept ans ([8]); arrivé vers 1775-80;

le père d'autre Jacques-Henri Wustenberg, né à Bordeaux, futur député de la Gironde, dont nous ferons mention au chap. III. (Voir notre Appendice III pour son rôle de consul sous la Révolution, 1794 à 1800.)

[1] On trouve aussi un G. Zimmermann sur la requête de 1765, signalée plus loin; — un Jean Zimmermann d'Altheim, facteur de pianos en 1794 (*Inv. des Arch. municip.*, II, p. 132) — et un Fried. Christ. Zimmermann (de Greenwich) (*ibid.*, p. 80).

[2] Associé de Jean Robram, mentionné ci-dessus.

[3] Inconnu d'autre source.

[4] Mentionné de nouveau au chapitre suivant.

[5] A.-R. Basse figure comme témoin au mariage de Daniel-Vincent Poeh's, de Hambourg, en 1786 (*Meller, ouv. cité*, p. 63). Nous le retrouverons au XIXᵉ siècle.

[6] Inconnu d'autre source.

[7] Semble ne devoir pas être confondu avec un certain Geiseler (Godefroi), qui, né en Pologne en 1754, fut emprisonné en 1794.

[8] Devint associé de la maison Bethmann.

Fried. Wilh. Beumerth (*de Hanau en Wetteravie*), né en 1753, emprisonné en 1794 (¹); arrivé vers 1776;

M. Langensee (*de Lindau, Bav.*), + 1809 à cinquante-un ans (²); arrivé entre 1778-83;

P. Claude (*de Berlin*), + 1803 à quarante-trois ans (²); arrivé entre 1780-83;

G. W. Meyer (*de Stolzenau, Saxe*), + 1807 à quarante-cinq ans (³); arrivé entre 1782-87;

G. Cramer (*de .....*), + 1815 à cinquante-deux ans (⁴); arrivé entre 1783-88;

Ch. Schmidt (*de .....*), + après 1815 (⁵); arrivé entre 1785-89;

Le sieur Katter (*de Hambourg*) (⁶); arrivé en 1785;

C. B. Kuhlmann (*de Heudewisch*), + 1816 à cinquante ans (⁷); arrivé entre 1786-89;

J. C. F. Hesse (*de Iserlohn, Westph.*), + 1803 à trente-six ans (⁸); arrivé entre 1787-90.

Ce n'est point encore tout. La requête présentée au roi par les protestants étrangers en 1765 est signée de cent cinq noms, dont trente-deux sont nouveaux pour nous (⁹), par exemple : Hoepffner, — P. du Loring, — Kern, — Eckmann, — Pegners, — J. C. Kaesting, — Ferd. Schubert, — Martin Gottlieb Just, — J. J. Heusler, — J. B. Heusler, — Samuel Roehrich, — Gottfried John,

(¹) Commissionnaire en marchandises pour le Nord, et banquier; s'associa à Herzog.

(²) Inconnu d'autre source.

(³) Cf. *Inv. des Arch. municip.*, II, pp. 80 et 355.

(⁴) Inconnu d'autre source.

(⁵) Un M. Schmidt est signataire de la requête de 1765 ci-après.

(⁶) Entré comme commis dans la maison Lienau et Schrœder; devient après la mort de Schrœder en 1790, fondé de procuration de Lienau; est emprisonné en 1794 (Arch. dép. de la Gironde, L, 1219).

(⁷) Inconnu d'autre source.

(⁸) Fut emprisonné en 1794.

(⁹) Voy. notre Appendice III, où nous avons rectifié la forme d'un certain nombre de ces noms.

— Samuel Gottlieb Bechler, — J. Eckermann, — Joachim Stang, — Jean-Henri Mündt, — Jean-Melchior Bechmann, — J. Jacob Hons, — Franz Hier. Schuldt, — R. Bencke, — Georg Heinrich Gosselmann, — O. Overmann ([1]), — P. H. Overmann, — Walter ([2]), — Distel, — M. Schmidt, — J. Heinrich Lauer, — Joachim Hermann Bade, — Gaspard Schnelle, — J. Boschwelt, — Joh. Franz Schuler ([3]). — Joh. Friedrich Bœhmen.

D'autre part, parmi les cinq cent neuf négociants, armateurs, banquiers, commissionnaires, assureurs de Bordeaux, qui furent convoqués à l'assemblée du 2 mars 1789 en l'hôtel de la Bourse ([4]), nous relevons une trentaine de noms allemands (abstraction faite des Scandinaves et des Hollandais) qui ne figurent pas non plus sur les précédents catalogues ([5]). Ce sont ou des nouveaux venus ou des immigrés de vieille date demeurés dans l'obscurité :

Ahrenberg,— Brust,— Birne ([6]),— Bussmann,— Bapst ([7]), — Dresky, — Forster, — Gaube, — Heymann. — Hamann, — Hamstinck, — Hencker, — Jaggy, — Koch ([8]), — Kohler, — Lindefrost, — Mantz, — Napper, — Pinck, — Rau, — Rucker, — Schalch, — Schorndorff, — Stender (Jean-Fré-

---

([1]) Nous avons rencontré précédemment un Ernst Wilhelm Overmann, associé avec J.-J. de Bethmann en 1768. Y aurait-il eu trois frères de ce nom ?

([2]) Walter vivait encore en 1789.

([3]) Distinct de Georg Friedrich Schuler et de Benjamin Schuller, mentionnés plus loin.

([4]) Arch. dép. de la Gironde, C, 4438.

([5]) Voir notre Appendice III.

([6]) Jean et Daniel Byrne ont signé la requête collective de 1765, dont nous avons parlé. — Un Byrne signe en 1782 une requête à l'intendant. (Voir notre Appendice III, à la date.) — Il ne faut point les confondre avec un O'Byrn, Irlandais, qui se rencontre vers le même temps.

([7]) Georg Christoph Bapst, né vers 1755 à Paris, établi à Bordeaux en 1780, semble pouvoir être considéré comme d'origine allemande, en raison de son nom et de son association avec Romberg (Arch. dép. de la Gironde, L, 2851).

([8]) Probablement Jean Christian Koch, né à Magdebourg en 1745, établi en France depuis 1770 environ, marié à une Française en 1787, arrêté comme suspect en 1794 (Arch. dép. de la Gironde, L, 1219). — Distinct de Johann Rudolph Koch, Danois, né vers 1774, arrivé à Bordeaux en 1789, comme commis chez Tam et Stender (*ibid.*).

déric), né à *Hambourg* vers 1751, emprisonné en 1794, associé avec un certain Tam ; — Thierdorf, — Wenten (Jacques), né à *Hambourg* vers 1745, emprisonné en 1794 ; — Walering, — Wirz (¹), — Windisch, — Wessel.

Dans les pages qui précèdent nous avons laissé de côté une dizaine de noms notables, pour lesquels nous n'avons pu obtenir des précisions chronologiques satisfaisantes, Ainsi :

Johann Gottfried Emler (*de .....*), marié en 1771 (²) ;

..... Tesdorpf (*de .....*), marié en 1782 (³) ;

P. J. G. Enmerth *alias* Emmerth *et* Eymerth (*de .....*), marié en 1780, + après 1805, fils de Wilhelm Christian Enmerth, dont la présence à Bordeaux n'est nulle part signalée (⁴) ;

A. G. Borckenstein, signalé en 1779 et en 1782 (⁵) ;

Heinrich Romberg (*de .....*), installé à Bordeaux vers 1783, associé de Bapst, signalés en 1789 comme faisant le commerce avec Saint-Domingue (⁶) :

Daniel-Vincent Poehls (*de Wandsbeck, Holstein*), né en 1755, marié en 1786, reparti pendant la Révolution (⁷) ;

Christian-Christophe Bentzien (*de Anglau*), né vers 1747, marié en 1788 (⁸) ;

______

(¹) Mentionné comme armateur en 1789 (*Inv.*, C, 3688) ; habitait en 1777 et encore en 1797 rue Saint-Dominique (C, 2798).

(²) Meller, *Familles prot.*, p. 41. En 1790 seulement, Emler put faire la déclaration légale de son mariage (*ibid.*, p. 83). — Dans l'*Annuaire du Comm. de Bordeaux*, par Bergeret, il est dit en 1779 négociant commissionnaire pour la Haute-Allemagne, (p. 237).

(³) *Id.*, *ibid.*, p. 61 ; cf. p. 72.

(⁴) Fut emprisonné en 1794.

(⁵) Appendice III, à la date.

(⁶) Voy. l'historique de sa maison à l'Appendice III, Cf. l'*Inv.*, C, 3572.

(⁷) Poehls rentra en France vers 1815. Nous le retrouverons donc plus loin. C'est à tort que Meller le fait naître à Hambourg. Le véritable nom de son lieu natal est fourni par son acte de naturalisation en 1826.

(⁸) Fut emprisonné en 1794. Il est dit, dans son acte de mariage (cité par Meller), que son père, Antoine-Michel Bentzien, demeurait à Aucham (Auklam ?) dans la Poméranie prussienne. Il ne faudrait donc pas le confondre avec Johann Bentzien (*de Copenhague*), + 1744 à quarante et un ans, donc né en 1703 (d'après le reg. d'état-civil GG, 810 des Arch. municip. de Bordeaux).

Johann Ernst Schickler (*de Berlin*), banquier, marié en 1788, + 1801 (¹);

..... Archbold (*de* .....); ..... Diephols (*de* .....); ..... Brauer (*de* .....), mentionnés en 1789 et 1791 (²);

La veuve Le Gall, née Winkhoff, armateur, 1774, ruinée par l'infidélité d'un de ses capitaines ; — Hans de Lapp, « négociant distingué », 1782 ; — le sieur Brandt (*d'Ostende*); — le sieur Wernberg, 1783 (³).

Jean-Joseph de Bentzmann, chanoine de Saint-André en 1789, descendant d'Allemands établis dans la région nous ne savons depuis quelle date et qui avaient des rejetons à La Réole et en Agenais, pourvus de canonicats et d'offices publics (⁴).

Les noms qui suivent sont empruntés à l'*Almanach de commerce, d'arts et métiers pour la ville de Bordeaux*, publié par Bergeret à partir de 1779. Ce sont ceux de « négociants-commissionnaires » qui ne figurent pas dans les précédentes listes :

P. 233 : Bachem, sur le devant des Chartrons ; Bronhorst, à l'entrée des Chartrons ; Lorentz, rue Borie.

P. 234 : Ewarte, petite rue Muguet, près la Rousselle ; Gier et Cⁱᵉ, sur le devant des Chartrons ; Hegner, près la corderie des Chartrons.

P. 236 : Barkeys, près la rue Denise ; Braver et Doscher, près la rue Denise ; Hamman, rue Bareyre ; Kock et Muller, à l'entrée des Chartrons ; Neckelman, sur le devant des Chartrons.

P. 240 : Golck et Cⁱᵉ, rue Poyenne ; Dithmer et Cⁱᵉ, rue Poyenne.

(¹) Meller, *ouv. cité*, à la table.

(²) Voy. G. Ducaunnès-Duval, *Inv. cité*, tables. — Archbold figure comme « associé libre », sous la date de 1796, dans la liste des membres résidants de la Société d'histoire naturelle de Bordeaux (*Actes de l'Acad. de Bordeaux*, 1913, p. 344).

(³) Mentionnés tous quatre dans l'*Inv. des Arch. dép.*, série C, 3502, 3560, 3561 et 3567.

(⁴) Voy. leur dossier aux Arch. dép. de la Gironde, L, 2893.

Au total, quinze noms nouveaux que nous sommes fort empêché d'identifier.

Les dix-sept noms qui suivent sont ceux d'Allemands mentionnés entre 1786 et 1794, donc établis à Bordeaux avant la Révolution :

Bernard Buchmann, musicien, né à ..... vers 1764, emprisonné en 1794 ;

Martin Glym ([1]) ;

J. B. Eugen Hus ([1]) ;

Peter Carl Kunckel ([2]), né à *Hackenburg* (*Wetteravie*) alias à *Bendorf am Rhein*, vers 1755, arrivé à Bordeaux en 1786, établi en 1787, emprisonné en 1794 ;

J. B. Muller ([3]) ;

Pierre Rasse ([3]) ;

Thierry Charles Hesse, né à *Hambourg* vers 1756, arrivé à Bordeaux en 1793, emprisonné en 1794 ([4]) ;

J. C. Schombeck ([5]), né à *Danzig* vers 1748, emprisonné en 1794 ;

J. B. Schwarzbach ([6]) ;

Jean Daniel Meyer, né à *Magdebourg* vers 1743, emprisonné en 1794 ;

..... Clossmann (*de Mannheim*), marié en 1791, + vers 1830 ([6]) ;

..... Fleisch (*de* .....) ([7]) ;

..... Hertzog (*de* .....) ([8]) ;

.... Skinner (*de* .....) ([9]) ;

([1]) Inconnu d'autre source.

([2]) Mentionné dès 1790. Cf. son dossier, L, 1219, et notre Appendice III, année 1795.

([3]) Inconnu d'autre source.

([4]) S'associa avec Vidal Wenten précité.

([5]) S'associa avec Schyler.

([6]) Inconnu d'autre source.

([7]) Mentionné en 1793 et 1797.

([8]) D'après Bernadau (*Tablettes hist.*, à l'Appendice III). Emprisonné en 1794.

([9]) Voy. Meller et G. Ducaunnès-Duval, *ouv. cités*.

Georg Friedrich Schuler, né à *Worms* vers 1747, arrivé à Bordeaux vers 1789, emprisonné en 1794. Avait acheté en 1790 un domaine national « dans lequel, dit-il dans son interrogatoire, j'y ai fait une grande dépense pour y établir une fabrique de tabac, laquelle donne la subsistance, chaque jour, à plus de cent ouvriers, parmi lesquels se trouvent beaucoup de gens âgés, infirmes, femmes et enfants » [1];

Benjamin Schuller, né à *Ronzedorf (Palatinat)*, vers 1752, arrivé à Bordeaux en 1767, emprisonné en 1794 [1];

Johann Gottfried Klohss (*ou* Kloss), né dans la principauté d'*Anhalt-Zerbst* vers 1760, arrivé à Bordeaux vers 1780, emprisonné en 1794 [2].

Si nous totalisons les divers relevés qui précèdent : 5 + 11 + 10 + 14 + 32 + 32 + 31 + 13 + 15 + 17, nous voyons grossir jusqu'au chiffre de 180 le nombre des Allemands qui, de 1700 à 1790, prirent pied sur la « place » de Bordeaux. Et encore devons-nous croire que nous ne les connaissons pas tous [3].

La conclusion qui s'impose avec une grande vraisemblance, c'est que, à la veille de la Révolution, la colonie germanique de Bordeaux, considérée seulement dans ses *éléments supérieurs et permanents*, était plus nombreuse qu'elle ne le sera en 1914, — moins nombreuse toutefois que beaucoup des colonies de réfugiés français en Allemagne : Berlin, Francfort, Magdebourg, Hameln, Stuttgart, Hambourg-Altona, Dresde, Erlangen, etc. Par contre, ses éléments inférieurs et flottants étaient plus rares : les commis ne s'y rencontraient que par exception, dans

---

[1] Arch. dép. de la Gironde, L, 2852.

[2] *Ibid.*, L, 1219.

[3] Plusieurs des négociants qui figurent sur nos relevés ne se retrouvent point à l'assemblée du 2 mars 1789, quoiqu'ils soient décédés après cette date. Il y a là encore une cause d'erreur pour nos calculs.

Un catalogue alphabétique n'aurait point eu de sens historique. Le catalogue chronologique que nous avons dressé n'a malheureusement pas encore le degré de perfection qu'on pourra lui donner plus tard.

quelques maisóns de commerce et d'armement ; les domestiques, les gouvernantes, les institutrices y étaient encore
à peu près inconnues. Mais déjà apparaissent les Rhénans,
les Saxons, les Brandebourgeois et les Prussiens (¹) ; à un
autre point de vue, les artistes itinérants : une jeune pianiste du nom de Kuhn, le harpiste Hochbrucken (²) ; —
des poursuivants de la fortune comme ce Just Friedrich
Hilmer, oculiste de Vienne et conseiller du roi de Prusse,
qui vient pratiquer son art chez nous en 1780 (³). — et
surtout, aux deux grandes foires de l'année, des marchands
venus des bords de la Baltique et de la mer du Nord en
telle foule que leurs bateaux remplissaient par centaines,
durant quelques semaines, le port de la Lune, depuis
l'estey de Sainte-Croix jusqu'à la palu de Bacalan (⁴).

Quand les Hanséates, flamands, hollandais, scandinaves ou allemands, s'établirent à demeure chez nous
aux xvii⁰ et xviii⁰ siècles, ce ne fut plus, comme aux xv⁰
et xvi⁰ siècles, du côté du Chapeau-Rouge ; ce fut nécessai-
rement, en leur qualité d'étrangers et surtout d'hétéro-
doxes, hors les murs, en aval du Château-Trompette, sur
une étroite bande de terre à peine habitée, qui s'étendait
au nord de la ville entre la Garonne et les marais de

(¹) Pas un seul Autrichien ; mais le lecteur a pu remarquer que nous
ignorions le lieu d'origine de beaucoup de nos immigrés.

(²) Voy. à l'Appendice III les *Tablettes histor*. de Bernadau.

(³) Voy. à l'Appendice III le procès-verbal d'une opération chirurgicale faite
en ladite année par cet oculiste à Langon. De sa présence en cette petite
localité nous croyons légitime d'inférer qu'il vint aussi à Bordeaux.

(⁴) Les deux témoignages les plus formels à cet égard sont ceux que nous
avons reproduits ci-dessus (p. 44). Bien qu'ils se rapportent aux années 1670
et 1698, et ne concernent que les Néerlandais, nous en faisons état hardiment
pour la dernière phase du xviii⁰ siècle, qui a vu le plein épanouissement des
foires de Bordeaux.

Bruges (¹). Ils y débarquaient le plus facilement du
monde (²), par le bas du fleuve, sans avoir même à traverser Bordeaux (³). Depuis le haut moyen âge, les chanoines de Saint-Seurin étaient suzerains de ce faubourg;
mais des Chartreux venus du Périgord y avaient pris pied
au xive siècle, y avaient même construit un couvent et une
chapelle (d'où le nom d'enclos des Chartrous, aujourd'hui
Chartrons, qu'il reçut assez vite), jusqu'au jour où les
jurats de Bordeaux y étendirent leur juridiction propre
dans le courant du xvie siècle.

Bernadau, qui est né avant la Révolution et connaît
les choses de près, est très affirmatif sur ce point : « Le
faubourg des Chartrons, dit-il, fut originairement habité
par des négociants et par des marins étrangers qui, en
cet endroit, se trouvaient bien à portée de veiller sur
leurs navires; car, avant la Révolution, les seuls vaisseaux français pouvaient mouiller dans la partie du port
qui est devant l'enceinte de Bordeaux, et on ne permet-
tait l'entrée dans cette ville qu'aux vins recueillis dans
le Bordelais (⁴). Les autres restaient en magasin aux
Chartrons, pour être livrés au commerce extérieur. Au
moyen de ce privilège ridicule, ce faubourg fesait plus

(¹) Mon érudit confrère G. Ducaunnès-Duval m'affirme que la forme latine
de ce nom, *Bruja*, se rencontre dans les textes dès le xiiie siècle. Elle n'a pu
donner philologiquement, en français, que Bruje ou Bruge. L's final vient
peut-être du souvenir de Bruges en Flandre, dont le nom devint familier aux
Bordelais dès la fin du xve siècle, comme nous l'avons démontré.

(²) « L'un d'eux part d'Altona, arrive aux Chartrons sans ressources et sans
crédit. Il déclare en mettant le pied à terre qu'il fera bâtir un jour une maison
en face de la cale où il a débarqué. Et il tint parole. » (D'après M. C. Jullian,
ouv. cité, p. 511, sans indication de source ni de date.)

(³) Cette facilité des communications n'existait pas entre les Villes Hanséatiques et la Champagne ou la Bourgogne. C'est une des raisons pour lesquelles,
au xviiie siècle, les négociants allemands sont si rares dans ces deux provinces
viticoles. — De Hambourg à Bordeaux, la distance par mer est un peu supérieure à 2,000 kilomètres, qu'un voilier du xviiie siècle mettait au moins un
mois à franchir.

(⁴) En vertu d'une transaction passée en l'an 1500 entre le Languedoc et la
ville de Bordeaux.

d'affaires que la ville dont il était une dépendance, et l'on peut dire qu'elle lui doit le commencement de son opulence » (¹).

Tavernes, auberges et hôtelleries y étaient nombreuses et d'ailleurs surveillées d'assez près par les magistrats de police. Hors du faubourg, l'*Hôtel de l'Empereur* (cours Tourny) et les deux *Hôtel de Hambourg* (l'un sur la place Saint-Remy, l'autre en la rue des Capérans) se désignaient d'eux-mêmes, au moins pendant le dernier quart du xviiie siècle, à l'attention des Allemands qui préféraient descendre dans la ville même. L'*Annuaire de commerce, des arts et métiers pour Bordeaux*, qu'édita Bergeret à partir de 1779, les signale régulièrement avec le nom de leurs propriétaires respectifs. Celui du cours Tourny tirait son enseigne de ce que l'empereur Joseph II y avait pris logis en 1777, lors d'une visite dont nous parlerons bientôt.

Au point de vue commercial, le faubourg s'opposa, à partir de 1710 environ, à la cité où dominait l'ancien négoce avec ses traditions et ses règlements du moyen âge, et au quartier de la Rousselle d'âge plus récent, sis le long du fleuve, en amont de la cité. Il s'y opposait

---

(¹) [Bernadau]. *Itinéraire des bateaux à vapeur de Bordeaux à Royan*, 1836, p. 9. Je n'ai pu retrouver à quelles sources l'auteur avait puisé certaines indications rétrospectives qu'il donne. — La maison du Pavé des Chartrons qui porte actuellement le n° 49 (anc. n° 8), date de la fin de l'ancien régime, comme la plupart des maisons de ce cours, à en juger par les soubassements cintrés des balcons. Or le balcon de ce n° 49 est pourvu d'une fort belle balustrade en fer forgé, ornée, à chaque extrémité, d'attributs divers (trident, caducée, gerbe, etc.), et, au centre, d'un écusson sur lequel on a cru reconnaître l'aigle prussienne. Sur l'ordre de qui fut-elle exécutée? C'est ce qu'il est difficile de dire, car la balustrade peut fort bien être plus récente que la maison. En 1790, les sieurs Meyer, Meinicken, Wustenberg, habitaient le Pavé des Chartrons, sans que nous sachions au juste à quelle maison. Vers la fin du règne de Louis-Philippe, Hovy, consul des Pays-Bas, occupait ce n° 49 ; mais Hovy n'était pas Allemand. Tout bien considéré, comme cette aigle ne porte ni couronne, ni sceptre, ni globe, nous pensons qu'il n'y faut pas voir autre chose qu'une aigle symbolique, dont la raison d'être nous échappe encore.

non seulement par sa position topographique, mais encore par son esprit particulier. Ces trois centres eurent, au XVIIIe siècle, leurs rivalités d'intérêts, qui sont une partie de l'histoire de Bordeaux. A retenir que, dès 1743, les « étrangers du Nord » avaient dépassé le faubourg des Chartrons et empiétaient déjà sur celui de Bacalan (1).

Hommes et choses, commerçants et marchandises se mouvaient donc aux Chartrons, avec plus d'aisance qu'à l'intérieur de la ville où les premiers occupants faisaient montre de privilèges gênants. Il résulta de cet état de choses que les théories de liberté commerciale prirent naissance parmi les étrangers du faubourg en question, peu après la guerre de Sept ans. Combattues par la Jurade qui représentait la tradition, par le Parlement qui se composait de propriétaires fonciers, et par le quartier de la Rousselle qui avait besoin de protection, ces théories, parfois soutenues par les négociants de la cité et presque toujours par les intendants de la Généralité, finiront par triompher aux approches de 89 et par s'imposer à tout Bordeaux. Il n'y faut point voir d'ailleurs la preuve de préoccupations d'intérêt général : les Chartronnais étrangers n'envisageaient que le leur, comme quand ils demandaient que le quai du Chapeau-Rouge fût transformé, 1729 (2), que les acquits-à-caution fussent libérés des formalités gênantes, 1779-86 (3), que les feux de la tour de Cordouan fussent améliorés, 1786 (4), que le Parlement et la Jurade autorisassent la mise en vente à Bordeaux même des vins du Haut-Pays. Sur ce dernier point ils n'eurent gain de cause, d'une manière définitive,

(1) *Inv.*, C, 4262, p. 80.

(2) *Arch. histor. de la Gironde*, XLVIII, p. 279.

(3) Voy. notre Appendice III. — Cf. *Inv. des reg. de la Jurade*, I, p. 71, année 1749, où se trouvent expliquées les formalités dont on se plaignit plus tard. Cette question des acquits à caution amena une intervention des consuls étrangers et de la Chambre de commerce de Hambourg. —Voy. *Inv.*, C, 4258 (p. 43), 4265 (p. 105 bis), 4341 (p. 158 bis) et 4408.

(4) *Arch. histor. de la Gironde*, XXXVI, p. 387.

qu'en 1791, grâce à l'Administration départementale qui força la main à l'Administration municipale ([1]).

Considérée dans son ensemble cette population de négociants venus du Nord de l'Europe a commencé et développé jusqu'à nos jours la prospérité du faubourg, devenu ainsi la Petite Allemagne de Bordeaux. Une *Vue perspective* des maisons donnant sur le fleuve — vue qui fut prise en 1741 par les ordres de M. de Pressigny, directeur des fermes du roi ([2]) — donne une idée fort pauvre de ce qu'était alors cette « façade des Chartrons » qui, de la place Lainé actuelle, s'étendait, au point de vue de l'octroi, jusqu'à la rue du Saint-Esprit (cours de la Martinique), au point de vue géographique jusqu'à l'estey Crebat (cours du Médoc), et au point de vue administratif jusqu'à la rue Bensse ([3]).

C'était une succession de chais et de maisons (avec un, deux et même trois étages). On en comptait une quaran-

[1] Le témoignage de Bernadau est sur ce point fort explicite et conforme aux précédents que nous connaissons : « La libre entrée des vins de Bordeaux vient d'être proclamée par la municipalité qui ne s'en souciait guère. Mais le département lui a forcé la main. » (*Tablettes histor.*, VI, 372, sous la date du 3 janvier 1791.)

[2] Aux Arch. municip. de Bordeaux, série des plans, n° 610 (les n° 609 et 611 concernent d'autres quartiers). C'est un rouleau mesurant environ trois mètres de longueur, exécuté et colorié avec beaucoup de soin. Il figure cent trente maisons et quarante-cinq peyrats (quais verticaux partiels) non seulement de la façade des Chartrons mais encore de celle de Bacalan, jusque vers la chapelle Saint-Louis. Chaque peyrat est séparé de son voisin par une cale plus ou moins large.

[3] La légende de ce plan dit : « Le vin du Haut-Pays ne peut se décharger que dans les calles numérotées 1 jusqu'à 16 (c'est-à-dire depuis la place Lainé jusqu'à la rue du Saint-Esprit, actuellement cours de la Martinique), et ne peut s'enchayer dans les maisons plus éloignées que la rue du Saint-Esprit, qui sert de limite pour cela, marquée E. Les magistrats de la ville de Bordeaux sont en droit de les saisir, les trouvans au delà, à cause du transvasement qui pourroit se faire de ce vin dans les futailles de ville, et que même le Chartron perd son nom à ladite rue Saint-Esprit. On donne le nom de Paleu et de Bacalan à tout le reste. » — Le « Bureau des congés » se trouvait, en 1741, sur le quai, dans l'une des deux maisons hollandaises élevées entre la rue Latour et la rue du Couvent.

taine jusqu'à la rue du Saint-Esprit (marquée E), une quinzaine de plus jusqu'à la rue Barreyre (marquée F), une trentaine de plus jusqu'à la rue Bensse (marquée H). Aujourd'hui, entre les mêmes trois coupures on compte $57 + 25 + 57$ maisons. L'augmentation de ces chiffres sur les chiffres relevés en 1741 provient de ce que, lors des grandes reconstructions opérées dans la seconde moitié du xviiie siècle, on adopta pour chaque maison un plan plus approprié aux besoins du commerce. C'est ce que constatera, plus tard, en 1780, une lettre émanant de la Chambre de commerce. « Toutes les maisons [des Chartrons], y est-il dit, dans les rues qui avoisinent les bords de la rivière, sont en grande partie disposées à y recevoir des denrées » [1]. Ce fut le plan en profondeur qui ne laisse à la façade qu'une largeur extrêmement réduite (trois fenêtres en général), compensée par la hauteur. Cette profondeur des étages d'habitation varie de trente à quarante mètres entre les rues Barreyre et Poyenne, tandis que celle des chais du rez-de-chaussée est poussée parfois jusqu'à deux cent quatre-vingt cinq mètres [2], avec une seconde issue de servitude sur le cours Balguerie-Stuttenberg [3].

De hauteur inégale et d'alignement douteux, ces maisons de la fin du xviiie siècle [4] sont, en général, d'un

---

[1] *Inv.*, C. 4266, p. 118

[2] Tel est le cas pour le chai de la maison n° 98 (Schrœder et Schyler), d'après l'Album graphique des *Villes, Fabriques et Usines de France : ville de Bordeaux*, établi pour le service des Assurances par le système Calmelle (Paris, Tabutiaux, 1871).

[3] Le cours Balguerie-Stuttenberg est parallèle au quai des Chartrons, à une distance de 350 mètres.

[4] Le célèbre tableau de notre Musée, *le Port de Bordeaux*, par Lacour (1804), possède sur ce point une valeur documentaire. Son exactitude est prouvée par ce fait que les trente-six maisons (quarante et un numéros) qui se dressent entre le Pavé des Chartrons et la rue Raze s'y retrouvent très visiblement. Nous en concluons que ce tableau n'est pas moins exact lorsqu'il nous montre entièrement bâtie toute la suite de la façade des Chartrons. — Se rappeler d'ailleurs que la première numérotation des maisons et la dénomination des rues gravée sur la pierre des maisons d'angle, remontent à la veille de la Révolution, vers 1783.

aspect assez sobre, parfois cependant élégant, jamais comparable à celui des maisons du quai de Bourgogne. Pourvues d'un balcon (la grande innovation de ce temps), elles n'ont extérieurement rien d'imposant; mais l'intérieur en est confortable, et il y a place pour de nombreux enfants. Or, plusieurs des demeures de cette « façade » ont été construites avec les capitaux des négociants étrangers d'alors (¹). La preuve en est fournie par quelques actes notariaux. Elle le sera vraisemblablement aussi par d'autres si l'on s'avise de poursuivre des recherches dans ce sens (²). Nous ne retiendrons présentement qu'une chose : c'est que ces maisons sont dans un style français et sur un plan qui, malgré sa bizarrerie, n'a rien de spécifiquement allemand. L'exemple donné par les Hollandais du xviie siècle d'implanter à Bordeaux l'architecture de leur pays n'a pas eu d'imitateurs au xviiie, bien heureusement.

M. de Pressigny devance un peu la réalité future quand il dit que « le fameux faubourg des Chartrons..... est [en 1741] le plus considérable du royaume de France tant par la beauté de ses maisons [et] sa situation avantageuse que par le commerce qui s'y fait ». Il mérite davantage confiance quand il ajoute : « On y voit arriver, tous les jours, des quatre parties du monde, un grand nombre de vaisseaux sous des pavillons différents, ce qui forme un coup d'œil des plus remarquables » (³). Oui,

---

(¹) M. Fernand Thomas, membre de la Société Archéologique de Bordeaux, prépare une monographie du quartier des Chartrons où toutes les questions du genre de celle-ci seront sans doute étudiées plus à fond que nous ne pouvons le faire ici. — Dans une communication faite à la Soc. des Arch. histor., le 24 novembre 1916, M. Corbineau a prouvé que la maison de la façade des Chartrons au coin de la rue Borie avait été construite en 1744, sur les plans de Jean Laclotte, architecte, au profit de Frederick Hanssen (de Liliendal), consul général du Danemark.

(²) Renseignements pris, le 3 mars 1916, à la Direction des contributions directes, les matrices cadastrales ne sont d'aucun secours pour élucider ce petit problème, attendu qu'elles ne remontent pas au delà de 1820.

(³) Légende de la *Vue perspective* de 1741.

mais ces navires étaient contraints de demeurer en rade, par faute de quais abordables. Ils s'arrêtaient d'ordinaire vis-à-vis de la demeure du destinataire et débarquaient leurs marchandises en plein fleuve, à l'aide de gabares qui les transportaient jusqu'au peyrat le plus proche ou jusqu'à la cale la plus propice. Ces peyrats (sorte d'appontements en pierre de peu d'étendue) sont la première forme des grands quais verticaux qui aujourd'hui remédient aux inconvénients des berges en pente. Ils ne répondaient qu'imparfaitement aux besoins du commerce de Bordeaux avec les pays du Nord.

Dans les immigrations du milieu du XVIIIe siècle, grâce auxquelles se constitua le noyau résistant et stable qui manquait encore, les historiens de Bordeaux ont vu jusqu'ici le point de départ même de la colonie. Erreur manifeste, contre laquelle protestent suffisamment les pages qui précèdent.

Ce serait, d'autre part, encourir le reproche de ce que nos voisins appellent si bien l'*Einseitigkeit* (= unilatéralisme) que de chercher uniquement dans le traité de 1716 et les actes qui suivirent l'explication des relations commerciales nouées au XVIIIe siècle entre notre port et ceux de la Baltique ou de la mer du Nord. En 1723, Hambourg s'était ouvert au commerce général, sans droit de transit ni de sortie, et ce fut une nouveauté de grande conséquence. En tenant compte des faits connus, nous pouvons affirmer que ce ne furent pas les Bordelais qui s'efforcèrent alors de faire pénétrer leurs vins dans les pays du Nord, mais que ce furent les Hanséates qui s'avisèrent de venir les chercher chez nous. Encore en 1783 et 1784, lorsque le marquis de Castries et M. de Calonne essaient de reprendre les projets de Colbert contre l'envahissement de nos ports par les voiliers du Nord, ils se heurtent à l'inertie et à la mollesse des négociants bordelais, clairement constatée par la réponse que fait Charles Lemesle à leurs appels (¹). Il faudrait, dit-il en substance, pour trafiquer utilement à l'étranger, que nos Bordelais étudiassent d'abord la langue du pays où ils veulent se rendre, sa manière particulière de « travailler », les matières de son commerce, ses poids, mesures et monnaies, les époques les plus favorables aux opérations. Il faudrait développer l'armement et courir quelques risques. — Combien il était plus facile de trafiquer avec les Iles (²), où la concurrence n'existait pas encore. Si les négociants de Hambourg (³), de Danzig (⁴), de Kœnigsberg (⁵) se pressent dès lors sur nos berges, c'est que leur intérêt est grand de procurer à leurs navires le fret de retour dont ils ont besoin, et qu'ils le trouvent sans peine grâce à leurs compatriotes installés aux Chartrons. En la seule année 1740, quatre navires venus de Stettin, onze de Brême, dix-sept de Danzig, vingt-deux de Lubeck, cinquante-cinq de Hambourg, étaient ainsi repartis de Bordeaux, chargés des produits de notre région pour le Nord (⁶). Les Bordelais laissaient faire. Leur indolence

---

(¹) Cité par M. Oudot de Dainville, dans le mémoire que nous avons mentionné ci-dessus.

(²) C'est-à-dire les Antilles.

(³) En mai 1748, dix négociants de Bordeaux s'associent pour faire venir un chargement de seigle de Hambourg (*Inv. des reg. de la Jurade*, VI, p. 702).

(⁴) En 1748, quatre négociants de Bordeaux font venir de Danzig un important chargement de seigle (*ibid.*, VI, pp. 699, 700 et 704).

(⁵) En avril 1748, les magistrats de Bordeaux décident de faire venir des grains de Kœnigsberg « et autres ports du Nord » (*ibid.*, VI, p. 699).

(⁶) Voy. Jouannet, *Statistique du dép. de la Gironde*, II (1843), p. 332, d'après un témoignage du xviiiᵉ siècle. — Pour la quantité de vins expédiée en 1739-40 par Bordeaux dans ces diverses villes, voy. H. Kehrig, *le Privilège des vins de Bordeaux...* (Bordeaux, 1886, pp. 81 et 82). D'après Malvezin, Bordeaux expédiait en 1730, 18,000 tonneaux de vin à Hambourg pour le Nord ; 22,500 pour la Hollande, et seulement 5,000 pour l'Angleterre. — Cf. *Docum. statist. sur la Génér. de Bordeaux au xviiiᵉ siècle*, par l'abbé Bellet, 1730-32, publié dans les *Arch. histor. de la Gironde*, XLVIII, pp. 4, 5, 9, 23, 46, 110, 122, 124 et 127.

était si grande, qu'ils attendirent jusqu'en 1740 pour tirer parti d'un arrêt du Conseil du roi de 1716, qui les autorisait à transporter les nègres d'Afrique sur les terres du Nouveau-Monde, — et jusqu'en 1787 pour organiser un service régulier de paquebots-poste entre Bordeaux et les Antilles (1).

Bien que le traité de 1716 eût interdit aux Hanséates établis en France de faire du négoce avec les colonies, il semble bien que, de ce côté même, les Hollandais et les Allemands aient tenté de porter leur redoutable activité. En 1707 déjà, Vandezande (de Bordeaux) songeait à expédier aux Iles un vaisseau de quatorze canons destiné sans doute à s'ouvrir de vive force l'intérieur du pays ; en 1764 les sieurs Van der Scheilder et Waltering, domiciliés aux Chartrons, frétaient un navire de trois cents tonneaux pour la Martinique, où Bethmann et Meinicken avaient, avant eux, ce semble, pris pied solidement. Cette concurrence n'était point du goût de la Chambre de commerce qui s'empressait chaque fois de signaler les faits au ministre (2).

Se composant de gens adonnés presque tous comme commissionnaires à l'exportation des produits du sol bordelais et inversement à l'importation des produits naturels ou manufacturés de l'étranger (3), — quelques-uns à

---

(1) Cf. M. C. Jullian. *Hist. de Bordeaux*, p. 538.

(2) *Inv.*, C. 4260 (p. 70), 4256 (p. 32), 4328 (p. 149).

(3) Voy. les détails que fournit à cet égard une lettre de Tourny de 1743 (Appendice III) et l'*Inv. des Arch. dép.*, C. 1630, pour les bois venus de Hambourg et de Danzig; C. 107, pour les denrées de Hollande; C. 1309, pour les cuirs de Danzig, etc. L'*Annuaire de Comm. pour Bordeaux*, par Bergeret, signale en 1779 : 17 négociants commissionnaires d'origine étrangère pour la Hollande, 10 pour la Suisse, 30 pour l'Allemagne, 33 pour le Nord (c'est-à-dire la Russie, la Prusse, la Hongrie, le Danemark, la Suède, la Pologne et la Bohême). Ne pas oublier toutefois qu'un même négociant est souvent commissionnaire pour tous ces pays à la fois.

l'armement des navires, à la banque ou à l'assurance (¹), — la colonie germanique de Bordeaux et tout particulièrement sa portion allemande, était généralement prospère aux approches de la Révolution (²). Et si, comme l'écrivait récemment M. Camille Jullian, autour des noms des grands négociants bordelais du xiiie siècle, les Soler, les Colomb, les Cailhau, « il faut mettre beaucoup de vin, de poisson salé, de pastel et de drap, mettre aussi beaucoup d'or et mettre beaucoup de commis et d'agents », nous pouvons bien en dire autant, *mutatis mutandis*, de nos Hanséates du xviiie siècle, et y ajouter, par surcroît, beaucoup de travail, d'intelligence, d'initiative, de prudence ; car le milieu ambiant leur était moins favorable qu'aux Soler et à leurs émules ; la concurrence était plus acharnée, les risques plus fréquents et plus dommageables, les tentations plus grandes de s'enrichir par la spéculation.

En comparant l'activité de ces Allemands à celle des Juifs portugais, qui prennent vers ce même temps une si belle place à Bordeaux, nous discernons clairement qu'il y eut développement parallèle plutôt qu'empiètement des uns sur les autres : ceux-ci s'essayant de préférence à asservir commercialement les Antilles, ceux-là à assujettir l'Europe septentrionale : et c'est pourquoi leurs noms ne sont jamais mêlés, quoique tous contribuent avec la même ardeur et le même succès à la prospérité de notre port et à son rayonnement extérieur. Tout au plus devons-nous constater que Jean-Jacques de Bethmann et Abraham Gradis se sont rapprochés en certaines circons-

---

(¹) Clock, dans la première moitié du xviiie siècle, Schickler, Streckeisen, Beumerth, dans la seconde, étaient banquiers. — Pour les commissionnaires et assureurs, voy. les noms que nous avons empruntés à l'Assemblée du commerce du 2 mars 1789 (Appendice III). Pour l'office de courtier, nous savons déjà qu'il était réservé aux Français.

(²) Bernadau signale cependant que Metzler et Boyer durent déposer leur bilan en 1788. Il y eut avant la Révolution quelques autres cas analogues.

tances, sans jamais se combattre (¹). Nous laissons indé-
cise, faute de lumières suffisantes, la question de savoir
lequel de ces deux contemporains l'emportait sur l'autre
par l'intelligence des affaires. Mais nous ne craignons
pas de dire que la reconnaissance que leur doivent les
Bordelais pour les services rendus est égale.

Les registres de la régie des Fermes, récapitulant les
diverses marchandises qui étaient entrées en 1779 par les
ports du Sud-Ouest soumis à la direction de Bordeaux (²),
constatent que *la Flandre* a envoyé du beurre, du charbon
de terre, du porc salé, du tabac en feuilles ; — *la
Hollande*, de l'acier, des aiguilles, des allumettes sou-
frées, de l'alun, de l'arsenic, de l'avoine, de la baleine
coupée et en fanon, du bœuf fumé et salé, du beurre, de
la bière, du blé froment, des bois de diverses sortes, du
borax, de la brosserie, du brun rouge, du blanc céruse,
des chaises de commodité, du chanvre peigné et en
rames, du cinabre, des colles de tout genre, du cuivre,
des dés de fer, de l'étain en bloc, etc., etc. (³) ; — *les
Villes hanséatiques du Nord*, de l'acier, de l'aloès, de
l'alun, de l'anis étoilé, de l'azur, de la baleine coupée,
du bœuf salé, du beurre, du blé seigle, des bois divers,
du brai et du goudron, de la calamine, des fers de toute

(¹) Voy. le récent ouvrage de **M.** Jean de Maupassant, bibliothécaire de la
ville de Bordeaux, *Un grand armateur de Bordeaux : Abraham Gradis,
1699 ?-1780* (Bordeaux, Feret, 1917). Pour ses rapports avec Bethmann,
voy. les pp. 105, 106, 107, 151 et 152 n. 3.

(²) Arch. munic. de Bordeaux, fonds Delpit, *Notes sur la direction de
Bordeaux*, t. IV, p. 38 et ss.

(³) On nous en voudrait peut-être de ne point poursuivre l'énumération
jusqu'au bout : fer en barre et en tôle, coulé et ouvré ; fil, fromages, garance,
girofle, huiles diverses, inde plate, indiennes, laque sur bois, laines en rame,
légumes, lin peigné et en rame, mercerie, morue verte, moulins, muscade,
noir d'ivoire, papier blanc et violet, pinceaux, planches, plomb « en sapin »,
plumes à écrire, poil de sanglier, porc salé, quincaillerie de cuivre et de fer,
safran, salsepareille, saumon salé, saumure, sublimé, stockfisch, tabac en
feuilles, thé, tournesol. (Nous avons omis trois ou quatre produits, dont le
sens nous échappe.)

espèce, des fèves, du fil de fer et de laiton, des légumes, de la mercerie, du noir de fumée, des peaux, des planches de chêne et de sapin, du plomb « en saumon », du porc salé, de la quincaillerie de fer et de cuivre, des soliveaux [1].

L'énumération est longue et d'autant plus instructive. Nous assistons ici à une première submersion de notre « place » par les productions naturelles et les produits ouvrés du Nord, — conséquence logique, but secrètement désiré sans doute, des communications maritimes que les Hanséates avaient établies peu à peu, depuis trois siècles, entre leurs divers ports et le nôtre. La colonie de Bordeaux pouvait s'applaudir de résultats qui étaient en grande partie son œuvre.

Mais, quel était au juste le lieu d'origine de ces produits si divers? Les mêmes registres vont encore nous le dire très exactement [2], en constatant qu'en 1783 Bordeaux a entreposé des marchandises venues de Hambourg, Bâle, Amsterdam, Ostende, Francfort, Altona, Kell (Kiel?), Rotterdam, Bruges, — Drontheim, Stettin, Gothenbourg, Flensbourg, Brême, — Colberg, Copenhague, Danzig, Elbing, Emden, Kœnigsberg, Leipzig, Lubeck, Pillau, Saarbruck, Stockholm, — Elseneur, Greifswald et Poméranie suédoise, Rostock, Stralsund, Wolgass et Zurich. Nous aurions donc beaucoup à dire si nous voulions creuser l'histoire du commerce de Bordeaux avec le Septentrion au XVIIIe siècle. Cette simple énumération suffit à montrer quelle était l'étendue de ses relations avec les ports de la mer du Nord et de la Baltique et avec les

---

[1] Nous ne voyons pas figurer dans cette énumération les verres et bouteilles exportés par Hambourg, que signale en 1730 l'*Inv. des Arch. dép. de la Gironde*, C, 4253, p. 11.

[2] Tome II, p. 404 et ss. — Cf. dans l'*Inv. des Arch. dép. de la Gironde* (C, 4389 et 4390), les états annuels des importations effectuées par les ports de la direction de Bordeaux entre 1721 et 1780, — et *ibid.*, C, 4386 à 4388, les états annuels des exportations effectuées par les mêmes ports entre 1721 et 1778.

villes de l'intérieur. En retour de ce qu'elle recevait, notre ville n'avait guère de produits manufacturés à offrir, mais elle avait ses productions naturelles, et, entre toutes, ses fruits et ses incomparables vignobles (1).

Cette année 1783, qui est celle de l'indépendance des États-Unis, fut entre toutes marquée par de grands projets. Le Ministre de la Marine rappelle à la Chambre de commerce l'utilité que présenterait la fondation d'établissements français de commerce dans le Nord, notamment à Hambourg où il s'agissait de créer un grand entrepôt de nos vins (2). Consultés sur ce point, MM. de Bethmann et Desclaux rédigèrent un long mémoire tendant à prouver que les Français ne peuvent pas, sans être soutenus, entrer en concurrence avec les étrangers pour le commerce dans ces régions ; et ils en voyaient la raison dans les conditions dispendieuses de la navigation française et dans le « régime des classes » qui obligeait les capitaines à prendre un trop grand nombre de novices et de mousses (3).

Nos Allemands étaient alors en possession d'une réputation de probité à laquelle l'intendant Tourny rendait

---

(1) L'art. BORDEAUX du *Konversations-Lexikon* de Meyer (1904) donne l'indication que voici : *In Deutschland trank man den Bordeaux-wein im 18 Jahrhundert allgemein unter dem Namen Pontac.*

Il y a dans cette assertion une incompréhension complète du sens exact de ce terme « vins de Pontac ». Au dire de M. le Dr G. Martin, que nous avons personnellement consulté comme spécialiste en cette matière, il n'a été utilisé chez nous au XVIIIe siècle que pour désigner les vins récoltés à Pessac, dans le cru de Haut-Brion, qui appartenait à la famille de Pontac, et était alors réputé le premier cru du Bordelais, quoique situé dans la région des Graves. Le vin de Pontac était devenu synonyme de vin de Haut-Brion, rien de plus ; jamais il n'a été en France synonyme de vin de Bordeaux ou du Bordelais. L'abus que l'on faisait de ce terme en Allemagne s'était répandu en Suède (et sans doute aussi dans les autres pays scandinaves), comme le prouve le récit d'un voyage à Bordeaux des frères Hildebrand en 1755, publié par M. Paul Courteault dans la *Revue hist. de Bordeaux*, 1917.

(2) *Inv.*, C, 4348.

(3) *Ibid.*, C, 4348. — Le régime des classes avait été institué par Colbert en 1673, pour le recrutement des équipages de la flotte. Il a subsisté jusqu'au système de l'inscription maritime introduit par la Révolution.

hommage en 1743 : « Je n'ay, dit-il, d'après les différens, éclaircissemens que j'ay cherché à prendre sur leur compte, que de bons témoignages à vous en rendre. Ils passent pour gens de probité, intelligence, et ont la confiance du public qui fait le crédit du négociant » (¹). S'ils se différencièrent assez vite du groupe anglo-saxon d'ailleurs peu considérable, et même du groupe hollandais, avec lequel nous les avons vus confondre d'abord leurs intérêts, ils restèrent plus longtemps conjoints au groupe scandinave et luthérien que nous avons précédemment rencontré.

Quoiqu'ils aient dédaigné la raffinerie, la distillerie, même la construction des navires (trois grosses industries alors confinées presque tout entières dans les quartiers de Sainte-Croix et de Saint-Michel), leur esprit d'entreprise fut peut-être plus général que ne le laisse comprendre notre récit, s'il est vrai que, dans la première moitié du siècle, l'un d'eux songea à introduire dans notre ville la fabrication de la porcelaine longtemps avant qu'elle eût pris pied à Limoges. « Il y a quarante ans — écrit un magistrat du Parlement de Bordeaux en 1769 — que celuy qui a établi en Saxe la manufacture de porcelaine, voulut auparavant l'établir à Bordeaux. Les jurats de ce temps-là traitèrent cet homme comme le valet du tambourineur, par complaisance pour M. Ustin qui faisoit des pots de chambre de fayance et qui avoit de la jalousie de ce particulier qui a enrichi la ville de Dresde » (²). — Mais l'assertion de M. de Gascq est sujette

---

(¹) Lettre de Tourny à M. le comte de Maurepas, ministre d'Etat, 1743 (Appendice III).

(²) Lettre de M. le Président de Gascq à M. d'Arche, premier jurat, à Bordeaux, 26 nov. 1769 (*Arch. hist. de la Gironde*, XXXI, p. 462). — Il y a apparence que l'auteur vise le chimiste Johann Friedrich Boettcher (*al.* Boettger, Boettiger, + 1719) qui fut chargé en 1708 de diriger à Dresde les premiers essais de fabrication de la porcelaine, et en 1710, d'administrer la manufacture fondée à Meissen (Meyer's *Konvers. Lexikon*). Cependant 1710 ne peut équivaloir à 1730 qu'il nous faudrait, à moins de supposer que la mémoire de M. de Gascq était en défaut.

à caution. Il faudrait, pour l'admettre, des preuves directes qui n'ont pas encore été données ([1]). Seule la fabrique de faïencerie du sieur Hustin (*de Douai*), signalée précédemment, est dûment prouvée.

Cet esprit d'initiative se constate, un demi-siècle plus tard, chez les sieurs Bahn et Stuttenberg qui, associés au sieur Fol, fondent à Cadillac un moulin à martinets pour les produits duquel ils sollicitent en 1786 un brevet d'invention ([2]).

Par ailleurs nous savons qu'au milieu du xviiie siècle les Bordelais s'adressèrent encore à des étrangers, nommément à la compagnie Roth, puis à la compagnie Netzer, pour la mise en valeur des landes qui bordent la côte océanique ([3]). Il n'est point certain toutefois que les pourparlers aient abouti. En 1765, un sieur Girardin, « chef d'une des casernes de familles allemandes réunies à Saint-Jean-d'Angély primitivement pour aller coloniser Cayenne et actuellement laissées libres de rentrer dans leur patrie », offre de nouveau, au nom de cinquante familles, ses services et ceux de ses subordonnés pour défricher les landes voisines de Bordeaux ([4]). Cette fois encore nous ignorons quelle suite fut donnée à cette proposition.

Nous sommes enclin à voir le contre-coup de la prospérité dont commençait à jouir la colonie de Bordeaux

---

([1]) **M. E. Labadie**, qui a connu l'assertion de M. de Gascq (voir *Lettres sur la céramique*, p. 49), ne propose aucune solution dans sa belle étude sur *les Porcelaines bordelaises* (1913).

([2]) La Chambre de commerce de Guienne combattit la demande qu'ils faisaient de privilèges exorbitants. Voy. notre Appendice III.

([3]) Voy. **M. P. de Joinville**, *l'Armateur Balguerie-Stuttenberg*, pp. 110 et 113. — Netzer faisait travailler les protestants étrangers de Bordeaux. Voy. l'*Inv.*, C, 3671 et 3672, à deux endroits.

([4]) Arch. dép. de la Gironde. *Inv.*, C, 3672 (p. 118). Ailleurs, C, 4328 (p. 149), il est parlé de 3,000 Allemands qui se sont embarqués à Rochefort pour Saint-Domingue vers 1765.

dans ce fait qu'en l'année 1753 une Compagnie de navigation se fonda à Paris, avec le dessein avoué de concurrencer, dans les mers du Nord et spécialement dans la Baltique, les étrangers établis en France (¹). Où donc plus que dans notre port le commerce avec ces deux mers avait-il ses représentants attitrés? Si les vins des palus du Bordelais étaient réservés aux colonies et ceux des graves aux clients de France, ceux du Médoc étaient déjà pour le Nord, et s'ils y portaient le renom de nos crus, ils y trouvaient aussi pour nos viticulteurs et nos négociants des prix extrêmement rémunérateurs, qui firent affluer l'or dans notre ville et lui donnèrent, assez longtemps avant la Révolution, la première place parmi les cités commerçantes de la France (²).

Du XIIIᵉ siècle au milieu du XVᵉ, c'étaient les Hanséates de Londres qui avaient fait l'office de commissionnaires du Nord pour l'achat et le transport des vins de Bordeaux. De la fin du XVᵉ siècle au milieu du XVIIIᵉ, ce furent surtout les Hanséates de Bruges. C'étaient maintenant ceux des côtes allemandes de la Baltique qui jouaient ce rôle lucratif. Le traité de 1716 entre la France et les Villes Hanséatiques ayant accordé à celles-ci quelques-unes des exemptions dont jouissaient les Hollandais, les Hambourgeois réussirent assez vite à supplanter les commissionnaires d'Amsterdam et de Rotterdam. Grâce à la connivence des négociants allemands de Bordeaux, ils devinrent les principaux entrepositaires des produits de notre sol, qui se répandaient de chez eux par les voies de terre

---

(¹) Voy. le prospectus imprimé sous ce titre : *Sommaire de l'établissement à Paris d'une compagnie particulière de commerce dans les mers du Nord, Baltique, dans la Russie, Provinces frontières et Etats du Nord,* au capital de neuf millions, qui sera porté à trente par la spéculation, 1753 (Arch. dép. de la Gironde, fonds de l'Intendance, C, 4385. Cf. C, 1639). — Il semble que la Chambre de commerce de Guienne ait pris parti contre ce projet. (Voy. C, 4263, p. 84.)

(²) Cf. M. C. Jullian, *ouv. cité,* pp. 523 et 533.

sur le reste de l'Allemagne et sur les pays scandinaves, quoique beaucoup de négociants bordelais soient restés tributaires des Hollandais [1].

Le grand traité de 1655 entre Hambourg et la France, demeuré longtemps lettre morte, avait donc eu, en fin de compte, cet effet de multiplier les relations directes de Bordeaux avec les régions septentrionales, relations qui jusque-là n'avaient que très rarement dépassé les ports de la Hollande. Grâce à un nouveau traité conclu avec le grand port de l'Elbe en 1769 [2], elles y restèrent définitivement fixées jusqu'à la Révolution [3] et prévalurent toujours sur celles qui se nouèrent peu à peu avec les ports de la Baltique. Non point que Lubeck, Wismar, Stralsund, Stettin, Danzig, Kœnigsberg n'aient maintes et maintes fois envoyé leurs voiliers jusqu'à la Garonne; mais la réciproque n'existait point. « Avec une organisation meilleure, écrit un historien allemand de ce temps-là, c'est un conseiller de Hambourg qui donnerait des ordres aux bords du Gange » [4]. Les sénateurs hambourgeois s'essayaient déjà à en donner sur les bords de la Garonne, comme nous le verrons plus loin.

Il ne saurait être sans intérêt de consigner ici qu'en l'année 1764, un très gros banquier de Vienne, le sieur Friès, conçut le projet d'établir un courant d'échanges entre Trieste et les ports de France, tout au moins Mar-

---

[1] En 1781 encore, nous lisons dans un document officiel (*Inv.*, C, 3596) que les vaisseaux hollandais sont très utiles pour le transport des vins de la Guienne.

[2] Voy. à notre Appendice III la lettre du Contrôleur général à la Chambre de commerce de Bordeaux, de laquelle résulte que ledit traité, conclu le 1er avril 1769, contenait diverses clauses secrètes à l'avantage des seuls Français. Ce traité a été publié par Wenck, *Cod. juris gentium recent.*, III, 752.

[3] Je trouve mention en 1752 (*Inv. des reg. de la Jurade*, III, p. 605) de deux navires de Hambourg qui, *venant d'Alger*, font relâche à Bordeaux. C'est le seul fait de ce genre que j'aie rencontré. Lesdits navires sont d'ailleurs mal accueillis, comme suspects de contagion.

[4] Juste Mœser, † 1794. La citation, que nous empruntons à M. Henri Stein, *Notre frontière de l'Est*, est probablement tirée de l'un des quatre volumes d'*Idées patriotiques* publiés par Mœser de 1775 à 1786.

seille et Bordeaux (¹). C'était le temps où Marie-Thérèse, s'efforçant de rendre ses États « commerciaux », suivant l'expression d'un contemporain, voulait faire de Fiume un port franc et étendre à toute l'Europe l'emprise d'Ostende, de Livourne et de Trieste (²). Le projet de Friès, dont la Chambre de commerce de Guienne fut saisie par le duc de Praslin et le Contrôleur général des finances, ne rencontra qu'indifférence, et ne sera réalisé que cent vingt ans plus tard! Dès le règne de Louis XV, par l'initiative des Autrichiens, qui se préoccupaient sans doute avant tout d'exporter les bois de leurs forêts de Croatie et de Slavonie, il offrait aux Bordelais la perspective de trouver pour leurs vins un marché de vente dans les villes de l'Adriatique. Il était donc comme une extension des facilités que leur avait apportées déjà, de ce côté, la mise en service du canal des Deux-Mers en 1681. Mais les « idées spatiales » des Bordelais (pour nous servir d'un terme cher à Ratzel et à son école) étaient alors tournées vers le Nouveau-Monde, et dédaignaient de disputer à Marseille l'empire de la Méditerranée.

Au mois de septembre 1785, le Ministre de la Marine avait chargé le Commissaire ordonnateur du port de Bordeaux d'éclairer, par l'entremise de la Chambre de commerce, les négociants de cette place « sur la nécessité de mieux assortir leurs cargaisons pour Amsterdam et particulièrement sur la convenance et l'avantage qu'ils trouveraient à n'expédier pour ce port que de petits navires de cent à cent vingt tonneaux et au-dessous ».

Saisie de la lettre du ministre, la Chambre répondit, le 20 novembre suivant, en expliquant que les bas-fonds des côtes de Hollande exigeaient des navires d'une construction appropriée; que les assurances se faisaient nécessai-

---

(¹) *Inv. des Arch. dép. de la Gironde.* C. 4256 (p. 32) et C. 4264 (p. 91).

(²) Voy. Mayer, *M. le comte de Falkenstein ou Voyage de l'empereur Joseph II... en 1777* (p. 47).

rement à Amsterdam et non à Bordeaux, en sorte que
« tout concourt à donner aux Hollandais sur nous [Borde-
lais], dans la navigation de notre port à celui d'Amsterdam, une prépondérance telle qu'il paraît impossible de
la détruire ».

Cette lettre est instructive par les préoccupations qu'elle
révèle et les explications qu'elle fournit. Plus instructive
encore lorsqu'elle ajoute que les Hollandais regardent les
échanges entre Amsterdam et Bordeaux comme d'une
utilité secondaire pour eux et ne s'en occupent que si les
circonstances les détournent de la Méditerranée, de la mer
d'Allemagne (la mer du Nord), de la Baltique ou de l'océan
Glacial. C'est comme l'annonce d'une retraite possible
des Hollandais devant les Hambourgeois, dont l'activité
devient menaçante.

La réponse de la Chambre de commerce se termine par
un autre aveu :

« Nous ne voyons point, du côté de la composition des
chargements, de ressources pour balancer cette masse de
causes de la prépondérance des Hollandais. Les chargements ne se font dans notre port pour Amsterdam qu'en
cueillette, c'est-à-dire que le navire annoncé pour devoir
prendre charge la reçoit ensuite indiféremment de divers
particuliers. L'un y envoie des sucres, l'autre des cafés,
des eaux-de-vie, des vins, etc. Ce sont là à peu près les
seules marchandises que l'on envoye de Bordeaux en
Hollande..... » (1).

La large place qu'avaient prise les étrangers dans le
négoce local n'était point du goût de tous les Bordelais ;
beaucoup en prenaient ombrage. Leurs griefs furent, un

______

(1) Arch. dép. de la Gironde ; fonds de la Ch. de comm. — Appendice III,
p. 245.

jour, formulés et adressés à la Chambre de commerce par un protestataire endolori, dont l'autorité personnelle paraît assez faible quand on considère soit le fond même de sa plainte, soit la forme rudimentaire qu'il lui donne (¹). Il y a présomption que cet anonyme est contemporain de la guerre dite de Succession (1745 et ss.), où l'on vit, à la suite du traité de Varsovie, la Hollande, l'Angleterre, la Pologne et l'Empire coalisés contre la France et la Prusse. Quoi qu'il en soit, les griefs énoncés peuvent se réduire aux huit chefs suivants :

S'ils réussissent, les étrangers [Anglais, Hollandais, Scandinaves ou Allemands? L'auteur du mémoire ne précise point] font de grosses fortunes ;

Sinon ils emportent chez eux, sans les avoir payés, les produits qu'ils ont obtenus à crédit par surenchère ;

Ils fraudent souvent les droits du roi et ceux du public, avec la connivence de certains bourgeois de Bordeaux ;

Comme « commissionnaires », ils se passent le plus vite possible des courtiers assermentés, font eux-mêmes leurs achats, de préférence chez les propriétaires qu'ils savent dans la gêne, pour avoir leur vin à meilleur compte ;

Plus tard ils parcourent seuls les paroisses viticoles et font profiter les nouveaux venus de l'expérience acquise ;

Ils établissent dans les paroisses des prix-courants pour les vins qu'ils fabriquent, « la majeure partie du temps », dans leur cabinet, et ces prix-courants font bien souvent loi pour chaque paroisse ;

Ils accaparent, au détriment du Français, qui ne peut charger que pour son compte, toutes les commissions qui viennent des pays étrangers ;

Quand ils associent leur fret à celui d'un Français, ils prélèvent un quart d'intérêt sur la cargaison totale.

En regard de ces griefs, — dont le moins qu'on puisse

(¹) Voir notre Appendice III, à la date.

dire, c'est qu'ils attribuent à tous les étrangers indistinctement des procédés et des torts qui vraisemblablement sont ceux de quelques-uns d'entre eux seulement, — l'impartialité de l'histoire veut que soient énumérés les services dont leur est reconnaissant, avec un peu d'excès peut-être, l'auteur d'un autre mémoire, également anonyme, dressé en 1765 pour soutenir une demande de liberté du culte protestant :

Les étrangers, est-il dit, sont seuls capables d'étendre au loin le commerce des produits du royaume ;

Ils apportent chez nous leur « industrie », leurs capitaux, la connaissance des besoins de leurs compatriotes ;

Ils sont très nombreux. « La majeure partie du commerce avec le Nord est entre leurs mains. » Aussi font-ils comme commissionnaires des fortunes rapides ;

Ce sont eux qui provoquent les commandes des pays étrangers et qui trouvent au dehors des débouchés aux vins et autres produits de la province et des colonies, qui affluent à Bordeaux ;

Inversement ce sont eux qui procurent aux Bordelais les produits exotiques qui leur manquent ;

Dans ces diverses opérations ils ne peuvent être remplacés par les nationaux.

Toutes réserves faites, les services rendus à Bordeaux semblent très réels, du moins dans quelques cas. Ainsi, lors de la disette de 1709, nos Hanséates firent venir par Danzig des approvisionnements de blé [1] et renouvelèrent cette opération en 1748 sur une plus vaste échelle [2]. Nouvelle disette en 1770 ; nouvelle intervention des principaux négociants de la colonie pour donner à Bordeaux les grains qui lui manquaient [3]. MM. de Bethmann [4],

---

[1] *Inv. des Arch. dép. de la Gironde*, C. 3646 et 3786.

[2] *Ibid.*, C. 3417.

[3] *Ibid.*, C. 1433, 1434 et ss.

[4] Voy. sur ce point une lettre de Bethmann, consul impérial, au contrôleur général Terray, 25 mai 1773 (dans les *Arch. hist. de la Gironde*, XLV, p. 586).

Meinicken, Overman, Woldt, Meyère (Meyr), Schalch, Brommer, Harmensen, Luetkens, Nicolas von Dohren, Mutzenbecker ([1]), Kern, Eckmann, Colck, Lienau, Brust se signalèrent dans ce genre d'opérations et en furent récompensés par l'autorisation qu'ils obtinrent bientôt d'exporter en franchise, hors du royaume, l'excédent de ce qu'ils avaient fait venir ([2]). C'est donc à eux que s'adressèrent nos jurats, lorsque, de 1777 à 1785, ils voulurent, en faisant l'abondance sur le marché local, diminuer le renchérissement des grains devenus rares. On vit alors arriver les énormes chargements de blé qu'expédièrent les ports d'Amsterdam, Hambourg, Kœnigsberg, Danzig, Rostock en 1777, — ceux d'Amsterdam, Rotterdam, Kœnigsberg, Hambourg, Stettin, Lubeck, au commencement de 1778, — ceux de Kœnigsberg, Elbing, Amsterdam, Rotterdam, Hambourg, Lubeck, Danzig, Stettin, Wismar, Rostock à la fin de la même année, — ceux de Hambourg et d'Amsterdam au commencement de 1779, — ceux d'Amsterdam et Rotterdam à la fin de la même année, — ceux de Hambourg, Amsterdam et Norden en 1780, — ceux d'Amsterdam, Ostende et Rotterdam en 1781, — ceux de Hambourg, Kœnigsberg, Danzig, Rotterdam et Amsterdam entre 1782 et 1785. Rien ne montre mieux que cette sèche énumération l'activité des relations économiques entre Bordeaux et les ports allemands de la mer du Nord et de la Baltique, auxquels il eût convenu d'ajouter, si notre sujet l'avait requis, les ports scandinaves et russes où nos Hanséates allaient aussi s'approvisionner ([3]). Et cette activité fut sans aucun doute póur quelque chose dans le projet que conçut le Ministre de la marine, en 1786, de faire exécuter un « Attlas complet des mers du Nord à

______

([1]) *Alias* Mutzenbecher.

([2]) *Inv. des Arch. dép. de la Gironde*, C, 3976 (anno 1773). — Cf. C, 4265 (p. 97), où il est fait mention du sieur Rohbram qui fait venir des grains d'Amsterdam en 1775.

([3]) *Ibid.*, C, 1453 à 1461.

l'usage des navigateurs français », pour remplacer les cartes défectueuses dont ils se servaient jusque-là (¹).

On ne peut s'empêcher de relever ici que les divers traités conclus entre la France et la Hanse teutonique, en 1464, 1483, 1655, 1716 et 1769, le furent toujours à la demande et par l'initiative des Osterlins, qui avaient fini par en tirer des privilèges égaux à ceux des régnicoles (²). Le désir qui les poussait sans cesse à trafiquer en France procédait très évidemment du grand profit qu'ils y trouvaient comme intermédiaires payés. L'histoire de la colonie de Bordeaux sert de preuve à cette assertion et démontre en même temps qu'il ne se trouva jamais de compagnie française assez puissante pour contraindre ces étrangers à faire part à deux.

La soudaine prospérité commerciale de notre ville eut une conséquence fort significative : les étrangers qui y collaboraient voulurent en tirer profit et, pour ce faire, assurer le respect de leurs intérêts. Ils se groupèrent donc peu à peu et successivement par nations, — à l'exemple de la « nation portugaise » déjà groupée sous ses syndics (³), — et requirent de leurs gouvernements respectifs le concours et la protection de consuls résidants qui, de bonne heure, furent moins les représentants de tel ou tel gouvernement que les mandataires des colons eux-mêmes. Cette institution des consulats étrangers s'ébaucha dans le dernier quart du xviie siècle d'abord par les Suédois, puis par les Anglais (⁴). En 1705 les premiers étaient représentés par

<hr>

(¹) *Inv. des Arch. dép. de la Gironde*, C, 4258, p. 55.
(²) Voy. à notre Appendice III la pièce qui porte la date de 1747.
(³) *Ibid.*, C, 3846, année 1677. Il s'agit uniquement d'Israélites portugais.
(⁴) En 1677, Pierre Meerman est qualifié de banquier et commissaire de la couronne de Suède (d'après Meller, *Familles protest.*, p. 9, note). David Inglès est mentionné comme consul d'Angleterre en 1678, par Pierre Meller (*Familles*

le sieur Luetkens, négociant de Bordeaux, qui avait reçu son investiture du roi de Suède, mais que les Bordelais ne voulurent point reconnaître (¹). Dans une lettre datée de 1713, Pontchartrain, secrétaire d'État de la Marine, appelait l'attention de l'intendant de la Généralité sur la nécessité de ne permettre à aucun consul des puissances étrangères d'exercer ses fonctions sans avoir obtenu l'*exequatur* du gouvernement français (²). C'était simplement vouloir régulariser une institution internationale.

Cette institution ne se précisa et ne s'enracina définitivement que dans la troisième décade du XVIIIᵉ siècle, à la faveur d'une poussée nouvelle des intérêts matériels. Depuis 1721 (³) le Danemark qui possédait Altona et Flensbourg, en 1723 (⁴) la Suède qui occupait Wismar et Stralsund (⁵) en vertu des traités de Westphalie, avaient à Bordeaux des représentants qui nous sont connus : le sieur Leers, puis Hanssen de Liliendal (avec Frederik son fils comme « adjoint » et successeur) pour le premier de ces deux pays ; le chevalier d'Harmensen (avec Jérôme d'Har-

---

protest., p. 10). Andréas Baumgarten figure (*ibid.*, p. 8) comme préconsul (*sic*) de Thorn. Mais le titre de préconsul est celui que prenaient les magistrats de plusieurs villes de la Hanse dans les titres rédigés en latin.

(¹) Voy. à l'Appendice III un document de 1705 relatif à cette affaire, tiré des Arch. dép., C, 4267. Cf. F. Michel, *ouv. cité*, II, 178.

(²) Voy. à l'Appendice III la lettre de Pontchartrain, tirée des Arch. dép., C, 1625.

(³) *Inv. des reg. de la Jurade*, III, p. 524. Cette date de 1721 est celle de l'enregistrement des lettres patentes par lesquelles le roi Frederik IV avait institué officiellement le consulat de Danemark à Bordeaux. Mais ces lettres ne faisaient que confirmer en droit une institution déjà existante en fait, puisqu'un autre passage du même *Inventaire* (VI, p. 667) fait mention, sous la date du 2 août 1709, de Henry Luetkens, marchand de Bordeaux, comme consul de la nation danoise. — L'*Inv. des Arch. dép.*, C, 3483 et 3484, nomme en 1749 le sieur Leers comme « ancien » consul de Danemark à Bordeaux. En 1741 et 1757, ce titre est porté par Frederik Hanssen de Liliendal (*Inv. des reg. de la Jurade*, V, p. 209, et *Inv. des Arch. hospital. de la Manufacture*, H, 3, p. 39). En 1781, le sieur Borgaard signe une requête comme vice-consul de Danemark (C, 1641).

(⁴) *Inv. des reg. de la Jurade*, III, p. 524.

(⁵) Depuis 1720 d'une manière définitive.

mensen commé « adjoint » et successeur) pour le second.
Par là seulement se trouve corroborée pour quelque temps
cette assertion de Francisque Michel, qu'au XVIIIe siècle
les Scandinaves avaient dans notre ville le pas sur les
Allemands.

Après les Scandinaves ce furent les Russes, c'est-à-dire
en fait les sujets baltes du czar de Russie à Riga et autres
villes voisines, de langue allemande, qui, en 1724, suivirent
l'exemple donné [1] ; — puis ceux du Grand-électeur de
Brandebourg devenu roi de Prusse, qui eurent pour consul
en 1736 un certain Paul Jordan (*de Berlin*) [2], à qui succéda en 1751 Jean-Georges Streckeisen (*de Bâle*) [3].

Du premier le nom ne se présente que très rarement
dans les documents du temps [4]. Du second il est plus
souvent fait mention [5] ; Streckeisen figure, avec son titre
de « consul de Prusse », dans la société des actionnaires
du Spectacle de Bordeaux, constituée en 1760 sous le
patronage du maréchal de Richelieu, gouverneur de la
province. Nous savons que son consulat fut interrompu
au bout d'une douzaine d'années (probablement comme
conséquence du traité de Paris de 1763), soit que le titulaire ait quitté Bordeaux, soit plutôt qu'il ait été contraint
de démissionner pour un certain temps [6] Aussi bien,
le lointain royaume de Prusse, qui n'avait d'autres ports

----

[1] *Inv. des reg. de la Jurade*, III, p. 524. Le consul choisi est appelé Jean
Alexis.

[2] *Ibid.*, III, p. 524. — Serait-ce un parent de Charles-Étienne Jordan, le
grand favori de Frédéric II, né aussi à Berlin en 1700, + en 1745 ?

[3] D'après l'*Almanach royal* de 1752.

[4] Voy. à notre Appendice III un acte de 1746.

[5] Né vers 1715, il mourut en 1799. Nous le rencontrerons plusieurs fois dans
les pages qui suivent. L'orthographe Steckeisen que donnent quelques documents est fautive.

[6] Voy. M. P. Courteault, *Mlle Clairon et l'acteur Lekain à Bordeaux*, p. 11.
Par contre, dans le registre des baptêmes protestants de Bordeaux (Arch.
munic., GG, 811), il signe deux actes de 1767 (n° 305) et 1768 (n° 330) sans
faire suivre son nom du titre de consul. Il disparaît d'ailleurs de l'*Almanach
royal* de 1761 à 1773; mais nous le retrouverons tout à l'heure.

que Kœnigsberg et Stettin ([1]), n'entretenait avec notre ville
que des rapports assez rares, plus rares assurément que
la Pologne qui, par sa ville de Danzig, alors dans tout
l'éclat de sa prospérité, avait dirigé sur Bordeaux en 1708
et 1748 les grands convois de grains que la disette rendait
nécessaires ([2]). Par là s'explique que le Grand-électeur de
Saxe devenu roi de Pologne ait voulu, lui aussi, avoir un
représentant sur les bords de la Garonne. Le premier
nommé fut Laurent Rossau (*alias* Rosseau et Rousseau),
écuyer, natif de Danzig, probablement d'origine française.
Sa nomination est du 8 janvier 1743 ; l'exéquatur qui lui
fut accordé porte la date du 11 mai suivant ([3]). Ses successeurs se maintinrent jusqu'à la Révolution.

Quant au Grand-électeur de Hanovre devenu roi d'Angleterre, nous ne voyons pas qu'il ait suivi l'exemple de
ses co-électeurs de Saxe et de Brandebourg. Son abstention
mériterait d'être expliquée, puisque, comme roi d'Angleterre, il n'avait plus de représentant à Bordeaux.

En 1768, sous le règne de la grande Marie-Thérèse, les
ressortissants immédiats du Saint-Empire germanique à
Bordeaux reçurent à leur tour un protecteur officiel et un
chef attitré en la personne de Jean-Jacques de Bethmann,
« consul de Sa Majesté impériale et royale » ([4]). C'était le
premier représentant de ce genre que la maison d'Autriche
se donnait sur les côtes du Ponant ([5]), trente-deux ans

([1]) Cédé aux Suédois par les traités de Westphalie, Stettin ne revint définitivement à la Prusse qu'en 1720.

([2]) *Inv. des reg. de la Jurade*, I, pp. 195 et 196. — Danzig appartenait à la
Pologne depuis 1454 et lui resta jusqu'en 1793.

([3]) Voy. dans la liasse C, 3212 des Arch. dép. de la Gironde, une requête qu'il
présenta en 1744 pour être exempté du paiement de l'impôt du dixième
(Cf. à notre Appendice III l'*État des Hambourgeois et autres Hanséates résidant
à Bordeaux en 1743*). D'après l'*Inv. des reg. de la Jurade* (III, p. 524), le
consul de Pologne n'aurait été nommé qu'en 1760, et se serait appelé Michel-
Imbert Prusser (Michel Zimbert dans l'*Alm. royal* de 1789). Cf. ci-dessus, p. 63.

([4]) D'après l'*Almanach royal* de ladite année, qui ne l'appelle jamais que
Bethman ou Bethmann. — Il eut plus tard un « adjoint » en la personne de
son fils P. H. de Bethmann.

([5]) D'après Malfatti, *Oesterr.-Ungar. Consularwesen* (2 vol., Vienne, 1879-82).

après la maison de Hohenzollern. D'où nous devons inférer que le nombre de ses sujets directs, venus des bords du Danube ou des Pays-Bas, avait grandi à Bordeaux proportionnellement avec la prospérité de notre ville. Car c'est d'eux que la monarchie autrichienne se soucie en cette occasion, plutôt que des Hanséates de la mer du Nord et de la Baltique, qui étaient de taille à se passer de la protection impériale. Rappelons-nous d'ailleurs qu'en 1764 déjà (ci-dessus p. 91), le projet avait été conçu de relier par un service maritime direct les ports de Trieste et Fiume avec les nôtres. Depuis le prince Eugène de Savoie l'influence française avait peu à peu pénétré la Cour de Vienne; elle s'affirmera plus pleinement encore sous Joseph II, fils d'un prince français. Nous en saisissons ici une preuve entre mille.

En 1774, à l'avènement de Louis XVI, le roi de Prusse Frédéric II réussit, par des moyens que nous ignorons, à faire rétablir Jean-Georges Streckeisen dans les fonctions consulaires qu'il avait exercées dès 1750, puis abandonnées (¹). Cinq ans plus tard, en 1779, les Provinces-Unies voulurent elles aussi avoir un consul en propre : ce fut Gaspar Meyer (²). Et comme si ce n'était point assez pour protéger les intérêts de la colonie germanique de Bordeaux, les trois villes hanséatiques, Hambourg, Brême et Lubeck,

---

(¹) Voir l'*Almanach royal* de 1775. Cf. les *Arch. histor. de la Gironde*, XXXIII, p. 255, et l'*Inv. des reg. de la Jurade*, II, p. 582. — En 1788-92, le consulat de Prusse paraît avoir été géré par le vice-consul Wustenberg; mais Streckeisen reparaît en l'an V.

(²) Il n'apparaît dans l'*Almanach royal* qu'en 1783; mais l'*Inv. des reg. de la Jurade*, III, p. 449, signale, sous la date du 26 août 1779, l'enregistrement de la patente donnée par les Etats-Généraux de Hollande, le 5 mai 1779, au sieur Gaspar Meyer, négociant, comme commissaire de marine en cette ville de Bordeaux et pays circonvoisins, « pour par luy jouir des privilèges et prérogatives attachés à ladite place ». Ce titre de commissaire de marine nous paraît équivaloir ici à celui de consul. (Voy. plus loin.) — M. D. Neuville, dans l'ouvrage que nous citons plus loin, n'a pas tenu compte de ces indications (p. 267). — Miltitz date de 1786 les consuls des Provinces-Unies en France parce qu'il considère qu'ils furent institués en vertu du traité d'alliance conclu entre ces deux puissances, le 10 nov. 1785; mais, en ce qui touche Bordeaux, ce traité ne fit que confirmer un état de choses existant (*Man. des consuls*, 1837).

s'y firent représenter, à partir de 1788, par Christophe-Meinard Weltner (originaire de *Lubeck*), auquel succéda, en l'an II, Daniel-Christophe Meyer (de *Hambourg*) [1]. Enfin, en 1790, le puissant archevêque-électeur de Cologne, Max Franz, frère de l'empereur Joseph II et de la reine de France Marie-Antoinette, eut son délégué particulier en la personne de Johann-Friedrich Walter, dont les pouvoirs cessèrent d'ailleurs très vite par la faute des événements politiques et militaires du temps [2], au grand chagrin de son auguste maître qui, en 1792, allait proposer aux puissances alliées contre la France d'instituer une sorte de boycottage commercial contre les vins et autres produits du sol français.

On ne voit point clairement que le représentant du Saint-Empire ait conservé ses fonctions au delà de l'année 1790 [3], ni les autres au delà de l'an V [4], sauf celui de Prusse qui traversa victorieusement toute la période révolutionnaire. Avec la constitution de l'an VIII prend fin la première forme des consulats étrangers à Bordeaux, celle qu'inspirait la législation et l'esprit de l'Ancien régime.

De ces « consuls des puissances étrangères », comme on disait parfois, le plus considéré de tous et le plus influent à maints égards ce fut naturellement Jean-Jacques de Bethmann, établi aux Chartrons depuis 1740 [5]. Négociant,

---

[1] Voir l'*Almanach royal* de 1789 et ss. Dès 1729, ces trois villes avaient un représentant commun, le sieur Crouchetet, résidant à Paris. Le corps des commerçants de Bordeaux était chargé de l'appointer, au moins en partie (Arch. dép. de la Gironde, C. 1629. Voy. notre Appendice III).

[2] Ducaunnès-Duval. *Inv. des Arch. municip. de Bordeaux : période révolut.*, I, p. 21.

[3] J.-J. de Bethmann ne décéda qu'en 1792 dans sa propriété du Tondu, dite aussi de Lescure et du Picon, paroisse Sainte-Eulalie de Bordeaux.

[4] *Inv. des Arch. municip. : période révolut.*, III, p. 111.

[5] Sa demeure se trouvait sur la « façade », au n° 106 actuel. En 1778 il demanda aux jurats l'autorisation d'y ajouter un balcon (*Inventaire*, C, 4230).— Le même *Inventaire*, C, 4221, fait mention d'une rue Bethmann projetée dans le prolongement de l'allée conduisant à la place Dauphine (1787) Il y a aujourd'hui encore un chemin Bethmann, dans le quartier Saint-Augustin, au voisinage du domaine de Lescure qui appartenait audit consul.

armateur, banquier, « même diplomate et philosophe » au dire d'un historien, sa réputation avait débordé au loin, à ce point que l'abbé Terray, approuvé en ceci par la Chambre de commerce, lui exprimait toute satisfaction pour la manière dont il avait approvisionné la province pendant la disette de 1773 (¹), et Turgot le félicitait de son patriotisme (²).

En 1768, il se qualifiait modestement de « bourgeois et conseiller de la ville de Granson en Suisse ». Créé chevalier du Saint-Empire en 1776, il eut, l'année suivante, le grand privilège d'accompagner l'empereur Joseph II à son passage dans notre ville, et de lui faire visiter ses chais du quai des Chartrons. Naturalisé par Louis XVI (³), il assista en 1789 à l'assemblée de la noblesse de Guienne. Madame de la Roche nous laisse entendre, dans le récit de son voyage en France, qu'il n'était guère d'étranger de marque s'arrêtant à Bordeaux qui ne tînt à honneur d'aller rendre ses devoirs au représentant de l'Empereur (⁴).

En décembre 1786, les consuls institués à Bordeaux dénoncèrent par une lettre collective adressée à la Chambre de commerce l'insuffisance des feux de la tour de Cordouan. Cinq noms seulement figurent au bas de ce document : Bethmann, consul impérial-royal ; Meyer, commissaire de Leurs Hautes Puissances les Provinces-Unies (⁵) ; Borgaard,

---

(¹) *Inventaire*, C, 4257 (p. 38). Cf. 4264 (p. 96).

(²) Lettre datée de Fontainebleau, 31 oct. 1774 (*Arch. hist. de la Gironde*, II, 226)

(³) D'après la notice contenue dans les *Arch. hist. de la Gironde*, XXX, p. 255, sans date ni référence. — Pour la présence de Joseph II à Bordeaux, voy. plus bas.

(⁴) Son histoire, qui s'étend de 1740 à 1792, mériterait d'être écrite dans le détail autant que celle de Balguerie-Stuttenberg, qui a tenté récemment la plume de M. Pierre de Joinville. Voir d'ailleurs sur la famille de Bethmann une bonne notice de Pierre Meller dans ses *Essais généalogiques* (sans date, vers 1900). Cf. les *Arch. hist. de la Gironde*, XXX, p. 255.

(⁵) Dans *Arch. hist. de la Gironde*, XXXVI, p. 388. Meyer est représenté par R. Amsinck, sans doute vice-commissaire.

consul de Danemark ; Harmensen, consul de Suède ; With-
footh, consul de Russie ([1]). Le consul de Prusse, Streckeisen,
en est absent.

Il n'est point superflu de rappeler que le roi de France
avait lui aussi, depuis le milieu du xviie siècle ([2]), ses
représentants attitrés dans les principaux « Pays du Nord » :
à Amsterdam et Rotterdam, sous le nom de commissaires
ou vice-commissaires du roi ; — à Hambourg, Danzig et
Saint-Pétersbourg, sous le nom de consuls généraux ; —
à Gothebourg, Elseneur, Berghen, Drontheim, Memel,
Ostende, sous le nom de consuls ; — à Rostock et Chris-
tiania, sous le nom de vice-consuls ([3]). Le commerce de
Bordeaux trouvait dans leur présence une garantie de
sécurité pour ses transactions habituelles.

A plusieurs reprises les magistrats des villes du Nord
entrèrent en rapports directs avec les nôtres par lettres en
forme. Nous en avons plusieurs exemples qu'il ne peut
être qu'intéressant de rappeler ici.

Ainsi, en 1692, les sénateurs de Hambourg adressèrent
aux jurats de Bordeaux une commission rogatoire à l'effet
d'inviter un certain Pierre Testas à comparaître devant
le premier juge pour défendre sa cause dans une affaire

([1]) Cf. dans la *Rev. hist. de Bordeaux*, 1917, l'acte de son serment de fidélité
à la czarine en 1786.

([2]) D'abord à Stralsund, Kœnigsberg, Riga avant 1664, mais d'un exercice
douteux, puis à partir de 1664 à Middelbourg, Hambourg, Danzig, Elbing.
Voy. M. Boissonnade, *ouv. cité*, pp. 431 et 432.

([3]) D'après M. Didier Neuville, *Etat somm. des Arch. de la Marine antér.
à la Révolution* (1898, p. 252). — Ostende est classé parmi les « Pays impériaux ». — Le relevé de M. Neuville se rapporte à l'année 1789, sans que
l'auteur ait poussé plus loin sa recherche. Dans l'*Almanach royal* de 1760
que nous avons sous les yeux, figurent déjà Ostende, Amsterdam, Rotterdam,
Hambourg, Danzig, Berghen, Elseneur, Christiansand, Drontheim et Saint-
Pétersbourg.

non rapportée. En 1700, les magistrats de Danzig procèdent de même manière au sujet d'Heinrich Lenof, établi aux Chartrons. Quelques années plus tard, en 1708, le bourgmestre de Lubeck réclame au maire de Bordeaux un passeport pour un navire en partance. En 1711, la Chambre de commerce délibère à deux reprises sur la demande qu'elle a reçue de Danzig d'obtenir aux navires de cette ville l'exemption, dont jouissaient ceux des nations neutres, du fameux droit de 50 sous par tonneau.

Ces quatre exemples ont été signalés déjà par Francisque Michel (¹). En voici quelques autres qu'il n'a point connus.

En 1702, les jurats de Bordeaux entrent en correspondance avec les échevins d'Amsterdam qui leur ont demandé d'intervenir dans le procès d'un Hollandais de la colonie. Dix-sept ans plus tard, en 1719, ils écrivent aux magistrats de Brême au sujet du règlement d'un procès en cours contre le sieur Draveman, domicilié à Bordeaux. En 1734, la Chambre de commerce écoute la lecture d'une lettre écrite par les sénateurs de Hambourg à un négociant allemand de notre ville pour l'avertir que des frégates danoises, occupant l'embouchure de l'Elbe, ont arrêté trois navires hambourgois venant de Bordeaux; la Chambre saisit de l'affaire les ministres du roi, qui protestent aussitôt.

En cette même année, ils correspondent de nouveau avec les bourgmestres d'Amsterdam au sujet d'un sieur Pollak qui a fait une faillite frauduleuse.

L'année suivante, nos jurats interviennent auprès des sénateurs de Lubeck pour demander en faveur de la dame Rodde mainlevée sur six pièces d'eau-de-vie expédiées à Lubeck par le sieur Bruningk.

En décembre 1743, ils écrivent deux fois au Conseil de Leeuwarden en Hollande, relativement à une commis-

---

(¹) *Hist. du comm. à Bordeaux*, II, pp. 138, 139 et 278.

sion rogatoire (non spécifiée dans la réponse) que ce Conseil leur avait adressée.

Deux ans plus tard, c'est aux « sénateurs de Hollande » qu'ils s'adressent pour réclamer l'extradition d'un assassin sans doute réfugié à La Haye.

En juin 1746, ils accusent réception aux « seigneurs de Hambourg » d'une commission rogatoire envoyée par ceux-ci contre le sieur Laffore, négociant de notre ville.

En 1747, ils informent les « bourgmestres » de Hambourg qu'ils ne peuvent s'immiscer dans l'exécution d'un jugement rendu par eux contre le dit Laffore au profit du sieur Rothaer.

En 1774, ils se plaignent aux sénateurs de Hambourg d'un de leurs concitoyens qui néglige de payer à son logeur de Bordeaux le montant de son loyer arriéré, lequel s'élève à la somme de 1.129 livres (¹).

Inversement, nous voyons les sénateurs de Hambourg écrire aux jurats de Bordeaux pour les prier d'intervenir dans le procès d'un sieur Mœller ; ce à quoi les jurats se refusent. De leur côté, les magistrats de la juridiction municipale de Breslau demandent dés extraits légalisés des registres commerciaux appartenant à un certain Beynum, marchand allemand établi chez nous (²).

Ces faits manifestent la solidarité d'intérêts qui existait dès lors entre Bordeaux et les grandes villes commerçantes du Nord ou de l'Est de l'Europe. A mesure qu'elles se multipliaient, les relations économiques devenaient plus étroites. C'est « la colonie étrangère (écrit M. Camille Jullian) (³) qui, sous le règne de Louis XVI, prend la direction de la fortune de Bordeaux ». Assurément. Mais au premier rang de cette colonie figuraient les Hanséates

______

(¹) Voy. les preuves à l'Appendice III, d'après les documents extraits de la Corresp. active et passive des jurats, conservée aux Arch. munic. de Bordeaux.

(²) Pour tous ces faits, voy. notre Appendice III, aux dates. Les lettres des magistrats hanséates sont d'ordinaire rédigées en allemand.

(³) *Hist. de Bordeaux*, p. 540.

de Brême, de Hambourg, de Lübeck et de Danzig, bien
plus que les Anglais, les Scandinaves ou les Néerlandais,
refoulés maintenant au second plan.

Le préambule d'une déclaration royale donnée à Versailles, le 22 juillet 1697, au sujet des lettres de naturalité
et de légitimation (1), résume avec beaucoup de précision,
pour les confirmer et en tirer finance, les restrictions
apportées par la législation du temps à la liberté des
étrangers :

Par les anciennes ordonnances et règlements de ce royaume (2),
est-il dit, les étrangers venant s'y habituer nous doivent un tribut
ou redevance annuelle appelé *droit de chevage*, et ils ne peuvent s'y
marier qu'à des personnes étrangères comme eux, sans notre
permission, à peine d'amende. Et quand ils se marient à de nos
sujets, ils sont tenus de nous payer le tiers ou la moitié de leurs
biens, ce qu'on appelle *droit de formariage* (3).

Il leur est même défendu de posséder aucuns offices, charges,
dignités, commissions ni emplois, tenir fermes ni exercer la banque,
le change, le courtage ni aucuns métiers (4). Ils ne peuvent tester
ni autrement disposer de leurs biens qui, après la mort, nous
demeurent acquis par *droit d'aubaine* (5).

Pour comprendre la rigueur de ces stipulations, il faut
savoir que, dans l'esprit des juristes de la couronne, elles
étaient corrélatives du devoir de protection que le roi
était censé exercer sur les aubains établis dans le royaume.

---

(1) Dans Isambert, *Rec. des anc. lois*, XX, n° 1641.

(2) Le préambule vise explicitement les ordonnances de 1423, 1436, 1449,
1535, 1554, 1565, 1566, 1579, 1616, 1627 et 1629.

(3) Ce droit a dû, par son excès même, contribuer à maintenir le caractère
ethnique de notre colonie et rendre à peu près impossible son absorption par
le milieu bordelais. Les cas que nous mentionnons d'Allemands mariés à des
Françaises au xviii siècle résultaient vraisemblablement d'une exemption
obtenue du droit en question.

(4) En fait, ces rigoureuses inhibitions souffraient mille exceptions, comme
nous l'avons démontré.

(5) Ce droit d'aubaine avait été établi par une ordonnance de Charles VI
(de 1386), qui n'est point rappelée dans la Déclaration royale de 1697.

Mais si la situation légale des étrangers n'avait rien d'enviable sous l'Ancien Régime, il convient pourtant de constater qu'elle bénéficiait, en fait, de beaucoup d'adoucissements. Ainsi, Louis XI (nous l'avons déjà dit) avait aboli ou plutôt suspendu, une première fois, le droit d'aubaine. Dès le XVIIe siècle, et plus encore au XVIIIe, des provinces et des villes en obtinrent la suppression. Bordeaux fut de ce nombre en décembre de l'année 1717 (¹), et cette constatation est d'un grand point pour l'histoire qui nous occupe ; car elle explique en partie l'incessant concours d'étrangers qui se fit dès lors vers notre ville. D'ailleurs, au temps de la « monarchie absolue », le pouvoir discrétionnaire des intendants et des parlements provinciaux s'ingéniait moins à faire exécuter la législation existante qu'à en limiter ou même à en suspendre les effets suivant les intérêts, les besoins, les convenances de temps et de lieux. L'esprit philosophique ne triompha complètement que sous Louis XVI, quand la France conclut avec le Wurtemberg (14 avril 1778), la Saxe-Hildburghausen (28 août 1778), la « principauté » de Hombourg (6 juillet 1779) et le Grand-électeur de Cologne en sa qualité de prince-évêque de Munster (13 juin-11 juillet 1780), des conventions particulières qui abolissaient en faveur de leurs sujets résidant en France le droit en question (²). A la Constituante était réservé d'en supprimer jusqu'au nom.

Au point de vue policier, les immigrés étrangers à la ville ou au pays restaient, en principe, assimilés aux vagabonds (³). De ce point de vue vexatoire les registres

---

(¹) *Inv. des reg. de la Jurade*, I, 516 ; cf. V, 296.

(²) Arch. dép. de la Gironde, C, 1651.

(³) Voy. aux Arch. dép. de la Gironde, fonds de l'Intendance, C, 6, les armoiries d'un sieur Skinki connu sous le surnom de Schenck, décédé à Bordeaux dans une auberge vers 1744. Son vrai nom était, paraît-il, Ernest-Rodolphe d'Estramincr, comte de ce nom et seigneur de Waren, conseiller aulique et chambellan de l'électeur de Saxe et roi de Pologne (Note de M. R. de Beauchamp, membre de la Soc. des Arch. de la Gironde).

de la Jurade fournissent des témoignages multiples (¹). Il y a cependant présomption très forte que, dans la pratique quotidienne, le pouvoir municipal relâchait quelque chose de la rigueur de la Coutume, distinguait les étrangers nomades des étrangers domiciliés, traitait chacun suivant ses mérites reconnus et toujours faisait acception des personnes selon leur rang social, conformément à l'esprit du temps. La meilleure preuve qu'il en était ainsi, c'est que les étrangers dùment établis aux Chartrons étaient astreints, comme les bourgeois français de ce faubourg, à « faire la patrouille », et qu'ils essayèrent vainement, de 1766 à 1768, de se faire exempter de ce devoir corrélatif des avantages qui en résultaient pour eux comme pour les autres (²).

Toutefois la législation écrite ne faisait point ces distinctions. L'ordonnance de police rendue par les jurats, le 1ᵉʳ mars 1758, s'applique à tous les étrangers, « de quelque condition qu'ils soient » (³). Au fond, ses duretés visent surtout les aubergistes et traiteurs des faubourgs qui trop souvent donnaient asile à des « forains » sans aveu. C'est pour avoir raison de leurs manigances que, dès 1614, les jurats les avaient obligés à faire la déclaration à l'Hôtel de Ville des étrangers qu'ils logeaient (⁴), et qu'en 1724 ils avaient institué un bureau spécial pour tenir état des « étrangers » qui arrivaient aux Chartrons (⁵). Ce bureau, confié à un certain Pudefer, fonctionna jusqu'en 1781 (⁶) et probablement même jusqu'en 1790.

(¹) Voy. dans l'*Inv. des reg. de la Jurade*, V, pp. 290-308, la rubrique ÉTRANGERS.

(²) Voy. notre Appendice III, à la date.

(³) *Inv. des reg. de la Jurade*, V, p. 300.

(⁴) *Ibid.*, V, p. 290. Cette ordonnance de 1614 fut renouvelée et confirmée à maintes reprises.

(⁵) *Ibid.*, V, p. 296, et III, p. 524. Le titulaire s'appelait Moïse Clou Pudefer, *al.* Pudeffert (*ibid.*, pp. 297 et 298). Il eut pour successeur Pierre Despiau, puis Jean Marchand, dont le bureau était voisin de la place Saint-Germain (*ibid.*, pp. 298, 299 et 301). Un second bureau fonctionnait à l'Hôtel de Ville pour les faubourgs autres que ceux des Chartrons et de Saint-Seurin.

(⁶) *Ibid.*, V, pp. 307 et 308.

Si à l'ordinaire les jurats de Bordeaux prenaient en considération le rang social et la condition personnelle des étrangers, à plus forte raison leur nationalité quand quelque guerre éclatait entre la France et une puissance voisine. Mais, chose curieuse pour nous, ce seraient uniquement les Anglais, les Écossais et les Irlandais qui auraient eu à souffrir de ces suspicions temporaires (¹), jusque-là d'être expulsés en masse au début de la guerre de Sept ans (²). Les Prussiens, alliés aux Anglais, manquent à notre appel; pourtant leur consul Jean-Georges Streckeisen avait été contraint d'abandonner momentanément le poste qu'il occupait (³). Nous savons, d'autre part, que les Hambourgeois avaient vu s'abattre sur leurs navires les rigueurs du pouvoir local (⁴); qu'un *Te Deum* avait été chanté à la cathédrale Saint-André, le 12 octobre et de nouveau le 16 novembre 1758, à l'occasion de quelques maigres succès obtenus par les troupes du prince de Soubise dans la Hesse et le Hanovre (⁵); qu'un grand banquet avait eu lieu à l'Hôtel de Ville, le 26 avril 1761, pour célébrer quelques autres avantages remportés dans la Hesse (⁶), et qu'enfin au mois de septembre de cette même année, un ordre du maréchal de Richelieu, gouverneur de la Province, avait contraint les Juifs tudesques de quitter la ville dans les huit jours (⁷). N'est-ce point

---

(¹) *Inv. des reg. de la Jurade*, V, pp. 299, 305 et 306, années 1756-1762. Cf. *ibid.*, VI, p. 480.

(²) *Ibid.*, V, p. 305, à la date du 7 mars 1762. Cf. I, p. 168, et IV, p. 108. Voy. aussi les liasses C, 1072 à 1074 des Arch. dép. de la Gironde.

(³) Voy. ce que nous avons dit plus haut, p. 99, en parlant du corps consulaire.

(⁴) Arrêt du Conseil royal des finances (24 mai 1760) révoquant le traité conclu entre la France et la ville libre de Hambourg le 18 sept. 1716, et « ordonnant qu'à l'avenir les habitans et sujets de la ville de Hambourg cesseront de jouir dans tous les ports et villes du royaume » des avantages qui leur étaient assurés par ledit traité. — Un nouveau traité de commerce et de marine entre la France et Hambourg ne fut signé qu'en avril 1769 (Arch. dép. de la Gironde, C, 1651). Nous l'avons mentionné en son lieu.

(⁵) *Ibid.*, VI, p. 473.

(⁶) *Ibid.*, VI, p. 478.

(⁷) *Ibid.*, VI, p. 479.

assez pour nous donner le droit de conjecturer que les
Prussiens venus de Stettin, de Kœnigsberg ou de Berlin
à Bordeaux partagèrent le sort infligé aux Anglais, aux
Écossais, aux Irlandais et aux Hambourgeois?

Avant de quitter l'Ancien Régime, où la législation
relative aux étrangers est le plus souvent flottante et
variable, il nous faut rechercher quelles étaient les conditions requises pour la naturalisation.

En fait, il n'y avait « aucune règle générale, aucune
règle absolue » (Paul Viollet). Mais, suivant les temps,
le roi. qui seul avait tout pouvoir pour accorder des
« lettres de naturalité », s'arrêtait à telle ou telle considération. Sous François Ier, le postulant est admis sous
condition de mariage à bref délai, le mariage fournissant
une preuve jugée suffisante de l'intention de s'établir en
France. Mais bientôt cette preuve put être faite autrement, et la naturalisation fut accordée à tous les étrangers qui paraissaient fortement établis, au point de vue
commercial. Tel fut certainement le cas pour la plupart
de nos Hollandais et Flamands de la seconde moitié du
XVIe siècle. L'obligation d'un séjour préalable de dix
années que les Etats généraux de Blois avaient réclamée
en 1576, ne fut jamais imposée.

Après Henri IV, il semble qu'on ait tenu compte de la
nationalité originelle des postulants, et que le pouvoir
royal, rigoureux à ceux avec lesquels il se trouvait en
état de guerre. se montrait toujours favorable aux autres.
Il y a présomption pour nous que les nombreux Néerlandais naturalisés au XVIIe siècle le furent à la faveur de
cette distinction.

Mais, sous l'Ancien Régime, il n'y avait point de droit
si bien établi que la Royauté absolue ne se crût permis

d'y toucher quand elle avait intérêt à le faire. C'est ainsi qu'en 1712, elle fit savoir qu'elle était prête à confirmer toutes les lettres de naturalité déjà obtenues (confirmation dont personne ne sentait la nécessité), à condition que chaque bénéficiaire souscrirait à la rente au denier vingt qui venait d'être émise pour les besoins du Trésor (1). Cette obligation était un expédient financier, une façon détournée de faire payer une seconde fois les lettres précédemment délivrées.

Avec le xviiie siècle, les conditions requises se font de plus en plus larges, si larges qu'on peut se demander s'il en subsiste d'autres que celles de probité reconnue et de considération sociale. D'ailleurs les étrangers, qui jadis se faisaient naturaliser pour échapper aux stipulations du droit d'aubaine en matière de testament et de succession, n'eurent plus le même intérêt quand ce droit eut été aboli à Bordeaux. Tout au plus purent-ils désirer posséder la qualité de Français pour obtenir d'être admis aux charges et aux honneurs de la ville.

Voici en tous cas les noms de Néerlandais et d'Allemands que nous savons, de source sûre, avoir été naturalisés à partir des traités de Ryswick :

Ernest Vitner (*d'Artenberg en Moravie*) en 1699, ordonné prêtre en France depuis plus de trente ans (2);

P. Buns, Hollandais, vers 1704 (3);

---

(1) *Inv. des Arch. dép. de la Gironde*, C, 4025. — L'obligation imposée aux naturalisés est vraisemblablement en connexité avec les rentes attribuées aux étrangers, dont il est question dans l'édit royal de février 1709 (*ibid.*, C, 4003 et 4004). Parmi les acquéreurs de ces rentes, l'*Inventaire* nomme quatre immigrés bordelais que nous connaissons déjà : Baumgarten, H. Luetkens (natif de Hambourg), Vandebrand et Cornelis Delfgand. — En 1725, parmi les preneurs de la rente créée par l'édit d'août 1720 en remplacement des billets de la Banque de Law, l'*Inventaire* signale les sieurs Brock, Popp, Vandezand, de Kater, de Meyère [Meyr], de Valkenaer (C, 4006), dont plusieurs nous sont déjà familiers.

Cf. l'*Inventaire*, C, 3862, où il est question des marchands d'Amsterdam, Middelbourg, Ostende, preneurs des rentes créées en 1720.

(2) Arch. dép. de la Gironde, *Reg. de transcript. des Edits royaux*, C, 3854.

(3) *Ibid.*, C, 3856.

P. Hubrecht, Hollandais, en 1709, à cause des services qu'il avait rendus anciennement et nouvellement aux couronnes de France et d'Espagne ([1]);

Vandezand, vers 1716 ([2]);

Christophe Gorss (*de Dusseldorf*), en 1740 ([3]);

N. Garrau, né en Hollande de parents français ([4]);

Arnold Nicolas Dammers (*de Hambourg*), en 1738 ([5]);

..... d'Helvetius (d'Elvessieux en français), vers 1750 ([6]);

Hambrock (*de Hambourg*), en 1755 ([7]);

Un sieur Birne et le Danois Alefsen, vers 1771 ([8]);

Le sieur Burck, vers 1784 ([9]);

Le sieur Bahr, en 1788 ([10]).

Au total treize noms, dont plusieurs ne figurent pas dans les catalogues que nous avons dressés précédemment.

Si donc nous ne pouvons prouver directement que tous nos Allemands, Scandinaves ou Hollandais sollicitèrent des «lettres de naturalité» dans les formes habituelles ([11]), nous sommes en droit de le soupçonner pour plusieurs, et de conjecturer pour les autres, en particulier pour ceux qui étaient mariés à des Françaises ([12]), qu'ils étaient des naturalisés putatifs, auxquels personne ne songeait à

[1] Arch. dép. de la Gironde, *Reg. de transcript. des Édits royaux*, C, 3857.

[2] *Ibid.*, C, 3858. On trouve aussi l'orthographe Van der Zand.

[3] *Ibid.*, C, 3866 et 3984. — Voy. plus loin.

[4-5] *Ibid.*, C, 3866. Cf. C, 3984, pour Arnold-Nicolas Dammers.

[6] *Ibid.*, C, 4255.

[7] *Ibid.*, C, 3867.

[8] *Ibid.*, C, 3869.

[9] *Ibid.*, C, 3870.

[10] Arch. dép. de la Gironde, L, 2849.

[11] Exception faite pour les Allemands du xvie siècle. (Voy. ci-dessus, p. 11.) Postérieurement nous n'avons point rencontré dans les archives locales une seule mention d'Allemand, de Hollandais, de Suisse, etc., naturalisés. Pour être tout à fait au clair sur ce point, il faudrait compulser les dossiers et registres de naturalisations conservés aux Archives nationales, séries K, M, O[1], P, V[1], Q[3], etc., que signale l'*État sommaire... des doc. conservés auxdites Archives* (1891), sans indiquer à quelles régions de la France ils se rapportent.

[12] Voy. sur ce point les indications fournies par l'enquête de Tourny en 1743 (Appendice III), et celles que l'on trouve dans Meller, *Familles protest. av. la Révolution*, passim.

demander la production de leurs titres juridiques. Quant à leurs enfants, nés à Bordeaux et comme tels réputés Français en vertu du *jus soli* qui prévalait alors, nous n'avons vu nulle part qu'ils aient jamais revendiqué par les voies légales le *jus sanguinis*. Autant l'Ancien Régime était exclusif dans les questions d'église et de conscience religieuse, autant il faisait montre de largeur en matière de nationalité.

Quoi qu'il en soit, à l'exemple de leurs ancêtres du XVIIᵉ siècle [1], plusieurs de ces étrangers demandèrent et obtinrent d'être inscrits sur le *Livre des bourgeois* de Bordeaux [2]. Ce furent :

Thomas Clock, marchand (1712),

Jean-Baptiste Vandezand (1715),

Jacques de Meyr, négociant (1722), appelé plus tard Jacques de Meyère [3],

Jacques Hooghstoel, négociant (1722) [4],

Gérard Ganseford, marchand (1723), confirmé en 1768,

Henry Dohrman, négociant (1747),

Pierre Baas, négociant (1752),

Les frères Baas (1766),

Joseph Hostein (1767),

François Burke (1768),

François de Kater (1768) [5],

Jacques Dierx (1769),

Pierre Hostens (1769),

[1] Voy. ci-dessus, p. 36.

[2] Voy. l'*Inv. des Arch. de la Jurade*, II, p. 515 et ss. Une partie seulement des noms que nous y relevons se retrouve dans le titre II du *Livre des bourgeois* publié par M. Le Vacher de Boisville en 1898.

[3] *Ibid.*, II, p. 520.

[4] En déc. 1730 se célébra en l'église Saint-Remi le mariage de Françoise Hooghstoel, probablement fille dudit Jacques, avec Jean de Brauwer, « bourgeois et négociant de Bordeaux » (communic. de M. R. de Beauchamp, membre de la Soc. des Arch. hist. de la Gironde).

[5] Un Pierre II de Kater, évidemment apparenté à ce François, avait été anobli par le roi en 1742. Il est dit natif d'Amsterdam et naturalisé Français dans ses lettres d'anoblissement publiées par A. Communay, *les Grands négociants bordelais au XVIIIᵉ siècle* (1888, p. 57).

Ostende Garnung de La Lande (1774),

Jean-Georges Streckeisen, négociant, consul du roi de Prusse (1779),

François Beck [compositeur de musique] (1780),

Nicolas Stondtschild-Stuylingh, avocat de Leyde (1783).

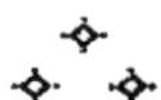

Au commencement du XVIIIe siècle, les étrangers établis en France étaient soumis à tous les impôts qui pesaient sur les régnicoles non pourvus du titre de bourgeois : la capitation, le dixième d'industrie, même la taxe militaire. Quand Tourny, intendant de la Généralité de Guienne, entreprit de réformer l'assiette de quelques-uns de ces impôts et d'introduire la « taille tarifée », il voulut étendre cette réforme à toutes les classes de la population, sans en excepter les non-Français. De là l'enquête qu'il institua à Bordeaux dès son arrivée (1743), pour connaître les noms, les origines, la situation commerciale et les ressources propres des membres de la colonie germanique. Enquête sommaire, incomplète, inexacte peut-être, et néanmoins fort précieuse pour nous, la première de ce genre que nous possédions. Elle ne porta que sur les Hanséates proprement dits, c'est-à-dire les sujets de Hambourg, Lubeck, Danzig (Brême n'est pas mentionné), considérés comme les plus riches, donc les plus imposés. Elle aboutit à cette constatation précise que, sur les seize noms relevés, l'un, Harmensen, payait déjà de capitation 225 livres et de dixième d'industrie 163 livres. Cinq autres, Popp, Brommer, Lienau, Zachau et Rosseau, payaient pour la capitation au-dessus de 100 livres, et pour le dixième d'industrie différentes sommes variant suivant l'importance de leurs maisons ([1]). Ces chiffres furent sans

____

([1]) Voy. ci-dessus, pp. 58 et ss.

doute bientôt modifiés, conformément au « tarif » que Tourny voulait faire prévaloir.

Quant aux Hanséates tombés au-dessous de leurs affaires ou très récemment établis à Bordeaux, ils furent, est-il dit, provisoirement exemptés de tout impôt de ce genre.

Pour cette raison sans doute et d'autres aussi que nous ne saisissons pas très bien, les rôles de capitation qui nous ont été conservés pour les années 1752, 1754, 1758, 1768 (¹), ne contiennent qu'un très petit nombre de noms étrangers : Popp, ci-devant négociant, paie 60 livres ; la veuve Vondrolecq, marchande de graisse, 6 livres ; Gérard Warlemans, ci-devant commissionnaire de sucre, 15 livres ; le sieur Vandebrande, directeur de la verrerie royale, 41 livres en 1758 (66 livres en 1768) ; Ebrard, teneur de livres, 1 livre 10 sols.

Par contre, sur le rôle de 1772 (²), Allemands, Hollandais, Scandinaves sont déjà plus nombreux : une vingtaine environ, dont les noms nous sont connus par ailleurs : J. P. Weltner, Hanssen von Liliendal, consul danois ; Toebaert fils, Cornelis Beyermann, Fenwick, Streckeisen, Schyler, etc., tous qualifiés de négociants.

C'est seulement sur le rôle de la capitation due pour 1777 par les « armateurs » et autres négociants des Chartrons que nous pouvons nous rendre compte de l'importance prise par la colonie germanique (³). Sur quatre cent cinquante noms énumérés (⁴), cinquante sont allemands

---

(¹) Arch. dép. de la Gironde, C, 2779, 2780, 2782, 2785.

(²) *Ibid.*, C, 2790.

(³) *Ibid.*, C, 2792.

(⁴) Bordeaux ne comptant guère, à cette date, plus de 90,000 âmes, il ne serait point sensé d'admettre, quelle que fût déjà sa prospérité, que notre ville possédât alors 450 armateurs, au sens actuel de ce mot. La rubrique du rôle de 1777 est incomplète. Cet abus de langage se retrouve jusque dans l'*Annuaire de commerce pour Bordeaux* que nous avons déjà cité. — Se rappeler d'ailleurs que l'Assemblée du commerce convoquée le 2 mars 1789, et comprenant 509 membres (ci-dessus, p. 69), se composait non seulement d'armateurs, mais aussi et surtout de banquiers, de commissionnaires, d'assureurs, de négociants au sens étroit de ce mot.

(hollandais ou scandinaves par exception), donc dans la proportion de 1 à 8. Mais le chiffre de l'impôt afférent à chacun d'eux présente de tels écarts, que nous sommes avertis de ne point mettre, tant s'en faut, tous ces contribuables sur le même rang, et de comprendre que la plupart de ces prétendus « armateurs » ne sont que des affréteurs ou des commissionnaires. Ainsi Weltner paie de capitation 488 livres ; Metzler, Zimmermann et Cie, 437 livres ; Clock et Cie, 432 livres ; Schalch et Cie, 378 livres ; Schrœder et Schyler, 350 livres ; Luetkens et fils. 335 livres ; Lienau frères, 324 livres ; Birne, 302 livres ; Beyermann, 298 livres ; Vandhoren, 242 livres ; Draveman, 240 livres ; Meinicken, 200 livres, etc. ; ils représentent évidemment, à cette date, les « gros bonnets » de la colonie. A la suite viennent, par ordre de décroissance, une dizaine de noms payant au-dessus de 100 livres, et enfin une trentaine d'autres payant au-dessous, y compris quelques « petits bonnets », simples débutants sans doute, payant de capitation 16 livres comme Dittmer, 15 livres comme Ahrensberg ou Vanderschilden, 12 livres comme Hentchell ou seulement 3 livres comme Emler et Hentz.

En novembre 1723, un certain Guillaume-Louis Hammerer. écuyer (fils de feu Jean-Charles Hammerer, conseiller de plusieurs princes et états [d'Allemagne]. assesseur du grand sénat de Strasbourg), épouse à Sauternes la fille de Jacques de Bousquet, écuyer, conseiller secrétaire du roi au Parlement de Bordeaux (¹). Il y a quelque apparence que nous avons affaire à un Alsacien qui par son mariage prend pied chez nous et y devient propriétaire du chef de sa femme. C'est le premier exemple de ce genre que nous connaissions.

Trente-deux ans plus tard, sur un état, dressé par les soins de l'intendant, des étrangers propriétaires de biens-

____

(¹) *Inv. des Arch. dép. de la Gironde*, par G. Ducaunnès-Duval, série E, suppl., art. 2053.

fonds soit à Bordeaux soit dans la région, — état qui comporte une trentaine de noms (¹), — nous relevons six Hollandais et six Allemands (les autres étant Anglais, Écossais ou Irlandais). La propriété foncière étant l'une des marques de la fortune les plus enviées dans un monde de marchands comme celui que nous étudions, nous devons croire qu'à cette date du xviiiᵉ siècle nos douze propriétaires comptaient parmi les plus considérés de la colonie. C'étaient, d'une part, Clock (*alias* Colck), Vandebrande, Brauwer, Cat, Popp, Toebaert; — d'autre part, Hanssen (*de Danzig*), Zacau (*de Brême*), Folker Both (*de Hambourg*), autre Both (*de Hambourg*), Harmensen (*de Hambourg* [sic]) et Meyer (*de Stettin*). — Hanssen avait payé 65.000 livres sa propriété de Preignac, Zacau 78.000 livres celle qu'il avait à Mérignac. C'étaient d'assez hauts chiffres pour le temps, et qu'il faudrait au moins doubler pour avoir leur valeur actuelle (²). Trois noms nouveaux s'ajoutent aux précédents d'après un document de 1765 que nous avons analysé plus haut : Streckeisen, G. Brommer et Boyer (³). Entre 1775 et 1784, Fritz de Liliendal et Luetkens, que nous connaissons par ailleurs, figurent aussi comme propriétaires sur les registres de la Chambre du domaine (⁴).

(¹) Arch. dép. de la Gironde, C, 3018. Voy. notre Appendice III, à la date.

(²) Les cartes signalent dans la banlieue de Bordeaux deux petits villages appelés aujourd'hui L'Allemagne : l'un, dans la commune du Taillan, est connu dès la fin du xivᵉ siècle sous la forme *l'Alemaigne, Lalmaigne*; l'autre, dans la commune de Mérignac, est mentionné en 1712 sous cette forme : *la Limaigne* (*Inv. des reg. de la Jurade*, IV, 506). Nous ne saurions dire si le nom moderne représente chaque fois une déformation de *Limagne* ou s'il perpétue le souvenir d'un groupement d'Allemands. — En 1742 on signale la présence de marins étrangers à Blaye, ce qui n'a rien de surprenant (*Arch. hist. de la Gironde*, XII, 112), — et en 1753 l'inhumation d'un pèlerin allemand dans une petite paroisse voisine de Bazas (*Inv. des Arch. dép.*, E, suppl., art. 1700).

(³) Arch. dép. de la Gironde, C, 3683. — Voy. notre Appendice III, à la date.

(⁴) *Inv. des Arch. de la Gironde*, C. 3974. — Cf. C, 3655, où il est spécifié que Luetkens est propriétaire dans la commune de Cissac en Médoc, 1775.

Une marque certaine de la considération acquise par quelques-uns de ces négociants étrangers ou leurs descendants immédiats, c'est leur entrée dans les corps élus. Parmi les juges et consuls de la Chambre de commerce de Guienne nous rencontrons en 1720 un certain J. Jung (¹), dont la personnalité est d'ailleurs incertaine; puis Pierre de Kater en 1725 et 1737; François de Kater en 1762. Parmi les Directeurs du commerce nous retrouvons J. Jung en 1723 et 1740; Pierre de Kater en 1727, 1738 et 1754; Clock père en 1742: de Kater fils aîné en 1757 (²). — En 1784 eut lieu une réunion extraordinaire de la Chambre de commerce en présence des plus notables négociants de la ville, entre lesquels figuraient encore Bethmann, Beyermann, Clock fils (*alias* Colck) et Draveman (³). Cinq ans plus tard, les deux Luetkens, Hermann Draveman, Henri Draveman, Beyermann, Walter et Emler sont au nombre des délégués chargés d'élire les représentants du commerce bordelais à l'assemblée du Tiers-État (³).

Ils ne se contentaient pas de siéger à la Chambre de commerce, ni même, comme Clock en 1742, de prendre rang parmi ses directeurs; ils y jouaient parfois un rôle actif soit dans les élections, comme Kater en 1720 et 1732, soit dans les conflits qui se produisaient avec les autres pouvoirs locaux, comme Jung en 1741 ou encore Kater en 1754. Mais pour apprécier exactement les modes de leur activité, il faudrait savoir (ce que malheureusement

---

(¹) Ne serait-ce pas le même que Jean Yung, juge de la Bourse de Bordeaux en 1749, dont le nom figure sur l'une des plaques commémoratives de la grande salle de la Bourse actuelle ?

(²) En 1732 le contrôleur général Orry avait voulu faire élire comme représentant des négociants de Bordeaux au Conseil du commerce à Paris, les sieurs Clock et fils, Hollandais naturalisés. L'intendant Boucher s'y opposa pour manque de moralité. (Voy. dans les *Actes de l'Acad. de Bordeaux*, 1889, p. 320, l'étude de V. Labraque-Bordenave sur *les Députés de Bordeaux au Conseil du commerce, au Comité national et à l'Agence commerciale*.)

(³) Voy. les listes données par M. Brutails dans son *Inv. des Arch. dép.*, fonds de la Ch. de comm., série C, pp. xi et xiii, 240 et 258.

nous ignorons) si ces étrangers avaient conservé leur nationalité première, ou acquis dans les formes légales la nationalité française. En tous cas, étrangers ou issus d'étrangers, ils ne purent que gagner en considération à entrer dans la Chambre de commerce quand, à partir de 1774, elle se trouva placée par la force des choses à la tête du commerce bordelais (1).

Un « mémoire » manuscrit (2) sans adresse, sans signature et sans date, mais certainement postérieur à 1775, constate « l'éloignement qu'ont les negotians [de Bordeaux] pour l'exercice couteux de trésorier de l'hôpital Saint-André », en dépit des prérogatives qui y sont attachées depuis la déclaration royale de 1746. Et l'auteur ajoute : « Il serait d'ailleurs très aisé de vérifier par un état des trésoriers de l'hôpital Saint-André qui, depuis trente ans (3), ont exercé cette fonction, que plus de la moitié sont protestants ; que parmi ce qu'il en reste, un très grand nombre ont fait faillite..... C'est même parmi les étrangers que le commerce détermine à s'établir à Bordeaux (4) qu'on prend ordinairement le plus grand nombre de trésoriers de l'hôpital Saint-André. »

Qu'est-ce à dire ? Que des descendants d'Allemands, de Néerlandais ou de Scandinaves (non naturalisés, puisqu'on les qualifie d'étrangers), occupaient, à la fin de l'Ancien Régime, les fonctions en question ? Il n'y aurait pas lieu de s'en scandaliser outre mesure, même si le fait, déjà

---

(1) Pour tous ces faits, voy. M. Michel Lhéritier, *Hist. des rapports de la Ch. de comm. de Guienne avec les intendants, le parlement et les jurats de 1705 à 1791* (Bordeaux, 1913, *passim*).

(2) Arch. dép. de la Gironde, C, 4412, fonds de la Ch. de comm. de Guienne.

(3) C'est sur ce passage, rapproché de la déclaration royale de 1746, que nous nous fondons pour croire que le mémoire est postérieur à 1775.

(4) Il y a trois exemplaires dudit mémoire dans la liasse C, 4412. L'un d'eux a été corrigé en divers endroits, à la marge, par une main inconnue. D'où cette variante : *les étrangers que le commerce de Bordeaux détermine à s'y établir*. Il semble donc bien évident qu'il s'agit de commerçants étrangers au royaume.

signalé pour Jacob Schrœder et Heinrich Schyler, s'était vraiment généralisé (¹). A l'hôpital Saint-Louis nous trouvons parmi les administrateurs M. de Kater, jurat, pendant les années 1731-1736, de Bethmann vers l'année 1745 ; et à l'hôpital de la Manufacture Frédéric Hanssen de Liliendal, écuyer, consul de Danemark, en l'année 1757 (²). Et c'est tout.

Propriétaires fonciers sur quelques points du Bordelais, bourgeois de la ville, naturalisés devant la loi, membres de divers corps élus, nos immigrés et leurs descendants ne pouvaient manquer de poursuivre leur ascension sociale en entrant de plain-pied dans les fonctions publiques. Au xviiᵉ siècle déjà, un Hollandais avait tenté d'obtenir une charge de trésorier de France à Bordeaux (p. 35). Au xviiiᵉ les exemples de ce genre se multiplient. Thomas Clock est chargé du maniement des deniers du roi et s'attire, en 1740, le reproche de les convertir en valeurs sur l'étranger (³). En cette même année Christophe Gorss (*de Dusseldorf*), déjà directeur de l'Académie d'équitation, devient commissaire inspecteur des haras de la Guienne (⁴). Joseph Bentzmann est nommé en 1742 conseiller-maire du petit bourg de Sainte-Bazeille (⁵). Trois ans plus tard, Arnold-Nicolas Dammers (*de Hambourg*) acquiert l'office de garde du sceau à la chancellerie de la Cour des Aides (⁶). Vers 1747, un certain d'Helvétius (en français d'Elvessieux) exerce à Bordeaux la charge de fermier général (⁷). Enfin

---

(¹) Voy. les *Arch. histor. de la Gironde*, XXX, p. 254. Pour le surplus, il faudrait compulser les archives dudit hôpital, l'examen de l'*Inventaire sommaire* ne pouvant suffire. Nous trouvons (dans le registre C, 3846 des Arch. dép. de la Gironde) la mention de lettres de naturalité accordées vers 1676 à un certain Adriensen (de Flessingue), « protestant, marié à la fille d'un citoyen de Bordeaux et honoré, malgré sa religion, de la charge de trésorier de l'hôpital ».

(²) *Inv. des Arch. hospit. de Bordeaux*, par M. H. Hervieu, sous les cotes II, E, 3 et 4, H, 3. — Cf. à notre Appendice III un mémoire de 1747.

(³) *Inv.*, C, 3984 et 4262 (p. 80).

(⁴⁻⁵⁻⁶) *Ibid.*, C. 3984.

(⁷) *Ibid.*, C. 4255 (pp. 19 et 20).

en 1759, J. B. Meerman fils acquiert l'office de commissaire de police dans le quartier de la place Royale ([1]).

Nous savons aussi qu'à partir de 1761 les étrangers furent, en vertu d'une déclaration du roi, admis dans la corporation des courtiers non royaux ([2]) ; mais nous sommes fort empêché de dire dans quelle mesure ceux de Bordeaux surent profiter de ce privilège.

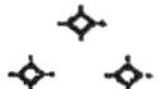

Les rigueurs de la législation, telles qu'elles se formulent dans les documents, c'était le régime des temps de guerre. En temps de paix, grâce à l'esprit nouveau que philosophes et publicistes introduisaient alors en France, les étrangers domiciliés aux Chartrons, de quelque pays qu'ils vinssent, ne connurent plus, pendant la seconde moitié du siècle, les restrictions juridiques qui, *au civil*, avaient jusque-là pesé sur eux. *Au spirituel,* ils étaient même quelque peu favorisés par rapport à leurs coreligionnaires bordelais, puisqu'ils jouissaient, en tant que protestants, d'une sorte d'existence légale ([3]), en vertu du fameux principe *cujus regio, ejus religio* (interprété eu égard au lieu de naissance et non au domicile), qui les mettait à l'abri des sévices du pouvoir, sans aller cependant jusqu'à les faire jouir de la liberté du culte public ([4]), que possédaient les Luthériens français d'Alsace ([5]).

([1]) *Inv. des reg. de la Jurade,* III, pp. 456 et 459.

([2]) *Inv.,* C, 3868 et 3885. Cf. dans C, 4377 un document de 1712 relatif aux courtiers étrangers.

([3]) Nous entendons par là qu'aucun article de l'acte de révocation de l'édit de Nantes ne stipulait que les protestants étrangers établis dans le royaume en subiraient tous les effets. En effet (nous l'avons rappelé ci-dessus, p. 40), ils n'en ressentirent que le contre-coup. Les pouvoirs publics usèrent à leur égard de plusieurs tempéraments et ne les assimilèrent jamais tout à fait aux protestants français. Nous allons le voir mieux encore à propos des cimetières, à partir de 1726.

([4]) C'est-à-dire du culte en commun, dans un édifice ouvert à tous.

([5]) L'édit de Nantes n'ayant jamais été promulgué en Alsace n'avait pu y être révoqué.

Pendant près de soixante-dix ans, de 1685 à 1753, ils furent réduits à ce qu'ils appelaient dans leur langue la *Privat-Erbauung in der Familie*, c'est-à-dire la possibilité de s'édifier mutuellement et d'entretenir la ferveur religieuse des âmes dans l'intimité du foyer domestique, en s'autorisant de la parole du Maître : *Là où deux ou trois sont réunis en mon nom, je suis au milieu d'eux* [1].

A partir de 1752-53, ces étrangers eurent la ressource de se joindre, le plus secrètement possible, aux assemblées clandestines que commençaient à tenir les protestants bordelais. Ce fut le point de départ d'une curieuse absorption des uns par les autres, dont nous montrerons bientôt les effets et qui était à peu près consommée quand fut promulgué l'acte de tolérance de 1787.

La pleine liberté du culte, ils avaient cru opportun de la réclamer en 1765 par une requête au roi, signée de cent cinq noms, qui est pour nous des plus instructives [2]. Après avoir affirmé, sans redouter l'hyperbole, qu'« ils ne craignent point de s'égaler aux plus fidèles sujets de Sa Majesté », après avoir déclaré qu'« ils habitent la France

---

[1] Mathieu, xviii, 20. — L'ouvrage suivant, qui appartient, on ne sait comment, aux Arch. dép. de la Gironde, est la seule épave, à nous connue, de ce culte domestique :

Das Letzte epistolischer Arbeit durch deutliche Erklærung und kræftige Zueignung der Sonn- und Festtæglicher EPISTELN, *welches des Sommer-Theils Continuation in sich verfasset und der christ. Gemeine zu S. Petri-Pauli in Danzig zur Vesper œffentlich vorgestellt und nun zum Druck übergeben ist, von* STEPHANO WOLTERS, V. S. M. — Dantzig gedruckt durch Johann Zacharias Stollen, 1711. (Gr. in-8° de 1304 pages + un *Vorrede* de 16 pages non chiffrées, + un *Register* de 64 pages non chiffrées.) — Le volume est privé de sa reliure. Le nom du propriétaire n'a pas été inscrit sur le feuillet de garde.

[2] Cette requête, que nous avons utilisée plus haut pour dresser le catalogue des Allemands de ce temps, a été publiée par M. Roborel de Climens dans les *Arch. histor. de la Gironde*, XXV (1887), pp. 228-230, d'après l'exemplaire conservé aux Arch. dép. de la Gironde. Une note manuscrite du temps, au dos de cet exemplaire, porte : « les protestans de la ville de Bordeaux, sous le nom des protestans étrangers, demandent la liberté de l'exercice public de leur religion. » Cette note tendancieuse put servir d'argument au pouvoir royal pour rejeter la demande qui lui était adressée.

comme une seconde patrie et qu'ils désireraient d'y finir leurs jours », les signataires ajoutent, avec plus de vérité, que « la privation de tout culte public et de secours spirituels leur fait conserver un esprit de retour dans les lieux de leur origine et empêche un grand nombre de leurs compatriotes de s'établir dans le royaume ». — Ce sont là, il est vrai, des arguments de style. Les requérants en invoquent d'autres, d'un accent plus sincère. « L'intérêt temporel, ajoutent-ils, les attraits de la fortune peuvent bien, pendant un temps, imposer silence à la voix de la conscience; mais il est un âge et des circonstances où elle se fait entendre d'une manière irrésistible. » Cet aveu une fois fait, ils abordent résolument l'objet de leur requête : « Daignez, Sire, les affranchir du remords que leur cause le sacrifice qu'ils ont fait, en leur accordant une maison destinée à l'exercice de leur religion, avec des chapelains qu'ils feront venir de l'étranger. Cette faveur, accordée à une maison particulière de la province de Picardie et qui n'a pas été refusée aux Juifs, sera un moyen bien efficace pour augmenter et faire fleurir le commerce de cette ville en y attirant plusieurs étrangers et retenant ceux qui s'y trouvent » (¹). — Peine perdue. La requête ne fut pas admise.

(¹) La requête fut soutenue par un mémoire explicatif (voy. à notre Appendice III) où les arguments de ce genre abondent d'une manière instructive pour nous.

L'auteur fait remarquer que jusque là les Protestants ont été moins favorisés que les Juifs, qui ont une synagogue; — que le Clergé catholique ne saurait prendre ombrage de la demande présentée, puisque les requérants ne sont pas sous sa houlette; — qu'il appartient au Roi seul et à son Conseil de prendre parti en cette affaire, conformément aux intérêts de l'Etat qui consistent à augmenter le nombre des habitants du royaume, à rendre le commerce lucratif et étendu; — que les requérants ne manqueraient pas de se fixer à tout jamais en France s'ils y trouvaient la liberté de leur culte; — qu'à défaut de cette liberté, ils continueront d'envoyer leurs enfants à l'étranger et d'y faire passer avec eux la fortune qu'ils ont acquise; — qu'il serait bon de prendre exemple sur l'Angleterre, la Hollande, la Prusse, où les étrangers trouvent la tolérance religieuse.

Il n'en demeure par moins, aux yeux de l'histoire, que la population protestante des Chartrons, si fortement comprimée et décimée depuis 1685 dans ses diverses branches, — calviniste avec les Français, arminienne avec les Hollandais, anglicane avec les insulaires de la Grande-Bretagne, — retrouvait depuis 1700, par l'arrivée des Hanséates luthériens (¹), de Scandinavie et d'Allemagne, un appoint de plus en plus considérable qui, longtemps silencieux et inactif, devait contribuer plus tard au relèvement de l'église protestante de Bordeaux.

Ces diverses remarques n'épuisent pas la question. Privés de pasteurs, comment ces étrangers célébraient-ils leurs mariages, les inhumations de leurs proches, les baptêmes de leurs enfants ? Là encore, nous aidant seulement de la connaissance des mœurs et des pratiques régnantes dans les milieux issus de la Réforme, nous pouvons présumer que nos Luthériens, sensibles pour la plupart aux choses spirituelles, confiaient aux plus qualifiés d'entre eux le soin de baptiser les nouveau-nés (²) et de rappeler sur la tombe des défunts les promesses suprêmes de l'Évangile. Tout cela, à vrai dire, n'était pas très conforme aux règles du droit canonique en vigueur, mais il y avait cas de force majeure. Et après tout, ces Protestants n'étaient-ils point les descendants spirituels de ceux qui, en essayant deux siècles plus tôt de restaurer dans une partie de la chrétienté la religion de l'esprit et de la conscience, y avaient restauré du même coup la notion paulinienne du sacerdoce universel ?

(¹) Nous n'ignorons pas que la plupart des protestants de la Hesse, du Palatinat et de la région rhénane étaient calvinistes, ou du moins se réclamaient du célèbre *Catéchisme de Heidelberg* (1563) ; mais ils étaient encore peu nombreux à Bordeaux.

(²) Dans sa notice historique sur *l'Eglise réformée de Bordeaux* (1892), p. 24. M. le pasteur Cadène consigne le fait suivant : « Le 16 sept. 1794 et le 10 déc. 1795, un père vénérable, Benjamin Wetzel, à défaut de temples ouverts et de pasteurs, baptisa lui-même, à la demande de la mère et des parents, deux enfants que Dieu lui avait donnés. »

Pour les mariages, la question est moins facile à trancher. Il est douteux que des Luthériens laïques, soucieux des formes liturgiques plus que les Réformés français, se crussent autorisés à appeler eux-mêmes sur les nouveaux époux la bénédiction divine. Ou bien ils repassaient momentanément dans leur patrie (et cela paraît prouvé par quelques documents), ou bien ils obtenaient la visite de quelque pasteur des pays germaniques (et cela semble résulter parfois des documents subsistants), ou bien ils allaient chercher la bénédiction nuptiale auprès des chapelains de l'une ou l'autre des ambassades protestantes accréditées à Paris (¹). Mais cette dernière conjecture, qui nous est suggérée par des exemples plus modernes, n'est point jusqu'ici confirmée-par les documents.

La principale des préoccupations pour les familles ferventes, c'était l'instruction religieuse des enfants, avec toutes les exigences qu'elle comportait alors. Ici nous savons de science certaine la solution à laquelle ces familles s'arrêtaient : elles se séparaient de leurs rejetons et les faisaient élever en Allemagne, d'où ils rentraient au bout de quelques années, pour reprendre leur place au foyer familial (²). Comme il arrive presque toujours en pareil cas, la loi de persécution se trouvait frappée d'impuissance.

La soumission à la discipline ecclésiastique et à la liturgie traditionnelle ne devint possible qu'à partir du moment où les religionnaires français de Bordeaux eurent réussi à relever leur propre église, à réorganiser sommai-

---

(¹) Au nombre des immunités diplomatiques dont elles jouissaient figurait le droit de pouvoir faire célébrer *intra-muros* le culte réformé, en présence d'une assistance de compatriotes plus ou moins nombreux.

Un document de 1773 environ (*Inv.*, C, 3669), parlant des Protestants français de Bordeaux, dit expressément que la plupart envoient baptiser ou font marier leurs enfants à l'étranger. Il y a donc présomption que les Protestants étrangers faisaient de même.

(²) Voy. à l'Appendice III le mémoire joint à la requête de 1765. Cet usage se constate d'ailleurs pour les enfants protestants français aux approches de la révocation de l'édit de Nantes. — Voy. l'*Inv.*, C, 3784, année 1681.

rement les formes de leur culte, à rétablir le pastorat dans quelques-unes de ses attributions essentielles. Nous savons de source sûre que le pasteur Pellissier célébrait la sainte cène à Bordeaux dès 1752 et que le pasteur Sol prêtait le secours de son ministère à tous les protestants de la ville, sans acception de nationalité ni de confession de foi, pour les baptêmes et les mariages célébrés « au désert » (¹). Dès avant 1760, le Consistoire français comptait Drave- man au nombre de ses anciens; puis van Schelleck *alias* Skelleck, plus tard Just-Jean van Hemmert et Guillaume d'Egmont, « pour concourir à la direction de l'église des Chartrons ». Ce sont à la vérité des Hollandais et, comme tels, plutôt des Réformés; mais les Luthériens suivront bientôt. En 1764 le Consistoire songe à établir un cime- tière commun à tous les protestants de la ville, « tant nationaux qu'étrangers »; et il secourt de ses deniers les Allemands qui demandent à regagner leur patrie (²). A la date où elle se produit, cette entr'aide des Luthériens tolérés et des Religionnaires proscrits est chose fort curieuse (³) : elle fait songer à l'aveugle de la fable portant le paralytique sur son dos. Mais il n'est pas inutile de rappeler que ce temps-là est précisément celui où, sous le nom de piétisme, un courant puissant de vie ascétique et spirituelle, non exempt d'étroitesse et de superstition, traversait encore l'Allemagne, suscité par des hommes comme Spener et le comte de Zinzendorf. Or les piétistes allemands eurent à Bordeaux, sous le nom de Frères moraves, des missionnaires et des adeptes d'autant plus

---

(¹) Voy. les *Mémoires* mss. *de Daniel Ducos* (en la possession de M. Léon Casalis (de Bordeaux). — et le *Reg.* ms. *des délibér. du Consistoire*, reprises en 1756.

(²) Pour tous ces faits, voir le *Reg.* ms. *des délibér. du Consistoire*, année 1763 et ss.

(³) C'est en 1817 seulement qu'un rescrit du roi de Prusse Frédéric-Guillaume III prononça la réunion des Luthériens et des Réformés de son royaume en une seule église dite « évangélique ». Bordeaux nous montre un antécédent spontané de cette réunion.

écoutés que, depuis 1748, ils s'étaient rattachés à la confession d'Augsbourg. Le « frère » Kenol y arriva en 1753, l'année même où les protestants bordelais travaillaient à relever leur église de sa ruine. Le frère Ringmacher suivit en 1755, le frère Costard en 1758. Leurs premières réunions se firent dans une maison de la rue Tourat, où ils se maintinrent jusque vers 1824 (¹), aussi résolument hostiles à l'esprit nouveau du xviiie siècle qu'à celui du catholicisme romain. De dire jusqu'à quel point ils furent écoutés, il n'est guère possible dans l'état de notre documentation, ni de savoir si les *Gedanken über die Herrenhüter* de Lessing et son *Christenthum der Vernunft* se répandirent jusqu'à Bordeaux.

Le terme logique de ce rapprochement entre Réformés et Luthériens fut assez vite atteint, comme il ressort pour nous de la délibération suivante, qui figure au registre manuscrit de l'ancien Consistoire de Bordeaux : 30 mars 1786, « Nos frères de la confession d'Augsbourg, établis dans cette ville et aux Chartrons, ayant fait demander au Consistoire par un de ses membres de vouloir bien leur prêter, pour le 17 du mois d'avril prochain [lendemain de Pâques], notre maison d'oraison aux Chartrons, pour pouvoir y faire leurs dévotions suivant les rites de leur église, on s'est unanimement prêté à leur accorder leur demande » (²).

(¹) Voy. les *Mémoires* mss. *de Daniel Ducos*. — La présence des *Herrnhüter* (appelés communément en France Frères moraves) avait été déjà constatée par M. J. Cadène (*l'Eglise réformée de Bordeaux* (1892), p. 18, sans indication de source). En 1764, deux Bordelais, Pierre Boe et le sieur Fries, se rendirent à Neuwied, près Coblence, où se trouvait alors leur principale communauté (*Mém. de Daniel Ducos*).

(²) C'est une grave erreur de Bernadau d'avoir dit que le premier temple des Chartrons, établi en 1789, le fut aux frais des Luthériens (*Tablettes hist.*, 1789; voy. notre Appendice III). Ceux-ci contribuèrent sans doute aux dépenses, mais rien de plus.

Une autre question se présente qui a bien son importance : celle des cimetières d'étrangers protestants entre 1685 et 1769. Elle n'a jamais été traitée à fond par les historiens locaux (¹) et demeure, malgré tout ce que nous en pourrons dire, un peu obscur, parce qu'elle n'est guère susceptible, en l'absence de documents probants, que d'une solution approximative.

Les stipulations de l'acte royal révoquant l'Édit de Nantes avaient été adoucies, avons-nous dit, en faveur des Protestants du dehors domiciliés en France. Mais les cimetières des Religionnaires français ayant été ou fermés ou désaffectés dès 1686 (²), les Hollandais, les Scandinaves, les Allemands n'eurent plus la ressource d'y établir leur sépulture. De croire que le clergé séculier ait consenti à les admettre dans les cimetières paroissiaux, il n'y a pas apparence (³), si ce n'est peut-être dans le coin infamant qu'il réservait aux suppliciés, aux suicidés, aux excommuniés, et dont nos immigrés n'eussent pu accepter la honte.

Il y a présomption toutefois que les Hanséates des trois villes de Lubeck, Brême et Hambourg jouissaient à cet égard d'un privilège particulier. L'un des deux articles « séparés », c'est-à-dire secrets, du traité qu'ils avaient

---

(¹) M. le professeur Cirot, *ouv. cité*, a reproduit partiellement quelques-uns des documents dont nous allons nous servir. On les retrouve intégralement dans l'art. de la *Rev. hist.*, que nous citons ci-après.

(²) Au xvɪᵉ siècle, le cimetière des protestants français se trouvait rue Saint-Antoine (*Arch. hist. de la Gironde*, XIII, p. 167) ; au xvɪɪᵉ siècle il fut transféré dans le faubourg Saint-Genès, entre la rue Tanesse et la rue de Berry actuelles (*Plan de Bordeaux*, par Jouvin de Rochefort), puis dévolu à l'hôpital de la Manufacture dès 1686 et désaffecté en 1704. Au xvɪɪɪᵉ siècle, le cimetière qu'on appelait du Sablonat ou de l'impasse Laville, au delà de la porte d'Aquitaine, ne fut ouvert qu'en 1779. (Voy. le court article que nous lui avons consacré dans la *Rev. hist. de Bordeaux*, 1916, p. 80 et ss.) Pour les religionnaires qui mouraient à l'Hôpital général, il n'y avait d'autre lieu de sépulture que les marais avoisinant l'Archevêché. (Voy. *ibid.*)

(³) Le clergé catholique faisait quelquefois exception pour les enfants décédés au-dessous de sept ans. (Voy. sur ce point un document de 1776 aux Arch. dép. de la Gironde, C, 3669.)

conclu en septembre 1716 avec le Régent (¹), porte expressément que le gouvernement français « donnera des ordres précis et effectifs dans tous les ports et lieux nécessaires pour qu'il ne soit apporté aucun trouble ni empêchement aux sujets des dites villes..... lors de la cérémonie des obsèques de ceux d'entre eux qui seront décédez dans l'étendue des terres de l'obéissance de Sa Majesté, et ce sous peine de prison contre les contrevenants et de telle amende qu'il appartiendra ».

Qu'est-ce à dire, sinon que, par un privilège dont étaient exclus les autres Allemands luthériens, un Lubeckois, un Brêmois, un Hambourgeois décédant à Bordeaux pouvait être inhumé décemment dans quelque cimetière de faubourg, suivant les rites de l'église à laquelle il appartenait, — ou encore, plus vraisemblablement, que ces rites pouvaient être célébrés lorsque le corps du défunt était transporté de son domicile mortuaire sur le navire qui le ramenait dans sa ville natale (²). Cette question des obsèques religieuses, qui laisse indifférents tant de nos contemporains, avait au contraire une importance considérable aux yeux des hommes de ce temps.

Pour entrevoir le parti que prirent nos Luthériens allemands (autres que les Hanséates privilégiés), il faut savoir ce qui se passait alors pour d'autres non-catholiques. Ou bien, comme les Protestants français impénitents, ils se faisaient enterrer nuitamment dans leur jardin,

---

(¹) Voir ci-dessus, p. 59. L'article séparé se t ouve dans Dumont, *Corps diplomat.*, VIII, 1ʳᵉ part., p. 481.

(²) A vrai dire, l'expression « cérémonie des obsèques » ne comporte pas explicitement l'idée d'obsèques religieuses. On nous accordera cependant qu'à cette date du xviiiᵉ siècle, il ne peut pas en être autrement. La brièveté de l'expression est calculée pour éviter de mentionner une cérémonie protestante, comme nous le verrons tout à l'heure en ce qui concerne les cimetières. — Faut-il admettre, par interprétation de ce passage, qu'un chapelain luthérien était attaché dans quelques ports au service des navires des susdites trois villes ? Nous ne l pensons pas, la cérémonie religieuse se réduisant vraisemblablement à la lecture, faite par quelque laïque, de la liturgie funéraire.

quand ils en avaient un; dans leur cave quand ils étaient
pauvres (¹); ou bien, commé les Israélites, dans les dépen-
dances de quelque maison conventuelle, moyennant
finance. Ce dernier cas, qui n'est point le moins curieux, a
été mis en lumière par M. Georges Cirot grâce à de savantes
recherches (²). Il dut être assez fréquent pour les membres
de la colonie des Chartrons, qui étaient en majorité des
gens aisés. De preuve directe nous n'en avons point, mais
nous supposons que les couvents de notre ville, et nommément les Carmes des Chartrons, traitèrent les Protestants
étrangers, disposés à financer, moins rigoureusement que
les Protestants français, en un temps où le principe du
cujus regio, ejus religio ouvrait grande la porte à toutes
les tolérances intéressées.

Il faut croire pourtant que ce régime de compromis-
sions eut ses inconvénients, à tout le moins celui de ne
point s'appliquer aux défunts pauvres, car en 1726 les
étrangers établis en France réclamèrent et obtinrent du
Conseil d'État un arrêt qui leur accordait, dans les ports
où ils étaient en nombre, le droit de posséder, pour l'inhumation de leurs morts, un lieu à déterminer par les
officiers municipaux (³). A Bordeaux, particulièrement

(¹) Cette particularité est rappelée sur une tombe du cimetière de la rue
Judaïque, à propos d'une protestante française, Jeanne Coste, épouse de
François Guestier, décédée au cours du xviiiᵉ siècle, dans sa maison de la rue
du Cerf-Volant, 14. On en connaît d'ailleurs d'autres exemples. A une date
incertaine, mais antérieure à 1769, deux jeunes enfants de J.-J. de Bethmann
furent inhumés rue Constantin, sous le sol d'une maison appartenant à un
maître de chai, Daniel Ducos, qui a consigné le fait dans les *Mémoires* que
nous avons déjà cités.

(²) G. Cirot, professeur à l'Université de Bordeaux. *Recherches sur les Juifs
espagnols et portugais de Bordeaux*. 1ʳᵉ partie, 1908, p. 108 (extr. du *Bull.
hispanique*). C'est ainsi qu'ils eurent leur cimetière chez les Cordeliers de
1710 à 1729, et un autre chez les Minimes de 1722 à 1725, — avant celui du
cours Saint-Jean (1725-96) et celui du cours d'Espagne (1764 et ss.) où, à partir
de 1777, les Juifs tudesques furent admis à se faire inhumer (p. 153).

(³) Voy. dans l'*Inv. des reg. de la Jurade*, III, p. 315, et V, p. 297, la mention
d'un arrêt du Conseil d'Etat. du 4 mars 1726, « qui ordonne que, dans les
ports et havres du royaume fréquentés par les étrangers des autres royaumes

intéressé par cet arrêt, les jurats semblent l'avoir enregistré sans difficulté ; mais influencés par une intervention occulte (nous hésitons à croire que ce fût celle du clergé), ils ne lui donnèrent pas la suite qu'il comportait. Les étrangers pauvres furent, comme par le passé, enfouis dans la banlieue de la ville. Pourtant une déclaration royale du 9 avril 1736 requit, à chaque décès, une décision ferme des magistrats en charge qui, dès lors, assignèrent uniformément soit les fossés de la ville, soit la bordure des chemins ruraux, à la sépulture de ces réprouvés (¹). Les Protestants, suivant la remarque qu'en fait M. Cirot à deux reprises, étaient moins bien traités que les Juifs, qui avaient leur cimetière en propre.

Il résulta de cette pratique des scandales tels, qu'en l'année 1751 l'ambassadeur de Hollande près la Cour de France intervint en faveur de ses ressortissants et réclama pour eux le droit de posséder un cimetière (²). C'était soulever une question qui intéressait tous les étrangers de Bordeaux et qui, en effet, sous le nom des Hollandais, semble avoir été résolue à leur commun profit. Le pouvoir royal ne crut pas devoir déférer ouvertement à la demande de l'ambassadeur, qui se heurtait au régime adopté depuis 1685 ; mais, pour prévenir le retour des scandales dénoncés, il fit inviter par l'organe d'un secrétaire d'État les magistrats de Bordeaux à faire choix dans le voisinage de la ville de quelque terrain bien délimité, où seraient inhumés les Hollandais protestants.

Ce terrain fut fixé à l'ouest du faubourg des Chartrons,

---

pour le commerce, il sera choisi par les officiers de police un lieu pour l'inhumation de ceux qui décèdent, et règle par sept articles les formalités qui s'y observeront ; le tout sous l'inspection des officiers de police ». — A remarquer le soin avec lequel on évite de dire qu'il s'agit d'étrangers *protestants*.

(¹) Voy. à notre Appendice III une requête de 1738, avec l'indication en note de six autres, comprises entre les années 1737 et 1753.

(²) Voy. à l'Appendice III, la lettre de M. de Saint-Florentin aux jurats de Bordeaux, 1751.

au grand coude de la rue Pomme-d'Or. On en trouve l'indication graphique, sous le titre *Cimetière des religionnaires* (¹), sur un plan géométral du dit faubourg, dont l'écriture est du milieu du XVIIIᵉ siècle (²). Comme il ne peut s'agir de Protestants français, que les édits royaux déclaraient toujours inexistants (³), nous sommes donc en présence de Protestants étrangers, et si l'auteur du plan les appelle des « religionnaires », c'est que les Hollandais appartenaient primitivement, comme les Français, à la communion calviniste (⁴).

Comment se fait-il que l'existence de ce cimetière ne soit connue que par une seule mention? L'explication est donnée par un passage de la lettre du secrétaire d'État aux jurats de Bordeaux, qui se rapporte à cette affaire : « Je pense, dit M. de Saint-Florentin, que cela doit se faire par simple convention et sans délibération par écrit, et que le lieu qui sera ainsi assigné et sur lequel il ne pourra être construit aucun édifice, *ne doit d'ailleurs être qualifié cimetière* ni désigné par aucune marque particulière. »

Ce cimetière de la rue Pomme-d'Or était sans doute

(¹) C'est M. Desbats, employé aux Archives municipales, qui a le premier appelé l'attention des archéologues sur cette indication.

(²) Ce plan d'alignement du quartier des Chartrons (aux Arch. municip. de Bordeaux, série des plans, nᵒ 411) est attribué sans preuve certaine à un certain Brion fils (après 1750) qui en a dressé d'autres (*Inv. reg. de la Jurade*, VI, p. 280). Il n'est point daté, mais sa graphie est visiblement celle que nous indiquons. Le terrain en question est dit mesurer de 32 à 33 toises en longueur, soit environ 60 mètres.

(³) Un arrêt du Parlement de Paris, du 5 février 1749, avait encore, une fois de plus, défendu l'exercice en France de toute autre religion que la catholique. Un document de 1773 environ, déjà cité, déclare qu'à cette date les religionnaires sont inhumés dans leurs propriétés ou dans les fossés de la ville (*Inv. des Arch. dép. de la Gironde*, C, 3669).

(⁴) Nous rectifions sur ce point la légère erreur que nous avons commise en admettant, dans notre article sur *le Cimetière protestant de la rue Laville* (ap. *Rev. hist. de Bordeaux*, 1916), que le cimetière de la rue Pomme-d'Or était commun à toutes les communions protestantes.

bien exigu ou bien incommode, puisque, au bout de seize ans, les intéressés songèrent à en acquérir un autre, en se réclamant de l'arrêt du Conseil d'État de 1726. Après bien des atermoiements, dont la raison nous échappe, ils réussirent à le faire enregistrer une seconde fois par la Jurade (en avril 1767) (¹), et s'occupèrent d'en assurer eux-mêmes l'exécution. Un membre de la colonie, Jean-Philippe Weltner (*de Lubeck*), assisté de trois de ses coreligionnaires, Van Schellibeck et les deux frères Lienau, acquit un terrain sur le bord du grand « chemin du roi » (²) conduisant de Bordeaux à la Palu et situé à environ quinze cents mètres du mur de la ville, le 11 mars 1769 (³). D'une superficie de deux mille sept cents mètres carrés, encore existante à peu de chose près, ce terrain fut payé 4.300 livres aux chanoines de Saint-Seurin, seigneurs fonciers de cette partie de la paroisse Saint-Remi *extra-muros* (⁴). Pour l'affecter à sa destination nouvelle, non encore spécifiée dans l'acte d'achat, il fallut que Weltner et ses trois compagnons, parlant au nom des négociants étrangers de Bordeaux, adressassent une requête aux Jurats (19 mars). Cette requête fut accordée le 22 mai, et l'approbation royale obtenue le 9 juin suivant (⁵).

La première inhumation faite à ce *Cimetière des*

(¹) 1767, 10 avril, mention d'un « arrêt du Conseil d'État du roy, du 24 mars 1726, portant qu'il serait désigné un lieu d'une étendue convenable dans la ville de Bordeaux pour inhumer les cadavres des étrangers protestants » (*Inv. des reg. de la Jurade*, I, p. 338). — Nous n'avons pu retrouver le texte de cet arrêt, qui semble avoir contenu diverses autres clauses, d'après une note des *Arch. hist. de la Gironde*, XXV, p. 229.

(²) C'est la confrontation qu'indique un acte de 1816, analysé par A. Ducaunnès-Duval, *Famille Meerman*, p. 201.

(³) Arch. dép. de la Gironde, série E, minutes notariales provenant de l'étude de Mᵉ Cancalon. Voy. notre Appendice III.

(⁴) Voy. la délibération du Chapitre de Saint-Seurin, 4 sept. 1768 (d'après les Arch. dép. de la Gironde, G, 1018), à l'Appendice III.

(⁵) *Ibid.* Cf. [Etchard, instituteur adjoint], *Bordeaux ignoré : le cimetière des Étrangers*, 1908-09. Cette étude, assez faible et souvent bizarre, n'a pas été imprimée, mais seulement polygraphiée à un petit nombre d'exemplaires.

Étrangers (suivant le nom qu'on lui donna bientôt), eut lieu le 14 octobre 1769. Jusqu'au 14 mai 1886, date de la dernière, il recevra onze cent trois cadavres (¹) inhumés en pleine terre, à la manière allemande, sauf quelques rares exceptions. Placé en 1826 sous la surveillance du Consistoire français, puis peu à peu déserté après l'ouverture du cimetière protestant de la rue Judaïque (1827), il ne sera désaffecté administrativement qu'en 1889 (²). Il contient encore environ cent cinquante tombes, quelques curieux « enclos de familles » (ceux des Weltner, des Poehls, des Violet, des Enmerth, des Hovy), et un dépositoire gothique, qui ne fut construit qu'au commencement du xixᵉ siècle. Tel qu'il est, il demeure pour l'histoire que nous écrivons une mine abondante de renseignements et de souvenirs, le témoin d'un passé que Bordeaux ne reverra plus (³).

Il n'y avait point que des Protestants dans la colonie allemande du xviiiᵉ siècle : il y avait aussi, quoique en moindre nombre, des Catholiques qui ressortissaient à la

(¹) D'après le *Reg. des sépultures* demeuré d'abord aux mains des héritiers Weltner et remis en 1889 au nouveau propriétaire du terrain, en vertu d'une décision du maire de Bordeaux. Les Archives municipales de Bordeaux en possèdent une bonne copie, exécutée la même année. Nous en reproduisons à l'Appendice III quelques mentions, en même temps que diverses épitaphes que nous avons relevées directement sur les tombes subsistantes.

(²) Voy. le *Bull. administ. de la ville de Bordeaux*, 1889. — En 1887, M. H. Cruse, mandataire des héritiers Weltner, avait offert de vendre ce cimetière à la Ville pour la modique somme de cinq francs. Mais les propriétaires des caveaux ne voulurent point les abandonner si la Ville ne leur offrait en échange une concession perpétuelle dans un de ses cimetières, et ne prenait à sa charge les frais de translation. La Ville refusa et le terrain fut vendu tel quel par M. Cruse à un M. Guillemond.

(³) Il a son entrée principale par le cours Journu-Auber, 26, et son entrée habituelle par le cours Saint-Louis, 80. Il avait jadis une troisième entrée par le cours Balguerie-Stuttenberg, 75. En mai 1916, M. Paul Courteault a consacré à ce cimetière des Étrangers une des leçons de son cours public à la Faculté sur *Les anciens Cimetières de Bordeaux depuis l'époque romaine*.

paroisse Saint-Remi, dont l'église *intra-muros* était assez éloignée. Cependant ils pouvaient trouver, dans le faubourg même qu'ils habitaient, — à la chapelle des Chartrons devenue chapelle des Étrangers et reconstruite en 1746, à celle des Carmes déchaux transférée du quai à la rue Notre-Dame vers 1672, et plus tard, au XVIIIe siècle, dans une petite chapelle provisoire de la place Picard (¹), — quelques-uns des secours spirituels dont ils avaient besoin. Une délibération du couvent des Jacobins, datée du 13 décembre 1769, prouve que ces secours étaient insuffisants et nous montre comment en certains cas on savait y suppléer : « Le R. P. Provincial a dit que MM. les grands vicaires de Bordeaux souhaiteroient que le R. P. Lambla, religieux du couvent de Colmar en Alsace, demeurât ici pour prêcher et confesser les Allemans qui se trouvent à Bordeaux. Sur quòy il a été décidé que ledit P. Lambla seroit libre de demeurer à Bordeaux, qu'il percevroit son vestiaire comme les autres religieux, mais qu'il ne seroit point assigné » (²).

De ces familles catholiques proviennent, suivant toute apparence, divers livres de dévotion que possède notre Bibliothèque municipale : les *Predigten* du très populaire Johann Tauler, réimprimés à Francfort en 1621 : les *Lobgeheimnisse und Ehrenpredigten* de Peikhart, publiés à Oberammergau en 1750, et le manuel de Johann-Christian Storren, *Beicht- und Communionbuch, samt einer Anleitung zum heilsamen Gebrauch des heiligen Nachtmahls* (Stuttgart, 1755) (³).

❖
❖ ❖

(¹) Voy. notre notice, *Origines hist. des par. Saint-Louis, Saint Martial... de Bordeaux* (dans la *Rev. hist. de Bordeaux*, 1911).

(²) *Reg. de délibérations des Jacobins*, aux Arch. dép. de la Gironde, série H. s. numéro, f° 187, d'après une indication à nous fournie par M. Corbineau.

(³) Le premier porte le n° 5385, le deuxième le n° 5387 dans le catalogue imprimé. Quant au troisième, que nous avons acquis chez un bouquiniste de Bordeaux, il n'est entré que tout récemment à la Bibliothèque.

Les dernières années de l'Ancien Régime apportèrent à la colonie la joie fort appréciée de voir passer à Bordeaux quelques compatriotes plus ou moins « distingués » (*vornehm*), dont il nous faut consigner ici le souvenir.

Vers 1752-53, les jeunes Hessenstein, fils de Frédéric Ier de Suède et de son épouse de la main gauche Hedwige Taube, faisaient un voyage à travers l'Europe, en compagnie de leur gouverneur Friedrich-Christoph von Saldern, capitaine prussien qui mourut en 1785 avec le grade de lieutenant général. Ils s'arrêtèrent quelque temps à Bordeaux, sans que nous sachions au juste dans quelles conditions [1].

En 1755 arrivèrent deux autres Suédois, les Hildebrand, fils du ministre de Suède à Madrid. Ceux-ci avaient pour précepteur un pasteur luthérien, Hallman, qui avait accepté la mission de mettre le célèbre botaniste Linné au courant des découvertes que feraient nos voyageurs durant leurs pérégrinations en France et en Espagne. Nous devons à cette circonstance une longue lettre de trente pages que Hallman écrivit à son correspondant pour lui communiquer les impressions qu'il avait emportées d'un séjour de plusieurs semaines à Bordeaux [2]. C'est, malgré quelques réserves que fera de lui-même le lecteur, un document capital pour la connaissance de l'activité de Bordeaux à cette date.

Le 20 juin 1777 [3], l'empereur d'Allemagne Joseph II,

---

[1] Voy. les *Bref och Skrifoelser af och till Carl von Linné...* 7e série, t. VI, Stockholm, 1912, p. 330, n° 3.

[2] *Ibid.*, M. Paul Courteault, professeur à l'Université de Bordeaux, en a donné un très vivant résumé dans la *Rev. histor. de Bordeaux* (1917), d'après la traduction qu'il doit à l'obligeance de M. Lindow, vice-consul de Suède à Bordeaux.

[3] Le 24, dit une lettre du temps reproduite par la *Revue d'Aquitaine*; mais comme l'auteur ajoute que Joseph II entendit la messe aux Jacobins le dimanche suivant, il faut bien voir une erreur dans cette date, le dimanche tombant un 22 d'après *l'Art de vérifier les dates*. Quant au dimanche 29, il ne peut en être question puisque l'empereur ne resta que trois jours pleins.

frère de la reine de France, arrivait à Bordeaux, sous le nom de comte de Falkenstein, accompagné d'une suite peu nombreuse. Désireux uniquement de voir le port et les principaux monuments de la ville (¹), il prit logis au cours de Tourny, chez le sieur La Croix « aubergiste », « dont M. Bettemans a arrêté l'hotel par son ordre » (²). Très jaloux de son indépendance, il ne voulut recevoir personne en dehors du maréchal de Mouchy, du consul Bethmann et d'un négociant bordelais avec lequel il s'entretint trois heures (³). Il repartit le quatrième jour pour Bayonne. Mais la population bordelaise n'avait point alors la discrétion qu'elle sait si bien garder aujourd'hui en pareil cas. Son importune curiosité fatigua le souverain qui ne se mit point en frais de plaire, même aux dames qui se présentèrent spontanément à son hôtel. « Quand il fut près de la Comédie, il s'aperçut que le monde refouloit de son côté, et il entra dedans. Un négociant allemand, dont j'ai perdu le nom, passoit là pour aller à sa rencontre, et le voyant, car il le connaissoit très bien, il s'écria en allemand : *Ah! c'est mon Prince!* L'empereur, en lui faisant un signe de la main, lui dit que, puisqu'il le connaissoit, il vint l'accompagner chez La Croix, aubergiste, où il alloit loger, par le chemin le plus court. Le négociant voulut le mener par les allées de Tourny ; mais voyant beaucoup de monde par là, il le fit passer par la rue Motrec, ce qui ne servit de rien, car on couroit toute la rue du Chapeau-Rouge et, en arrivant à son logis, il eut peine à percer la foule.

(¹) Il visita le Château-Trompette, le nouveau Théâtre, la Bourse et l'église des Jacobins.

(²) Cet hôtel prit, peu après, le nom d'*Hôtel de l'Empereur* et est cité sous cette enseigne dès l'année 1779 (*Inv. des Arch. dép.*, C, 4258, p. 46).

(³) Voy. l'ouvrage de Du Coudray mentionné ci-après. Le nom de ce négociant privilégié ne nous est point connu, sa lettre ne portant aucune signature. Il semble bien que ce fût un Français, spécialement recommandé par M. de Bethmann. Il dit de lui-même qu'il est retiré des affaires, après fortune faite, s'occupe d'agriculture et se propose d'aller visiter l'Allemagne.

Tout en marchant, il questionna beaucoup le négotiant, voulut le faire reposer et lui recommanda de venir, le lendemain matin, ordonnant devant lui que l'on le laissat toujours entrer. Le négotiant se retira comblé de joie et disant à tous ceux qu'il rencontroit, de sa connaissance, que ce jour-là étoit le plus beau de sa vie » (¹).

Ce loyalisme attendri et dévotieux nous fait sourire. Il est caractéristique de l'âme allemande du xviiie siècle.

Douze ans plus tard, la sœur du roi de Pologne, en route pour les eaux de Bagnères, s'arrêtait elle aussi à Bordeaux (6 septembre 1789). Quelques dames de la colonie allemande lui firent cortège lorsqu'elle se rendit à la Comédie en costume d'amazone. Grande et blonde, elle avait, malgré sa jeunesse, les traits durs et irréguliers, si nous en croyons Bernadau (²).

Dans l'intervalle des deux dates précédentes, une voyageuse moins illustre, mais plus intéressante pour nous, Mme de La Roche, née Sophie Guttermann de Lichtenfels, séjourna assez longtemps dans notre ville, en 1785. Sans le souvenir qu'elle accorde à M. de Bethmann, nous n'aurions rien à retenir du récit de son voyage. Mais il n'y a pas lieu de nous étonner du peu d'attention qu'elle

---

(¹) Voy. Mayer, *M. le comte de Falkenstein ou Voyage de Joseph II en Italie..... et en France* (Rome et Paris, 1777, in-8°). L'exemplaire de la Bibl. municip. de Bordeaux (Catal., 4167) est malheureusement incomplet de la partie finale qui concernait ce séjour à Bordeaux ; — [Le chev. Du Coudray], *Anecdotes intér. et histor. de l'illustre voyageur* (Paris, 1777, 1re partie, p. 109 ; 1778, 2e partie, pp. 37-42 et 122-130). Contient trois pièces de vers adressées à l'Empereur par un Bordelais, et une lettre d'un négociant de Bordeaux, non dénommé (Catal., 4168) ; — Une lettre du temps publiée dans la *Revue d'Aquitaine*, III (1859, p. 257) ; — *Correspondance* ms. de Mme Duplessis, à la Bibl. munic. de Bordeaux, n° 1201 : lettre du 23 juin 1777. — Cf. *l'Espion anglais* de John Adamson, VI. p. 161 ; — Bernadau, *Annales de Bordeaux*, p. 231 ; — Daniel Ducos, *Mémoires* mss. — Detcheverry, *Hist. des théâtres de Bordeaux*, 1860, pp. 84-86 ; — C. Marionneau, *Victor Louis, architecte du théâtre de Bordeaux*, 1881, p. 343.

Un docteur en médecine de la Faculté de Bordeaux, Joseph Desalons, composa à cette occasion une *Ode à l'empereur voyageant dans la France et visitant le port et les antiquités de Bordeaux.*

(²) Voy. à l'Appendice III les *Tablettes histor.*

consacre à ses compatriotes, si nous remarquons qu'en somme ce n'était point à eux, mais aux Bordelais qu'elle entendait faire visite (¹).

En 1746, l'Académie des Sciences, Belles-Lettres et Arts de Bordeaux — où siégeait encore Montesquieu, l'un de ses fondateurs (²) — s'ouvrait à son tour au germanisme en admettant au rang de ses associés Heinrich Kuhn, docteur en droit et professeur de mathématiques à Danzig, le seul savant allemand du XVIIIᵉ siècle à qui elle ait fait cet honneur, après avoir couronné ses *Méditations sur l'origine des fontaines, l'eau de puits et autres problèmes qui ont du rapport à ce sujet* (Bordeaux, Brun, 1741). D'autres noms à consonance germanique se rencontrent cependant parmi ses correspondants étrangers à partir de 1740, qui mériteraient sans doute d'être pleinement identifiés : Brugmans, Klein, Kulbel, médecin du roi de Saxe, auteur d'une dissertation sur *les Causes de la fertilité de la terre* (1740), Wencker (de Strasbourg), Hamberger, médecin et physicien d'Iéna, qui avait écrit un mémoire sur l'*Élévation des vapeurs et des exhalaisons* (1743), Kratzenstein, candidat en médecine à Halle, physicien et naturaliste, auteur d'un autre mémoire sur l'élévation des vapeurs (1743?). Comme Kuhn, ces trois auteurs étaient lauréats de notre Académie (³).

(¹) Son *Journal einer Reise durch Frankreich* a été analysé et judicieusement commenté par M. Meaudre de la Pouyade dans la *Revue histor. de Bordeaux*, 1911, pp. 168 et ss., 253 et ss. Mᵐᵉ de la Roche fut « associée » à l'Académie des sciences de notre ville.

(²) En 1725, Montesquieu, qui méditait déjà son grand ouvrage *De l'esprit des lois* (1748), avait entrepris de s'éclairer en visitant l'Allemagne, la Suisse et la Hollande. Voy. *Les Voyages de Montesquieu* publiés par le baron de Montesquieu, t. I et II (Bordeaux, 1894 et 1896). Sa réputation ne s'y répandit toutefois qu'après sa mort (1755), et s'il est juste de rappeler que Bodmer, Abbt, Herder, Moser, J. Mœser, Schiller, Gœthe le tenaient en grande estime et se considéraient à certains égards comme ses disciples, il n'en est pas moins certain que la plupart des Allemands cultivés le connaissaient moins que maint littérateur français de troisième rang.

(³) Voy. la *Table génér. des trav. de l'Académie* (1877, p. 107). Cf. Jules Delpit, *Catal. des mss. de la Bibl. municip. de Bordeaux* (1880, p. 424 et ss.).

Durant les années 1767 et 1768 la société mondaine de Bordeaux s'y ouvrit à sa manière, en accueillant une aventurière allemande dont Bernadau [1] nous a conservé le souvenir sous le nom de Mlle Frêle (*Fræulein*), de son vrai nom Félicie-Julienne von Schœnau. Amenée dans notre ville par un négociant nommé Brommer, elle se fit passer pour fille de l'empereur François Ier et mena joyeuse vie en compagnie du trop fameux maréchal duc de Richelieu, gouverneur militaire de la province. Enlevée de Bordeaux en vertu d'une lettre de cachet, elle laissa, assure-t-on, 100.000 livres de dettes, après en avoir dépensé 300.000.

Plus recommandable et de meilleur aloi fut l'influence qu'exerça, pendant plus d'un tiers de siècle, le musicien compositeur François Beck, de Mannheim sur-le-Rhin. Né en 1730, il s'établit à Bordeaux en 1761 [2], après un court séjour à Paris. Nous pouvons bien conjecturer sans déraison que nos Hambourgeois furent pour quelque chose dans la venue de ce maître, si nous nous rappelons que Hambourg justement était une des villes d'Allemagne où l'on faisait le plus de musique et, depuis 1678, du petit nombre de celles qui possédaient un Opéra permanent [3]. Le moment était des plus favorables pour Beck puisque notre naissante Académie de Musique ajoutait

---

[1] *Tablettes histor.* mss., t. IX. Voy. notre Appendice III. — Bernadau affirme que Bachaumont s'est occupé de cette aventurière dans ses *Mémoires secrets*. Nous n'avons pu retrouver le passage. — Cf. dans l'*Inv. des Arch. dép. de la Gironde*, C, 94, la mention d'une prétendue comtesse de Falkenstein accusée d'escroqueries.

[2] C'est la date que l'on trouve dans les *Notes biographiques* mss. de Laboubée (t. II, f° 115, à la Bibl. municip. de Bordeaux) et que corroborent plusieurs faits bien établis. Celle de 1778, que donne Féret, est sûrement erronée. Fétis, dans un article d'ailleurs insuffisant de sa *Biographie des musiciens*, dit « vers 1780 ». — D'une façon générale, la vie de Beck n'a pas encore été écrite comme il conviendrait, quoique les documents abondent. C'est une étude que l'on attend de la double compétence de M. G. Ducaunnès-Duval. Cf. notre chap. II bis.

[3] D'après P. Landormy, *Hist. de la musique*, 2e édit., 1911, p. 147.

maintenant ses efforts à ceux de l'Académie des Lyriques (fondée dès 1707) (¹) pour répandre dans la société bordelaise le goût et le sentiment de la musique profane. Beck fut nommé presque aussitôt membre de l'Académie des Sciences, Belles-Lettres et Arts, chef d'orchestre du Grand-Théâtre, puis organiste de l'église collégiale de Saint-Seurin. Jusqu'à sa mort il saura retenir la faveur du public bordelais qu'il initiait aux compositions de Hændel, de Mozart, de Haydn, de Gluck (²). Représentant éminent de cette « école de Mannheim » où l'art symphonique allait briller d'un si vif éclat entre 1760 et 1780, nous le retrouverons en possession de sa renommée après la Révolution (³).

C'est à ce François Beck que Bordeaux doit la fondation d'une imprimerie de musique, la première de ce genre qu'il ait eue, en 1779 (⁴).

A l'histoire générale de notre ville autant qu'à celle de sa colonie germanique appartiennent quelques autres noms que nous n'avons pas le droit de passer sous silence.

(¹) Voy. Raymond Céleste, *Les anciennes sociétés musicales de Bordeaux* (Bordeaux, 1909).

(²) Bernadau a noté soigneusement, à partir de 1787, les principales manifestations de son talent. (Voy. notre Appendice III). — Ne pas oublier que Mozart et Gluck, ayant fait leur éducation musicale en Italie, ne pouvaient représenter la musique allemande dans le sens où nous entendons ce terme. — D'après un répertoire de la Direction des beaux-arts à l'Hôtel de Ville de Bordeaux (répertoire dont nous devons connaissance à l'obligeance de M. Rousselot), *Alceste, Armide, Iphigénie en Aulide, Iphigénie en Tauride, la Rencontre imprévue, Orphée* auraient été exécutés sur le Grand-Théâtre de notre ville entre 1761 et 1779. Malheureusement, si nous pouvons retenir le fait de l'exécution de ces œuvres, nous devons avouer que les dates respectives sont suspectes.

(³) Laboubée (*Notes...*, VIII, f° 27) mentionne comme née à Bordeaux une célèbre musicienne de l'Opéra de Paris au xviiie siècle, Mlle Feld, « fille d'un organiste des Carmes ». En faut-il conclure que le couvent des Carmes de Bordeaux avait fait choix d'un Allemand des Chartrons pour conduire l'orgue de leur chapelle ? C'est possible, mais non prouvé.

(⁴) Arch. dép. de la Gironde, C, 3451. — La date de 1775 donnée par Féret est inexacte.

Un certain Schmitt construisit, à une époque que l'on ne peut préciser, pour les religieux de Saint-Dominique. les orgues de leur nouvelle chapelle (aujourd'hui église Notre-Dame) ([1]). Était-ce un Allemand de Bordeaux ou du dehors ? Nous ne savons au juste.

Il semble que nous devions accueillir aussi le nom d'un peintre suisse, Corninck, qui en 1713, lors de la canonisation de Pie V, fut chargé de peindre pour les mêmes religieux (appelés aussi Jacobins) un tableau qui se voit encore dans leur ancienne église ([2]).

Un demi-siècle plus tard (1767), un autre Suisse, Jean-Jacques Leupold (+ 1795), dont notre Musée possède un fin portrait de Daviella (*catal.*, 503), eut l'honneur d'être nommé peintre de la Ville de Bordeaux, chargé comme tel de portraiturer les jurats en fonctions. Son œuvre s'est malheureusement perdue pendant la Révolution ; mais il subsiste que Leupold fut professeur de dessin au Collège de Guienne. directeur depuis 1770 de l'École municipale de Dessin et fondateur de l'Académie des Arts ([3]).

En cette fin de l'Ancien Régime, — qui est aussi la fin de la troisième des phases que nous avons discernées dans l'histoire de notre colonie, — Vandebrande, Lonsing et Beck ne sont pas les seuls dont les noms fassent relief. La notoriété qu'ils devaient à leurs talents, Jean-Jacques de Bethmann la devait à la grande situation sociale qu'il avait su acquérir ([4]); J.-P. Weltner à sa forte probité et

---

([1]) Voy. Laboubée, *ouv. cité*, XVI, fº 152.

([2]) Voy. une communication de M. E. Corbineau à la Soc. des Arch. histor. de la Gironde, 26 janv. 1917.

([3]) Voy. Féret, *Biogr. girondines*. On ignore encore en quelle ville de Suisse naquit Leupold. Mais son nom est incontestablement de forme allemande.

([4]) Voy. ci-dessus, p. 102.

aux services qu'il avait rendus à ses compatriotes (1) ;
Jean-Georges Streckeisen à sa philanthropie et à sa géné-
rosité (2). Sous la sécheresse des témoignages contemporains on devine que la plupart des étrangers établis aux
Chartrons, se mêlant volontiers à la société bordelaise,
vivaient comme elle d'une vie active et plantureuse, en
atténuant quelques-uns des traits de leur race. Ces
Néerlandais de la fin du XVIIe siècle, nous pouvons nous
les représenter tels qu'ils apparaissent dans les tableaux
de Franz Hals : gens à perruque, de mise simple et
d'aspect grave, soigneux de leurs intérêts et fiers de leur
couronne d'enfants. Leurs femmes sont à l'avenant :
exemptes de coquetterie, plus soucieuses des devoirs du
« ménage » que des obligations du « monde », plus préoc-
cupées de piété que de plaisirs. De leurs ancêtres les uns
et les autres ont hérité (sauf exceptions qu'il faut toujours
prévoir) une moralité élevée et une religiosité profonde
qui compensent ce que peut avoir de terre à terre leur
réalisme de marchands.

Quant aux Allemands du milieu du XVIIIe siècle, ils ne
devaient pas beaucoup différer de ceux qu'a représentés
le pinceau de Janeck dans deux *Scènes d'intérieur* qui se
trouvent au Musée de Bordeaux sous les nos 208 et 209
(éc. allem. de ce temps); les figures sont moins graves
que celles des Hollandais de Franz Hals ; les perruques
ont disparu, mais les falbalas triomphent. Aux plaisirs
de la musique de chambre et de la comédie de salon, ils
ne dédaignent pas d'ajouter celui de vider ensemble les
coupes de vin qui circulent. Hommes et femmes sont,
au demeurant, d'un monde bourgeois toujours décent et
rangé, où l'enthousiasme pour la *Messiade* de Klopstock
(1748-73) a remplacé le piétisme actif de la génération

(1) Voy. ci-dessus, p. 134.
(2) Voy. plus loin, p. 146, à propos de son tombeau.

précédente (¹). C'est par ces étrangers, plus ou moins étroi-
tement groupés autour de Jean-Jacques de Bethmann,
que commence à s'organiser, dans le troisième quart du
XVIII⁰ siècle, la vie de société des Chartrons, avec les
caractères composites, mi-français, mi-allemands, que l'on
peut deviner plutôt que décrire (²). Personne parmi eux
ne songeait certes à prendre au sérieux cette déclaration
de l'écrivain G.-C. Lichtenberg (+ 1799), que la France
était l'ennemi héréditaire (*Erbfeind*) de l'Allemagne et
de l'Angleterre.

Vers la fin du XVIII⁰ siècle monarchique, ces mœurs
encore respectables font bientôt place chez beaucoup de
nos immigrés, grandement enrichis par leurs entreprises
de tout genre, à une mondanité qui s'ajuste insensiblement à l'esprit du temps. Cet esprit, qui tourne résolument le dos à celui du passé, n'a été traduit nulle part
plus clairement pour nous ni plus exactement que dans
certain monument funéraire qui fut érigé vers 1825 dans
le cimetière des Étrangers en mémoire de la famille

(¹) M. Louis Reynaud, qui connaît à fond l'Allemagne de ce temps, par ses
bons et surtout par ses mauvais côtés, esquisse en quelques traits les qualités
de la classe bourgeoise : « Bon nombre de vertus solides, dont le tempéra-
ment de la race et l'éducation protestante favorisaient le développement :
l'amour du foyer, le sentiment religieux, la bonhomie familière, le goût de
la vie simple, la recherche des émotions sincères, la conception grave et
sérieuse de l'amour, obtinrent dès lors l'autorisation de se montrer sans
courir le risque d'être taxées de ridicules, comme au temps où régnaient les
idées françaises aristocratiques, et ce fut là, pour la bourgeoisie allemande,
un gain inappréciable. » (*Hist. génér. de l'influence franç. en Allemagne.*
Paris, 1914, p. 363.)

(²) La Bibliothèque municip. de Bordeaux possède deux livres allemands
de lecture courante, qui proviennent probablement de l'une des familles de la
colonie et ont servi à l'éducation des enfants. L'un a pour titre *Historisches
Magazin für den Verstand und das Herz*, s. nom d'auteur (Strasbourg, 1764.
Catal., 9047) ; l'autre, également anonyme, est intitulé : *Geschichte über alle
Geschichte oder Acht unterschiedliche sehr abenteuerliche Geschichts-Erzeh-
lungen, ... vielen Seltenheiten halber in der deutschen Sprache mitgetheilet
von einem Unbekannten* (Magdebourg et Leipzig, 1727. Catal., 9046). Le nom
du propriétaire sur le feuillet de garde a été biffé avec tant de soin qu'il est
devenu illisible.

Streckeisen (¹). Sur un soubassement formé par deux marches circulaires se dresse un cippe de marbre blanc, mesurant environ deux mètres de hauteur sur un mètre de diamètre. Au sommet on distingue, formant calotte, un segment de sphère que traverse le zodiaque. Au-dessous de la corniche, ornée de guirlandes et de mascarons, on lit ces mots : *Ils ont vécu pour faire le bien.* Sur son pourtour, ce cippe est divisé en six panneaux séparés les uns des autres par de longues et étroites urnes, dont les anses sont reliées aux anses voisines par des draperies flottantes. Dans chaque panneau, au-dessus du pli concave que forme la draperie, est sculptée alternativement une effigie humaine et une armoirie seigneuriale. Les épitaphes gravées au-dessous du pli convexe sont les suivantes :

JEAN-GEORGE STRECKEISEN, DÉCÉDÉ LE 28 SEPTEMBRE 1799.

ELISABETH REINHARD, VEUVE STRECKEISEN, DÉCÉDÉE LE 14 AOUT 1820 (Effigie).

ELISABETH STRECKEISEN, VEUVE SCHICKLER, DÉCÉDÉE LE 20 NOVEMBRE 1802.

JEAN-ERNEST SCHICKLER, DÉCÉDÉ LE 6 MAI 1801 (Effigie).

LOUISE STRECKEISEN, VEUVE BEHRENDES, DÉCÉDÉE LE 19 OCTOBRE 1787.

DAVID BE[H]RENDES, NÉ LE 3 FÉVRIER 1760, MORT LE 10 DÉCEMBRE 1785 (Effigie).

Ce monument funéraire, dans le goût romantique, recouvre les ossements des membres et parents de la famille Streckeisen (²) et perpétue leur souvenir. Il symbolise le XVIIIᵉ siècle finissant, en ceci que tout emblème religieux, tout symbole chrétien, tout verset des Saintes

---

(¹) Il a été transporté en 1909, aux frais de M. le baron F. de Schickler (de Paris), au cimetière protestant de la rue Judaïque, et se trouve dans la partie ancienne de ce cimetière, à l'angle de deux chemins, non loin du mur de la Manutention militaire.

(²) Si nous ne nous trompons, la famille se doit recomposer comme suit :
1. Jean-Georges Streckeisen, + 1799;
2. Elisabeth Reinhard, sa veuve, + 1820;
3 et 4. Leurs deux filles : Louise S..., épouse Behrendes, + 1787; Elisabeth S..., épouse Schickler, + 1802.
5 et 6. Leurs deux gendres : David Behrendes, + 1785; Jean-Ernest Schickler, + 1801.

Écritures en est exclu, conformément sans doute au désir exprimé par l'un ou l'autre des défunts. Ces Allemands-là avaient lu le *Vicaire savoyard* aussi attentivement que *Nathan der Weise* et s'en trouvaient satisfaits. Pour eux évidemment le *Sermon sur la montagne* n'avait plus de saveur, la *Prière sacerdotale* n'avait plus de sens ; la théologie de saint Paul leur apparaissait comme quelque chose de suranné et celle de saint Jean comme inintelligible. Protestants « libérés », ils prenaient donc vis-à-vis de la religion une attitude nouvelle. Mais si, à l'exemple des Bordelais, ils répudiaient plus ou moins consciemment le christianisme traditionnel, s'ils acceptaient, dans une mesure que nous ne pouvons préciser, à la fois les tendances du philosophisme français et celles du *Sturm und Drang* allemand, ils retenaient encore les sentiments d'un large humanitarisme qui les associe pour longtemps encore aux « honnêtes gens » de tous les temps et de tous les pays.

Jean-Georges Streckeisen était de Bâle, ce qui ne l'avait point empêché de devenir consul du roi de Prusse à Bordeaux [1]. Son nom, inscrit sur le *Livre des Bourgeois* en 1779 [2], est le seul qui soit accompagné d'une notice élogieuse [3] : « Habitant de cette ville, est-il dit, a été reçu bourgeois d'icelle en considération des preuves qu'il a données de son zèle pour les intérêts et de son attachement au bien de la ville, et pour l'en récompenser, autant qu'il est au pouvoir de MM. les Jurats qui, étant certains par eux-mêmes et informés des bonnes vie et mœurs du dit sieur Streckeisen, l'ont dispensé de faire enquête [4] et ont reçu son serment au cas requis et accoutumé. »

[1] Voy. ci-dessus, pp. 99 et 101.
[2] Voy. ci-dessus, p. 115.
[3] P. 255 de l'édition citée.
[4] On s'attendrait à lire plutôt : *de subir enquête.*

Ancêtres authentiques des Allemands d'aujourd'hui selon l'ordre de la nature, les Allemands de ce temps-là en sont, pour l'histoire et la morale, l'antithèse évidente.

Parallèlement à la connaissance empirique qu'ils prenaient de l'Allemagne commerciale et artistique par l'intermédiaire de la colonie établie aux Chartrons, les Bordelais s'initiaient également, mais par d'autres voies, à l'histoire politique et intellectuelle de l'Allemagne. Preuve en sont ces quatre ou cinq centaines d'ouvrages, pour la plupart en latin, imprimés aux xvie, xviie et xviiie siècles en Hollande, en Autriche, en Bavière, en Prusse, dans les Pays rhénans, etc., qui forment aujourd'hui le fonds primitif de notre Bibliothèque municipale et concernent la jurisprudence, la théologie [1], l'histoire, la philosophie, les sciences, la linguistique [2], les belles-lettres [3]. Ils proviennent soit de notre ancienne Académie des sciences, soit des couvents de la ville, dont les bibliothèques furent confisquées par la Révolution. C'est par ces associations studieuses qu'a pénétré chez nous la production historique, littéraire et scientifique d'outre-Rhin. Si les négociants allemands des Chartrons y furent pour quelque chose, ce fut sûrement pour bien peu. L'échange des marchandises leur importait plus que celui des idées pures et des connaissances désintéressées. D'ailleurs l'influence de ces pesants in-folio, de ces

[1] Les ouvrages de la « théologie séparée de l'Eglise », hussite ou luthérienne, sont au nombre de près de quatre-vingts (Catal., 7582 à 7659).

[2] La linguistique y est représentée entre autres ouvrages par la *Grammaire allemande-française* de Bense du Puis (Paris, 1658), et par le *Dictionn. allemand-franç. et franç.-allemand* de Simon Herbau (Cologne, 1716).

[3] A dire vrai, les auteurs proprement littéraires sont très peu nombreux dans ce fonds primitif : Klopstock, Alex. de Haller, Gessner, Schiller, Gœthe.

épais in-quarto, à l'usage des érudits, ne saurait se comparer, en quelque mesure que ce soit, à celle qu'exerçaient alors, des mers du Nord aux Alpes et du Rhin à la Vistule, les productions de la littérature, de la philosophie et de la science françaises.

Sauf par ces côtés, le germanisme n'a pas encore droit de cité à Bordeaux. S'il y eut, dans les dernières années de l'Ancien Régime, des cours publics de langue et de littérature anglaises (¹) et italiennes (Bernadau nous en a conservé le programme succinct), il n'y en eut point de langue et de littérature allemandes. C'est un fait à retenir, tout négatif qu'il soit.

(¹) Dès le commencement du xviiiᵉ siècle, l'enseignement de la langue anglaise avait trouvé place au collège de Guienne. (Cf. Gaullieur, *Hist. du coll. de Guyenne*, p. 461.)

De la Révolution à la Guerre de 1870

Un érudit bordelais avance qu'en 1789, Français, Suisses, Allemands, en tant que disciples de Calvin et de Luther, « tinrent à faire acte d'adhésion aux nouvelles idées, dirigées surtout contre la Noblesse et le Clergé » ; et cela, non seulement dans les comités patriotiques, mais « probablement aussi dans les loges maçonniques ». — Combien d'autres, remarquerons-nous, qui n'étaient ni étrangers ni protestants, mais catholiques, gens d'épée, voire gens de robe et d'église, firent eux aussi, à ce moment-là, acte d'adhésion aux idées nouvelles ! — De preuves d'ailleurs notre historien n'en donne point, en ce qui concerne les étrangers de Bordeaux, à moins de tenir avec lui pour suffisante celle-ci, que « Bahn, Beck, Bethmann, Beumerth, Beyermann, Bonus [?], Colck, Hesse, Kater (famille francisée depuis près de deux siècles), Kunckel, Muller, E. et H. Schickler, Wustenberg », échappèrent à la guillotine [1].

C'est par d'autres voies que nous entrevoyons l'attitude bienveillante que prit la colonie germanique de Bordeaux, au début de cette quatrième phase historique, devant les événements qui se produisaient. Il n'y a rien à conclure, comme on a prétendu le faire quelquefois, de ce que ces étrangers souscrivirent à la contribution patriotique de

[1] Voy. M. E. Labadie, *la Presse bordelaise sous la Révolution* (1910), pp. 57 et 137.

1790, puisque cette contribution était en réalité un impôt obligatoire (¹). Le fait que quelques-uns, tels que Schickler, Reinhart, entrèrent dans la Société des Amis de la Constitution, ou comme Garnier aidèrent à l'organisation des formations militaires (²), n'engage que ceux qui sont expressément nommés. Il y a apparence que, peu mêlés à la discussion des idées et des théories politiques ou sociales qui agitaient alors les esprits, ils accueillirent cependant avec satisfaction, moins par raison de sentiment comme Klopstock, Schiller, Schubart, Herder, Kant, Voss et tant d'autres Allemands de là-bas, que par motifs d'intérêt bien entendu, un mouvement qui les libérait au civil de quelques-unes des sujétions du passé, proclamait la liberté de conscience et de culte, confirmait la suppression du droit d'aubaine (³), assurait aux étrangers la plupart des droits civils et familiaux que venaient de conquérir les Français, annonçait toutes sortes de réformes économiques dans le sens de la liberté et semblait promettre à l'activité commerciale une carrière féconde en même temps qu'ouvrir à l'humanité une ère nouvelle.

Toujours est-il que nous voyons les Allemands, les Scandinaves, les Hollandais d'origine faire foule, comme négociants, armateurs (⁴), banquiers, assureurs, à l'assemblée générale du commerce de Bordeaux qui se tint à la Bourse, le 2 mars 1789, pour préparer le cahier des

---

[1] Voy., aux Arch. municip. de Bordeaux : période révolut., série G, les listes de souscription.

[2] Une lettre du Conseil général du département à la Municipalité de Bordeaux (12 sept. 1792) fait mention d'un sieur Garnier, « allemand », qui offre un cheval pour un détachement de cavalerie en formation et présente « un jeune homme de sa nation pour ce nouveau corps » (Arch. municip. de Bordeaux, période révolut., série H, s. numéro).

[3] « L'Assemblée constituante, considérant que le droit d'aubaine est contraire aux principes de fraternité qui doivent lier tous les hommes, quels que soient leur pays et leur gouvernement,..... a décrété et décrète. ... » (6 août 1790).

[4] En 1788, Bapst possédait six navires, Wirtz huit navires (d'après A. Communay, *les Grands négociants bordelais au XVIII° siècle* (1888, pp. 23 et 29); J.-J. de Bethmann plus encore.

doléances de la corporation. Ils y figuraient au nombre de quatre-vingt-quinze, ce qui revient à dire qu'ils formaient à peu près le cinquième de cette assemblée qui comptait cinq cent neuf personnes (¹).

Dès 1790, plusieurs font partie de la Garde nationale, comme Koch et Kunckel. Reinhart est nommé, en 1791, membre de la Commission des bibliothèques locales nationalisées, mais il en est bientôt écarté « à cause de son incompétence et de sa légèreté » (²). En octobre 1792, cinq autres sont élus par leurs concitoyens bordelais — conjointement avec Coppinger, qui était Anglais, et Jonas Jones dont nous ignorons la nationalité — « pour former un comité qui devra s'occuper de tout ce qui est relatif aux subsistances » (³). C'étaient Von Dohren, Brauer, Robroham jeune, Meinicken et Walter.

Le mouvement se continue sous la Convention. En janvier 1793, Enmerth, Brauer et Vondhoren font partie du Conseil général nouvellement institué (⁴), — et Beyermann, en brumaire de l'an IV, figure parmi les membres du « Jury de commerçants ordonné par la loi pour fixer le nombre des agents et courtiers et déterminer le choix des citoyens à qui ces fonctions seront confiées (⁵).

Ne nous égarons pas toutefois dans l'interprétation de ces faits et souvenons-nous plutôt qu'en vertu de la loi du 30 avril 1790, tout étranger était réputé Français (sauf protestation de sa part) par cela même qu'il résidait en France depuis un temps assez court (⁶).

(¹) *Inv. des Arch. dép, de la Gironde*, série C, III, p. 258.

(²) *Bordeaux, aperçu historique*, III (1892), pp. 148 et 153. La notice anonyme est de M. Céleste, bibliothécaire de la Ville.

(³) Gaston Ducaunnès-Duval, *Inv. des Arch. municip. de Bordeaux : période révolut.*, II, p. 24.

(⁴) *Ibid.*, II, p. 28.

(⁵) *Ibid.*, II, p. 334.

(⁶) Voy. plus loin les paragraphes que nous consacrons à la naturalisation depuis la Révolution.

Mais il y a mieux encore. A la fin de l'année 1793, exactement en vendémiaire de l'an II, l'Agence commerciale de Paris organise à Bordeaux une grande Commission des approvisionnements et du commerce, subdivisée en vingt sous-commissions ayant chacune son président. Sur ces vingt présidents nous en relevons quinze portant des noms allemands : MM. Hertzog et Bahn, Stuttenberg, Wattener (Weltener ?), Schrœder et Schyler, Wenten et Hesse, D.-C. Meyer, Fleisch, Bethmann fils, Sauer, Wustenberg, Geissler, Bahr ([1]). Quinze sur vingt ! La proportion est belle. Elle s'explique doublement : par ce fait qu'il s'agissait de faire venir du dehors les céréales qui manquaient, et par cet autre que les plus notables négociants français étant alors émigrés ou emprisonnés, ne pouvaient briguer le moindre mandat public. Néanmoins nous avons quelque droit de voir dans la majorité donnée aux étrangers venus des Allemagnes, naturalisés ou non ([2]), une preuve de la considération dont ils jouissaient alors à Bordeaux.

Par une contradiction singulière, qui n'est point rare dans l'histoire des choses humaines, la Terreur avait suivi de près la Déclaration des droits de l'homme et elle avait contribué, plus encore que les luttes politiques et les événements militaires, à arrêter la continuité des transactions et à paralyser la marche des affaires ([3]). La « Commission militaire » de 1793-94 — sorte de cour martiale composée de civils munis de pouvoirs exceptionnels — prononça en neuf mois huit cent un juge-

---

([1]) Voy. Labraque-Bordenave, *Hist. des députés de Bordeaux au Conseil du comm., au Comité nat. et à l'Agence comm.*, de 1700 à 1793 (dans les *Actes de l'Acad. de Bordeaux*, 1889, p. 417).

([2]) Sur les faciles conditions de la naturalisation à cette époque, voy. plus loin.

([3]) M. Pierre de Joinville étend cette remarque à la colonie anglaise et à la colonie espagnole, dans son livre *l'Armateur Balguerie-Stuttenberg et son œuvre* (Paris, 1914, p. 35, note).

ments. Elle fit poursuivre, emprisonner et condamner à d'énormes amendes nombre de négociants bordelais, sans en excepter une quarantaine d'étrangers (1). Parmi ses victimes il faut retenir Henri Wustenberg qui ne fut élargi qu'en payant une lourde amende de 30.000 livres (2), et un certain Muller (*de Luxembourg*), fort connu alors comme directeur de l'Académie d'équitation, et qui fut condamné à mort comme contre-révolutionnaire (3).

En dépit des gages donnés par ces étrangers à la Révolution naissante, de 1789 à 1792, les chefs d'accusation ne manquaient jamais contre eux à la haine des démagogues de ce temps On les accusait tantôt de connivence avec les ennemis de la République ou d'envoi de fonds aux émigrés, tantôt de tendances aristocratiques ou d'agiotage secret. Arrêtés, soumis à des perquisitions au bout desquelles la mise sous scellés de leurs biens était régulièrement prononcée, ils s'estimaient trop heureux d'avoir la vie sauve. Leur détention était plus ou moins longue; car si beaucoup se défendaient habilement, tous n'avaient pas comme Kunckel la possibilité de rappeler qu'ils avaient mis leur fortune, leurs relations et leur influence au service de Bordeaux pour l'approvisionner de grains du Nord dans les temps de disette (4).

Par la force des choses, la colonie se désagrégea : beau-

---

(1) Voy. à l'Appendice III la protestation du vice-consul de Prusse, 1794. — Les papiers de la Commission militaire subsistent aux Arch. dép. de la Gironde (série L, 2830 à 2874). On y trouve les dossiers de Buchmann, Bahn, Bahr, Bentzien. Beyermann, Bapst, Bethmann, Beck, d'Egmont, Geissler, Hesse, Herzog, Kater, Kunckel, Lange, Lienau, Meyer, Muller, Robroham, Schyler, Schœnbeck, Wustenberg, Wenck, etc. (Cf. L, 1219.) Ils fournissent matière à une abondante et instructive étude que nous devons ajourner pour ne point donner à la période révolutionnaire une ampleur démesurée.

(2) *Arch. hist. de la Gironde*, XXXV, p. 422. La sentence est du 15 février 1794.

(3) Voy. Laboubée, *Notes biographiques* mss., XIII, f° 130. — Arrivé à Bordeaux vers 1760, cet étranger, très protégé en haut lieu et d'ailleurs très compétent et très actif dans sa « partie », était entré comme écuyer à ladite école en 1777 ou 1778. Il y a aux Archives municipales de Bordeaux un dossier d'une soixantaine de pièces (série anc., GG, 36), dont beaucoup le concernent personnellement (de 1716 à 1793).

(4) Voy. notre Appendice III.

coup des siens se dispersèrent; d'autres demeurés sur place furent réduits à l'inaction ou même ruinés (¹). Le « recensement général des eaux-de-vie et vins qui se trouvent actuellement dans le commerce de Bordeaux » (frimaire an III) (²), énumère bien encore une quarantaine de négociants allemands, hollandais ou scandinaves et donne même leurs adresses exactes; mais nous avons lieu de penser que nombre de ces étrangers étaient pour lors absents, soit par emprisonnement, soit par désir de sécurité. « Avant la Révolution, Bordeaux exportait chaque année dans le Nord 100.000 tonneaux de vin et 10.000 pièces d'eaux-de-vie..... Bordeaux vit ses exportations pour le Nord tomber en 1821 à 63.000 tonneaux et en 1822 à 40.000 » (³). Bernadau signale deux faillites vers la fin de la Révolution : celle de Beyermann en 1799 et celle de Hertzog en 1800. Il faut y ajouter celle de Romberg et Bapst qui, en septembre 1793, laissaient en circulation pour plus de neuf millions de francs en billets (⁴). Les effets malfaisants du maximum et du papier-monnaie rendirent la viticulture à peu près improductive et « achevèrent de tuer le peu de commerce qui avoit pu survivre jusque-là aux agitations » de la rue. « Le pain qui, à Paris, grâce à des efforts surhumains, était maintenu à 2 sous 1/2 ou 3 sous la livre, en coûtait

(¹) Tout au commencement d'oct. 1793, un certain Gerard Burmann, âgé de quarante-trois ans, natif de Cologne, mais venant de Lisbonne, débarque à Bordeaux et, peu au fait des événements, demande l'autorisation d'y exercer son métier d'imprimeur. Emprisonné comme suspect et plus encore comme sujet d'une puissance ennemie, il se défend fort habilement en se disant « citoyen de Cologne », qu'il représente comme étant, à l'instar de Hambourg, une ville libre, indépendante de l'archevêque-électeur, et non en guerre avec la France (Arch. municip. de Bordeaux, fonds Vivie, vol. IX, à la date). Nous ignorons quelle suite fut donnée à cette affaire.

(²) Arch. dép. de la Gironde, L, 1422.

(³) De Joinville, *ouv. cité*, p. 439.

(⁴) *Tablettes historiques*, à la date. — Pour Bapst et Romberg, voir à la bibliothèque de la Cour d'appel de Bordeaux la collection des *Mémoires divers impr.*, t. XIII.

6, 8 et jusqu'à 10 ou 12 dans les pays comme Bordeaux ou comme le Plateau central, les Alpes et les Pyrénées » (¹). Il serait intéressant pour nous de savoir comment nos Allemands luttèrent contre la gêne et s'ils eurent, grâce à leurs relations avec l'étranger, des ressources particulières pour traverser ces années terribles de la période révolutionnaire.

La « suspicion d'incivisme » atteignit jusqu'aux artistes étrangers qui vivaient alors à Bordeaux. Beaucoup furent cités devant le trop fameux Lacombe (²) :

Blache, Jean-Baptiste, [danseur], vingt-sept ans, natif de *Berlin* ;

Blancheton, Marie, artiste, vingt-cinq ans, native de *Munich* ;

Beck, François, musicien, soixante-deux ans, natif de *Mannheim* ;

Revord, Henri-Laurent, musicien, trente-sept ans, natif de *Maestricht* ;

Valentin, Léopold, musicien, quarante-huit ans, natif de *Vienne* ;

Chénier, Nicolas, musicien, cinquante-cinq ans, natif de *Bamberg en Franconie* ;

Bethman, Bernard, musicien, trente ans, natif de *Marbourg en Westphalie* (³).

De ces sept prévenus, un seul nous est déjà connu, François Beck, le compositeur, dont l'interrogatoire mérite d'être reproduit :

— « Qu'avez-vous fait pour la République ?, lui demande Lacombe.

(¹) D'après M. Marion, professeur au Collège de France, *le Maximum* (dans le *Correspondant* du 25 janv. 1916).

(²) Voy. Aurélien Vivie, *les Théâtres de Bordeaux pendant la Terreur* (Bordeaux, 1868, 115 pages in-8, pp. 34, 73, 75, 76, 78, 90 et 99).

(³) La plupart de ces artistes (dont quelques-uns semblent d'origine française) étaient incriminés pour avoir prêté leur concours à la représentation d'une pièce intitulée *la Tentation de saint Antoine*, qui produisit sur le public un mauvais effet politique.

— » Je me suis montré bon républicain, répond Beck ; j'ai fait tout ce que j'ai pu pour ma patrie ; j'ai soulagé les pauvres et payé mes contributions. Si je n'ai pas fait mon service militaire dans la Garde nationale, c'est que j'étais vieux et malade.

— » Voilà bien le langage de tous les aristocrates ! Vous n'avez pas fait de service parce que vous étiez malade ? On a toujours assez de force pour servir sa patrie. Vous vous êtes permis de tourner en ridicule tous les bons décrets de la Convention nationale ?

— » Jamais je n'ai tourné en ridicule les décrets. J'ai quelquefois combattu des mots, mais jamais les décrets eux-mêmes. J'ai aimé la liberté et j'ai fui la Cour sous l'Ancien Régime.

— » Vous avez fréquenté la classe des négociants aussi insolents que les nobles ?

— » Je n'ai jamais fréquenté que Mac-Carthy, bon patriote. Je donne des leçons de musique à sa fille, mais je n'ai pas parlé d'affaires politiques » (¹).

Les papiers provenant de la Commission militaire (²) fournissent des renseignements que l'on chercherait vainement ailleurs. Interrogés fort indiscrètement sur le chiffre de leur fortune en 1789, les prévenus répondent avec assez de sincérité, à ce qu'il semble. Bahn accuse 190.000 livres, Bahr 110.000 livres, Bentzien 90.000 livres, Beyermann de 150.000 à 180.000 livres, d'Egmont 120.000 livres, Hesse 70.000 livres, Kunckel 250.000 livres, J.-D. Meyer 40.000 livres, E.-L. Schyler 190.000 livres, « en association avec son frère Henri », Schœnbeck 25.000 livres, Wustenberg 400.000 livres. Au taux où était alors l'argent, quelques-unes de ces fortunes peuvent passer pour considérables.

(¹) Cf. à notre Appendice III trois autres interrogatoires analogues, tirés des Archives départementales et concernant les sieurs Wustenberg, Kunckel et Schuler.

(²) Arch. dép. de la Gironde, série L, particulièrement les nᵒˢ 2849, 2852, etc.

Dès la fin d'août 1793 la Municipalité avait fait dresser la liste des « citoyens présumés être en situation » de contribuer à l'emprunt qu'elle projetait à l'effet d'acheter des grains pour l'approvisionnement de la ville, et la présomption s'appliquait à tous ceux qui étaient réputés, à tort ou à raison, posséder au-dessus de 100.000 livres. Ces listes, établies par quartier, ne renfermaient pas moins de cinquante noms à consonance germanique, y compris cinq ou six Néerlandais et autant de Scandinaves (¹). En dépit de toutes les réserves que l'on doit faire quant au bien-fondé des dires de l'Administration, ce total de cinquante noms est un éloquent témoignage du degré de prospérité auquel était arrivée la colonie de Bordeaux.

La situation sociale dont quelques-uns jouissaient s'affirme d'une autre manière encore, par la nature des déclarations qu'ils durent faire en l'an II, en vue du paiement de la contribution mobilière. La citoyenne Schickler, qui n'a que deux enfants, déclare un loyer de 3.350 livres, avec huit domestiques des deux sexes ; — Mathias-Jacob Stuttenberg, deux enfants, un loyer de 1.000 livres et deux filles de service ; — J. Skinner, un enfant, un loyer de 1.200 livres et quatre domestiques ; — Godefroi Emler, trois enfants dont un à la frontière, un loyer de 850 livres et deux filles de service. Le dossier d'où nous tirons ces renseignements est malheureusement incomplet (²). Les huit autres Allemands qu'il dénomme sont de position beaucoup plus modeste.

Quant à la situation commerciale de nos Allemands, elle pourrait être aisément établie pour chacun d'eux grâce aux déclarations qu'on demanda à tous les négociants, en l'an II, quand la guerre contre l'Europe eut été déchaînée, à l'effet de savoir quelles étaient au juste leurs

---

(¹⁻²) Archiv. municipales de Bordeaux : période révolut., série G, sans numéro.

dettes actives et passives ou, comme on disait plus volontiers, leurs créances actives et passives (ce qui revient au même), à l'égard des étrangers (¹). Nous ne pouvons entrer ici dans le détail. Nous nous bornerons à dire que les déclarations fournies par les négociants allemands et hollandais des Chartrons témoignent de l'importance pécuniaire et de la variété de leurs affaires ; elles témoignent surtout de leur grande étendue, puisque ces négociants étaient en relations directes non seulement avec tous les ports de la mer du Nord et de la Baltique depuis Anvers jusqu'à Saint-Pétersbourg, mais encore avec un grand nombre de villes de l'intérieur : Mannheim, Francfort, Mayence, Benscheid près Dusseldorf, Elberfeld, Barmen, dans la région du Rhin ; Vienne, Ratisbonne et Nuremberg, dans celle du Danube ; Magdebourg, Muhlhausen en Thuringe ; Berlin, Leipzig, Zeits en Saxe ; Erfurt, Lippstadt, Breslau, etc., dans l'intérieur de l'Empire.

Les chefs de la colonie eurent, dans les tribulations de ce temps, une part double, comme négociants et comme fonctionnaires.

Un arrêté du Conseil général de la commune de Bordeaux (du 29 oct. 1792), porta « que les consuls étrangers faisant le négoce et connus publiquement (*sic*) pour tels, seront assujettis à toutes les impositions ou charges locales de paix ou de guerre, en leur qualité de marchands ou négociants faisant le commerce, et qu'ils en seront exempts lorsqu'il sera bien reconnu qu'ils ne font aucun commerce et qu'ils se bornent à leurs seules fonc-

______

(¹) Voy. aux Arch. dép. de la Gironde, série Q, s. numéro, cinq liasses de déclarations faites en l'an II.

tions de consuls, agissant au nom de la nation qui les a commis, jusqu'à ce que la Convention nationale ait statué sur ce qui les concerne soit comme consuls, soit comme étrangers » (¹). Il y a là, semble-t-il, un acte de malveillance voulu à l'égard des puissances qui envahissaient à ce moment la France (²). Les consuls se soumirent d'abord à la règle commune, mais protestèrent au bout de quatre ans. L'Administration municipale maintint son principe et pour la seconde fois fit savoir aux « citoyens » Harmensen, Wustenberg, Weiss, von Enmerth, Fenwick, Hesse et Weltner, par lettre circulaire à eux adressée, qu' « ils ne pouvaient être dispensés de la patente à laquelle est assujetti tout Français ou étranger qui exerce une industrie » (16 ventôse an IV) (³).

Cette fois les consuls regimbèrent. Par leur résistance prolongée ils infligèrent au Commissaire du pouvoir exécutif à Bordeaux l'amertume de constater, dans une lettre au Ministre des relations extérieures, que tous les négociants de Bordeaux avaient pris des patentes, à l'exception des consuls et agents des nations étrangères, qui cependant, « en général, font le plus d'affaires de commerce et même avec plus de fruit que qui que ce soit » (22 nivôse an V) (⁴). Le Pouvoir central donna raison à l'Administration municipale, et celle-ci, par une nouvelle circulaire aux consuls, les informa qu'en vertu d'une décision du Ministre des

---

(¹) *Inv. des Arch. municip. de Bordeaux : période révolut.*, II, p. 25. — En messidor an II, le consul Meyer fut autorisé par le Conseil général de la commune à placer sur sa porte cette inscription : *Agence du commerce de la république de Hambourg (ibid.*, II, p. 84).

(²) M. Roger Brouillard a l'obligeance de nous signaler (dans la liasse L, 437 des Arch. dép. de la Gironde) un ordre des représentants Ysabeau et Tallien, portant levée des scellés qui avaient été placés sur les papiers des consuls de Lubeck et du Danemark. Cet ordre est du 30 nov. 1793 (10 frimaire an II). Nous ignorons à quelle date et en quelles circonstances la mise des scellés avait eu lieu.

(³) *Inv.* cité, III, p. 256.

(⁴) *Id., ibid.*, p. 262.

relations extérieures et de son collègue des finances, « les consuls étrangers qui font le commerce sont sujets à la patente et ne peuvent excepter (*corr.* exciper) de la permission qu'ils en ont de le faire par leur diplôme, parce que le droit de patente n'est nullement une permission de faire le commerce, mais bien un impôt mis sur les profits de l'industrie commerciale, et doit être payé sans exception par quiconque exerce cette industrie » (ventôse an V) (1).

En réclamant l'exemption du paiement de la patente, qui les assimilait au reste des commerçants, les consuls étrangers témoignaient surabondamment combien ils restaient réfractaires à l'esprit de la France nouvelle et de sa législation égalitaire. Ils furent plus fondés à protester contre la contribution patriotique de 1790 et l'emprunt forcé de l'an IV. S'il n'apparaît point que leurs doléances aient été accueillies en 1790, elles le furent certainement en l'an IV, en ce sens qu'une lettre du Ministre des finances adressée aux Administrateurs du département de la Gironde (2) reconnut qu'en droit « l'emprunt forcé n'est point une contribution ; c'est un appel de fonds fait à tous les Français pour fournir aux besoins pressants de la patrie ». Le Ministre tirait en même temps la conséquence pratique de ce point de vue juridique, en déclarant « qu'il serait contraire au droit des gens et à la réciprocité que se doivent les nations à cet égard », de comprendre les étrangers (c'est-à-dire les non-naturalisés) dans cette mesure extraordinaire. Beaucoup de nos Allemands purent bénéficier de cette décision.

Le conflit entre le Corps consulaire et l'Administration locale se trouva ainsi réglé définitivement dans le sens

---

(1) *Inv.* cité, III, p. 262.

(2) 7 fructidor an IV, signée *D. V. Ramel* (Arch. dép. de la Gironde, L, 850) Nous en devons connaissance à l'obligeance de M. R. Brouillard. — Le cas qui avait provoqué la lettre du ministre était celui d'un certain Christian Blatter, Suisse de nation, non naturalisé.

du droit nouveau, par limitation des prérogatives surannées qu'invoquaient les représentants commerciaux des pays étrangers. En cette année V de la République, sur les huit consulats des « puissances amies » que conservait Bordeaux, sept étaient aux mains d'Allemands, de Hollandais ou de Scandinaves, y compris les consulats de Gênes et d'Amérique. Seul celui d'Espagne était tenu par un Français, le sieur Pedesclaux (¹). A partir de ce moment, jusqu'à la reprise générale des affaires en l'an VIII, le rôle des consuls nous échappe complètement, sauf celui de J.-H. Wustenberg, représentant de la Prusse, que nous voyons intervenir en 1798 auprès de l'Administration départementale pour obtenir la mise en liberté de trois matelots prussiens incarcérés au fort du Hâ (²), et délivrer à tous ses compatriotes les « cartes de sûreté » que la Municipalité de Bordeaux voulait bien mettre à leur disposition (³).

Pendant toute la période révolutionnaire, les relations directes entre les sénateurs des Villes libres d'Allemagne et les magistrats municipaux de Bordeaux se continuèrent comme par le passé. Nous en connaissons trois exemples, dont l'un émane de Lubeck en 1790 à l'occasion de la succession Karstens ; le suivant, de Lubeck encore, au sujet des droits que pouvaient faire valoir les créanciers de la firme Johann-Heinrich Rettich en 1792 ; le troisième, de Francfort-sur-le-Main en 1798, relativement à la succession Lœllmann (⁴). La concentration après l'an VIII

(¹) *Danemark* : von Hemert *(sic)* ; *Suède* : Harmensen ; *Hollande* : von der Kuhn ; *Gênes* : Weiss ; *Prusse* : Streckeisen, avec Wustenberg et Hesse comme auxiliaires ; *Amérique* : Fenwick ; *Lubeck* : Weltner (*Inv.* cité, III, p. 141). — Nous ne savons à quel titre Pierre-Henri de Bethmann, en l'année 1797, félicita de leur avènement au pouvoir le nouveau roi de Prusse, Frédéric-Guillaume III, et le nouveau duc de Wurtemberg, Frédéric II. Toujours est-il qu'il reçut, de l'un et de l'autre, des lettres de remerciements qui témoignent de l'esprit de politesse de ce temps (*Arch. histor. de la Gironde*, XXXII, p. 237).

(²-³-⁴) Voy. notre Appendice III, aux dates.

entre les mains de l'État de toutes les relations des
régnicoles avec l'extérieur allait mettre fin à ces privautés (¹) nées au moyen âge.

Au point de vue international, la phase historique où
nous sommes entrés depuis 1789-90 vit se modifier assez
profondément la structure interne et externe de la colonie
germanique de Bordeaux. Par suite du droit nouveau que
fait prévaloir la Révolution, par suite des guerres qui
sévissent bientôt sur toute l'Europe, par suite aussi de
la dissolution du Saint-Empire et de la constitution de
nationalités plus fortes, Autrichiens et Allemands vont
voir s'éloigner d'eux toujours plus les Suisses allemaniques, les Flamands de Belgique, les Hollandais des
Pays-Bas, et ils ne garderont avec les Scandinaves qu'un
contact indécis. Ces groupes germanophones devenant
toujours plus distincts et autonomes, nous les laisserons
désormais de côté, sauf quelques rares exceptions justi-
fiées par les circonstances. Si notre sujet perd en étendue
par l'excision de ces vieilles branches du tronc germanique, il gagnera du moins en unité et en vigueur.

Un écrivain hollandais qui eut en son temps quelque
notoriété, Adriaan van der Willigen, a noté dans le récit
de son *Voyage en France* que les Hollandais étaient
alors, en 1804, parmi les étrangers résidant à Bordeaux,
les plus nombreux ; puis venaient les Américains, les
Danois, les Suédois, et enfin les Prussiens (²). Il ne fait

(¹) Privautés en ce sens aussi que les Allemands écrivaient dans leur idiome
national, sans se croire obligés d'user de la langue diplomatique, qui était
depuis longtemps déjà le français.

(²) *Reize door Frankrijk in gemeenzam Brieven...* (Harlem, 1805). M. Th.
Amtmann a fort consciencieusement analysé et non moins soigneusement
commenté cet ouvrage dans une longue étude donnée à la *Rev. histor. de
Bordeaux*, 1913, pp. 253-267. Nous y renvoyons notre lecteur.

point mention des Allemands proprement dits, ce qui rend son témoignage, déjà suspect par ailleurs, assez peu probant. Fût-elle exacte à la date donnée, sa statistique n'allait point tarder à modifier ses chiffres.

Le régime terroriste une fois passé, la situation des Allemands de Bordeaux s'améliora peu à peu et la tranquillité revint pour eux. Non seulement ils reçurent les « cartes de sûreté » dont nous avons parlé, mais encore beaucoup d'entre eux, en cette même année 1798 (an VI), firent à l'Hôtel de ville lès déclarations requises des étrangers qui, conformément à l'article 10 de la Constitution de l'an III, désiraient jouir des droits de citoyens français. De ce nombre furent Daniel Strobel et Charles Sy, négociants que nous retrouverons plus tard ; Samuel Schuhmann (*de Lubeck*, commis-négociant, vingt-sept ans) et Heinrich-Ludwig Wiederholdt (commis-courtier maritime) ; — Jacques Huber (tonnelier, *de Ravensburg en Souabe*, quarante ans), et un certain Ludwig-Hermann Huffel (*de Hambourg*, vingt-quatre ans), dont la profession n'est pas indiquée (¹).

Ces heureux changements s'annoncent dès 1796, quand on voit le consul de Hambourg, D.-C. Meyer (*alias* Mayer), faire pourvoir d'une superbe colonnade son immeuble des allées de Tourny connu aujourd'hui sous le nom de « Café Anglais » (²), — et la maison Metzler-Bethmann se réorganiser sous la raison sociale Bethmann et fils, pour prendre un élan nouveau en associant au chef ses trois principaux commis : A.-R. Basse (orig. du *Mecklembourg-Schwerin*, + 1824), David Geigenbach (*de Lindau, Bavière*, + 1822 à soixante-sept ans), et Guillaume Cramer (*de* ....., + 1815 à cinquante-deux ans). Un autre vieux serviteur de la maison, Johann-Friedrich Artz (*de Reichen-*

____

(¹) Voy. le cahier des déclarations faites en l'an VI (Arch. municip. de Bordeaux, période révolut.. série I).

(²) D'après les journaux du temps.

bach, Silésie, + 1820 à quatre-vingts ans), s'en était retiré en 1789, trois ans seulement avant la mort du fondateur de la maison (¹).

Nous ne sachons pas que, conformément à ce qui avait eu lieu pendant la guerre de Sept ans, le gouvernement français ait, au cours de ses guerres contre l'Empire, expulsé en masse, par mesure de prudence ou par esprit de nuisance, les négociants allemands qui se trouvaient établis à Bordeaux. La police jugeait sans doute qu'ils étaient inoffensifs ; elle tenait compte des services qu'ils rendaient au commerce local et ne s'inquiétait que des individus dénoncés comme suspects ou dangereux.

Les nombreux Allemands, hanséates pour la plupart, dont nous avons noté individuellement l'arrivée à Bordeaux avant la Révolution, se retrouvèrent au nombre d'une trentaine seulement (²) sous le Consulat de Bonaparte et se perpétuèrent plus ou moins avant dans le siècle, en sorte qu'il n'y a point de solution de continuité pour notre sujet entre l'ancien Régime et le nouveau.

Pour dresser le catalogue des Allemands de Bordeaux à la fin de l'Ancien Régime, nous avons disposé de trois listes manuscrites, se rapportant aux années 1743, 1765 et 1789. Pour la phase suivante, de 1790 à 1870, nous n'avons qu'une seule liste, qui est exactement de 1797, et fait corps avec le premier registre du Consistoire réformé de notre ville (³). Elle énumère soixante-douze

___

(¹) Voy. à l'Appendice III l'histor. de la maison de comm. Bethmann et fils.

(²) Si la liste de 1797 que nous citons plus loin en énumère quarante-huit, c'est que vraisemblement beaucoup d'Allemands ont débarqué à Bordeaux dès que la situation économique parut s'améliorer en France. Nous n'osons les désigner nominativement, tant les chances d'erreur sont faciles.

(³) Elle a été imprimée par M. le pasteur J. Cadène, dans son opuscule *l'Eglise réformée de Bordeaux : aperçu historique* (Bordeaux, 1892, p. 64 et ss.). Les noms étrangers y sont d'ailleurs pêle-mêlés avec les noms français. Les domiciles sont indiqués.

noms étrangers, dont huit anglais, quatre scandinaves, douze hollandais ou flamands et quarante-huit allemands. Encore devons-nous nous demander si ces derniers sont des Allemands pleinement authentiques ou si plutôt la loi de 1790 (¹) sur la naturalisation n'a pas déjà joué à leur égard, pour faire de la plupart d'entre eux des Français de nationalité juridique. Nous le présumons sans pouvoir le démontrer. En tout cas, par la race, par la langue, par la tournure d'esprit, par la « confession » à laquelle ils se rattachent, par les intérêts spéciaux dont ils ont la garde et les relations qu'ils entretiennent avec le dehors, ils représentent encore à nos yeux, fort légitimement sinon très légalement, pour quelques années encore, la colonie allemande, jusqu'à ce qu'un nouvel afflux de compatriotes, qui se produira surtout après 1815, rende à cette colonie son caractère véritable : « Un véritable Allemand, dit un personnage du premier *Faust*, ne saurait supporter les Français ; mais il boit volontiers leurs vins » (²).

Voici en tous cas les noms hollandais et les noms allemands que fournit le Registre consistorial, à la date indiquée :

Hollandais : Beyerman aîné, H. Draveman et veuve Draveman (malgré leur forme allemande). Enmerth, Van Doehren et veuve Van Doehren (venus de Hambourg), Hovy, veuve Beyerman, Von Hemert, Van der Schilden, Vandersurt, Van Eric-Ken.

Allemands : Wirtz, Wetzel frères, Bapst, D.-C. Meyer, Brauer, Muller, Pan, Schuller, domiciliés dans la municipalité du Centre ; — la veuve Meinicken, Wessels, Hertzog-

---

(¹) Voy. plus loin.
(²) BRANDER :

> Man kann nicht stets das Fremde meiden,
> Das Gute liegt uns oft so fern.
> Ein ächter deutscher Mann mag keinen Franzen leiden,
> Doch ihre Weine trinkt er gern.
>
> FAUST I (1790), *Auerbach's Keller in Leipzig.*

Beumerth, Flitsch, Sawer (*alias* Sauer), Kiffer, Weltner, Mantz, Hesse, Cramer, Schickler, Ruppe, Schiller, Zimmermann, Steling, Herman Evers, les citoyennes Brommer, Kunckel, Blatter (Suisse), Bentzien, Heyman, Bahn, Bethmann et fils, Stuttenberg, Strezow, Streckeisen, Skinner fils, Wustenberg, Metzler, Emler, Peters, Weiss, Poehls, Langsdorff, Dierx, Studemann, Robrahm, Wendish, domiciliés dans la municipalité du Nord, c'est-à-dire le faubourg des Chartrons ; — enfin le sieur Fleisch, domicilié sur les Fossés, dans la municipalité du Sud (1).

Poëhls (2), Schröder (3), Schyler, Wustenberg, avaient échappé à la tourmente et nous les retrouvons en 1803 membres du Conseil de la Bourse. La quatrième phase de l'histoire de la colonie germanique, de 1789 à 1830, allait se poursuivre sous de nouvaux auspices, grâce au règne réparateur de Napoléon et à la recrudescence d'activité commerciale entre Bordeaux et les villes maritimes du Nord qui se constate dès ce moment. Preuve en est le grand nombre d'Allemands dont la présence temporaire est avérée dans notre ville par les documents écrits ; leur séjour se mesurait au temps qu'exigeait le règlement de leurs affaires (4). Une autre preuve se peut tirer de ce fait qu'en octobre 1806, cent treize navires prussiens étaient saisis par le gouvernement français en rade de Bordeaux, et qu'en l'année 1810, près de cinquante voiliers venus de la Baltique déchargeaient dans notre port leurs cargaisons à l'adresse des maisons allemandes Albrecht et Delbrück,

(1) Il se pourrait que, dans ce relevé, figurent à notre insu quelques Alsaciens. La vérification n'est malheureusement pas possible.

(2) Voy. ce même nom plus loin, dans le catalogue, pp. 173 et 175.

(3) L'un de ses descendants fut Louis-Fréd. Schrœder, avocat, 1815-73.

(4) Voy. à l'Appendice III les extraits du registre des protestants inhumés au cimetière des Etrangers. — L'*Almanach général de la Gironde* pour 1805-06 enregistre, parmi les principaux négociants de Bordeaux, une trentaine de noms allemands dont quelques-uns, ici encore, peuvent être d'Alsaciens ou de naturalisés.

Wilhelmi frères, Schwartz, etc. (¹). Manifestement la population des Chartrons était retournée à l'action, dans des conditions d'ailleurs nouvelles, et avait renoué ses entreprises commerciales après les années de relâche forcé.

L'année 1806, qui est celle de la victoire des armées napoléoniennes à Iéna, vit passer sur Bordeaux une vague d'enthousiasme patriotique dont les Prussiens firent les frais, à bon compte d'ailleurs. Au Grand-Théâtre on représenta un vaudeville qui venait d'obtenir à Paris un vif succès : *la Colonne de Rosbach ou le Rêve* (²). Au théâtre de la Gaîté (allées de Tourny), on joua jusqu'à six fois une bluette dont les circonstances du temps fournirent la matière : *Berlin, Berline et Berlingot* (³). Un couplet fut particulièrement applaudi :

> Le successeur de Charlemagne
> Vient dicter ses lois aux Saxons :
> Brunswick aux plaines de Champagne
> A vu s'enfuir ses bataillons.
> En vingt jours la Prusse conquise
> A l'univers prouve à jamais
> Qu'à Rosbach on vainquit Soubise
> Sans vaincre pourtant les Français.

Ces petites manifestations du sentiment public ne semblent pas avoir pris les proportions qu'elles auraient aujourd'hui. En tout cas, elles ne laissèrent pas la moindre amertume dans l'âme de nos négociants allemands. Aucun d'eux ne se compromit quand les troupes anglaises vinrent occuper Bordeaux en 1814.

Il en faut dire autant du groupe des « Juifs tudesques » établis à Bordeaux vers 1768. A ceux de ses membres qui

---

(¹) Bernadau, *Tablettes histor.*, à la date. Appendice III. — *Registre de comptabilité du Port* (Arch. dép. de la Gironde, série M).

(²) Voy. l'*Indicateur* de Bordeaux, 25 nov. 1806, d'après une obligeante communication de M. Rousselot.

(³) Voy. *ibid.*, 14 nov. 1806. — Cf. M. Paul Courteault, *les Origines du Lycée de Bordeaux*, p. 78. L'un des six auteurs de la pièce jouée était, en effet, un maître du Lycée, Migneret.

avaient traversé la période révolutionnaire se joignirent,
dès les premières années du XIXe siècle, de nouveaux
coreligionnaires. Encore confinés pour la plupart dans
toutes sortes de bas métiers, nous ignorerions sinon leur
existence du moins leurs origines exactes si le décret
impérial du 20 juillet 1808, qui prescrivait à tous les
Israélites de France de faire choix d'un nom de famille,
n'avait amené un nombre considérable de déclarations
qui furent soigneusement enregistrées à Bordeaux. Nous
savons ainsi qu'entre le mois d'octobre 1808 et le mois
de juin 1810, plus de deux mille fils d'Israël furent
inscrits à l'Hôtel de ville, accourus de toute la région.
Sur ce nombre une trentaine environ, parlant un
patois judéo-allemand, étaient originaires d'Allemagne,
de Pologne, de Bohême, du Danemark, de Hollande ou de
la Suisse allemanique, et, aux yeux du public, faisaient
partie de la colonie allemande (¹). Nous y pourrions
joindre ceux qui, venus d'Alsace ou de la Lorraine allemanique, comprenaient plus ou moins le français. Au total
une cinquantaine de noms tout au plus (célibataires
hommes ou chefs de famille) (²), qui, tenus à distance
par les « Juifs portugais », riches et considérés, semblent
avoir assez vite déserté Bordeaux, à partir des premières
années de la Restauration.

De quelque race qu'ils fussent, germanique ou sémi-
tique, les Allemands d'avant 1789 furent bientôt rejoints
par d'autres compatriotes qui devinrent à leur tour chefs

(¹) Voir le relevé que nous donnons à l'Appendice III.
(²) Les autres venaient des pays méridionaux, spécialement du Portugal.
Nous avons laissé de côté les femmes mariées ou veuves, les filles mineures
et les enfants. Si on les comprend dans une statistique générale, on peut
évaluer entre cent cinquante et deux cents au plus le total de la colonie
israélite arrivée d'Allemagne ou des États adjacents avant 1808.

de maison (¹). Les dates de leur installation à Bordeaux se peuvent établir approximativement de la manière suivante (²) :

En 1796, Pierre-Henri Metzler-Bethmann (*de Francfort-sur-le-Main*). + 1800. Il releva sur une base élargie l'ancienne maison Bethmann et fils, en s'adjoignant trois de ses principaux commis (³).

Vers 1796, Jean-Louis et Jean-Ernst Lœllmann (*de Francfort-sur-le-Main*). 1760......, ...1842.

Vers 1800, Carl Sy (*de Stettin*), 1769-1826.

— Otto-Ernst Bley (*de Brême*), vivait encore en 1824 (⁴).

En 1802, Christian-August Jahn (*de Grimma, Saxe*), né vers 1785, + 1853 (⁵).

Vers 1803, Ludolf-Daniel-Christian Gaden (*de Pampow* (?), *Mecklembourg*), 1777-1854 (⁶).

— Carl-Christian Klipsch (*de Magdebourg*), 1773-1849 (⁷), associé du précédent, futur consul de Saxe-Weimar.

(¹) Nous ne tenons compte que des chefs de maison, qui constituaient la colonie sédentaire.

(²) Le tableau qui suit, de 1796 à 1870, a été dressé avec de faibles éléments d'information, qui laissent subsister sans doute bien des lacunes : 1° les carnets de collecte conservés dans les archives de l'Église allemande ; 2° une liste nominative du Cercle des Étrangers (1876), avec indications régressives ; 3° les registres de sépulture et les inscriptions tumulaires du cimetière de la rue Judaïque ; 4° les répertoires de l'état-civil ; 5° les annuaires locaux. Ces diverses sources ont été contrôlées les unes par les autres. Pour les nᵒˢ 2 et 3, voir notre Appendice III.

(³) Voir ci-dessus p. 164.

(⁴) Son fils aîné Otto-Wilhelm Bley, né à Bordeaux en 1803, opta pour la qualité d'Allemand en 1823, mais demeura dans notre ville au moins jusqu'en 1837. Son second fils, prénommé Otto-Ernst comme le père, né à Bordeaux en 1812, opta de même pour la qualité d'Allemand en 1833.

(⁵) Eut pour fils Marie-August-Henri Jahn, négociant, né à Bordeaux en 1835.

(⁶) Eut pour fils Hermann Gaden, 1809-92, admis aux droits de citoyen français en sept. 1870, — et pour petit-fils Charles Gaden, né en 1837, devenu français par déclaration en 1857, membre de la Chambre de commerce, adjoint au maire de Bordeaux en 1882, encore vivant. — Dame Louise Gaden, née à Lubeck en 1780, + à Bordeaux en 1855.

(⁷) Parmi ses descendants, nous trouvons Johann-Friedrich Klipsch, né à Bordeaux en 1808, consul de Brunswick en 1844, + av. 1866 ; — Hermann Klipsch, conseiller à la Cour d'appel de Bordeaux, devenu Français par déclaration, + 1870. — Trois fils de Johann-Friedrich, nés à Bordeaux en 1833, 1835 et 1837, se déclarèrent Français à leur majorité.

— Carl Albrecht (*de Gotha, Saxe*). 1770-1839 (¹), futur consul de Saxe.

— Carl Delbrück (*de Magdebourg*), 1769-1840, futur consul de Prusse, associé du précédent. La maison d'armement Albrecht et Delbrück déposa son bilan en 1825.

— Daniel Schütte (*de Brême*), 1766-1834, futur consul de Brême.

— J.-Ph. Wilhelmi (*de Brême*), né vers 1775, vivait encore en 1839.

— Samuel Schuhmann (*de Brême* alias *de Lubeck*), né vers 1771, arrêté en 1805 pour banqueroute frauduleuse et en 1806 pour coups et violences (²).

Vers 1806, ... Sollberg (³) (*de* .....), mort après 1816.

Avant 1807, Lorenz Leppert (*de Altmannsweyer, Bade*), né en 1780, brasseur, demeurant à Bègles, naturalisé le 15 mai 1847 (⁴).

En 1807, Chr.-H.-Ed. Metzler-Bethmann (*de Francfort-sur-le-Main*), 1786-1839, futur consul d'Autriche, prend la direction de la maison Bethmann et fils qui devient Bethmann et Cⁱᵉ et se transformera une troisième fois en 1813.

En 1808, Johann-Friedrich Giese (*de Stettin*), 1770-1849 (⁵).

En 1810, Grünenberg (*de* .....), facteur de pianos.

(¹) Son fils August Albrecht, né à Bordeaux en 1804, admis à domicile en 1868 et aux droits de citoyen français en 1870, fut consul de Saxe de 1867 à 1870.

(²) Voy. notre Appendice III. — Son nom est orthographié Schunemann dans quelques documents.

(³) Probablement père de Alvardus-Oscar Sollberg, nommé courtier de marchandises en 1842, + après 1870, — et grand-père de A. Sollberg, agent de change depuis 1866 environ, disparu vers 1885.

(⁴) Son fils Maximilien Leppert, né à Bordeaux le 27 mars 1809, fut naturalisé en même temps que son père le 15 mai 1847 (Arch. dép. de la Gironde, série K, *Reg. de transcription des Ordonnances royales*, n° 17)

(⁵) Son fils Guill. Giese, né à Bordeaux le 21 oct. 1810, fut admis aux droits de citoyen français en 1848.

En 1811, Jean-Marie Farina, distillateur à Cologne, établit un dépôt de « l'eau admirable dite de Cologne », à Bordeaux, chez le sieur Naude, parfumeur, place de la Comédie. 7. (Voy. l'*Indicateur bordelais*, 21 février 1811).

Avant 1812, Joachim-Caspar Dircks (*de Lubeck*), 1784-1866 [1].

En 1813, Albrecht-G.-G. Gevers (*de Hanovre*), probablement père de celui qui est mentionné plus loin en 1844. Vivait encore en 1839.

Quels étaient au juste les sentiments et les idées des Allemands arrivés depuis la Révolution, nous ne le savons pas directement. Fort divers apparemment, mais soigneusement refoulés et subordonnés à leur intérêt commercial, puisqu'aucun de ces étrangers n'encourut d'expulsion sous le premier Empire.

Il en fut autrement après les traités de Vienne qui constataient à la fois l'abaissement politique et militaire de la France napoléonienne, et la puissance nouvelle prise en Europe par la Prusse, l'Autriche et la Confédération germanique, ces trois tronçons d'un même corps. Quel encouragement pour ceux qui accouraient maintenant des bords de la Baltique, du Danube ou du Rhin à Bordeaux ! Et d'ailleurs, est-il téméraire de supposer que beaucoup de ceux dont nous allons cataloguer les noms, avaient médité les fameux *Discours* de Fichte *à la Nation allemande* (1807-1808). s'en inspiraient dans leur for intérieur et allaient saluer avec joie tout progrès politique et économique dans l'Autriche-Allemagne de Metternich ? Pouvons-

[1] Époux de Marie-Victoire Collignan (1784-1848) et père de Edmond Dircks, né à Bordeaux en sept. 1812, consul de Lubeck, mort en janv. 1880. (Cf. un certificat délivré par le consul de Lubeck en 1833 au moment de la conscription ; Arch. municip. de Bordeaux, série II, aff. milit.)

Ces Dircks semblent distincts de ceux qui vivent actuellement à Bordeaux et qui ont, paraît-il, fait la preuve de leur origine hollandaise. (Voy. plus loin le chap. xii.)

nous douter qu'ils connussent Kleist et son *Catechismus der Deutschen*, Jahn et son *Deutsches Volksthum*, Arndt et ses poésies enflammées, von Platen et ses déclamations méprisantes contre la civilisation française? Quoi qu'on puisse répondre à ces questions, il est hors de doute que l'esprit de la colonie ne pouvait plus, dans la phase où nous entrons à partir de 1790, ressembler à celui qui l'animait auparavant. Trop d'événements, trop d'épreuves, trop d'espérances avaient passé sur elle pour qu'il en fût autrement. Toujours est-il qu'elle s'accroît de nouveaux membres :

En 1815, Hans-Wilhelm-Hermann I. Cruse (*de Segeberg, Holstein*) (¹), 1790-1855 ; d'abord associé avec Hirschfeld, il associa en 1857 à ses affaires ses trois fils (Féret, *Biogr. girond.*).

Vers 1815, Daniel-Vincenz Pœhls (*de Wandsbeck, Holstein*) (²), Danois, né en 1755, marié à Bordeaux en 1786, reparti peu après pour l'Allemagne. Revenu après l'Empire, il fut naturalisé en 1826, devint chevalier de la Légion d'honneur ; vivait encore en 1839.

— Christian-Friedrich Sprenger (*de Stettin*), 1782-1850.

— Johann-Valentin Klotz (né près de *Bruchsal, Bade*), maître tailleur.

— Justus-Friedrich Focke (*de Magdebourg*), né vers

(¹) Si le Holstein est tout entier de langue allemande et, depuis les traités de 1815, membre de la Confédération germanique, il n'en est pas moins certain que Hermann-L. Cruse, né en 1790, était de nationalité danoise. Les liens qui l'ont uni à la colonie allemande de notre ville étaient purement occasionnels, comme ce fut le cas (nous l'avons vu) de la plupart des Scandinaves au XVIIIᵉ siècle.

On conserve aux Archives municipales de Bordeaux (série S) la lettre de recommandation (datée d'Altona, 4 nov. 1815, et signée Doums) dont le jeune Cruse était porteur pour MM. Sollberg et Cⁱᵉ. Il y est dit qu'il avait fait ses débuts à Altona, dans la maison Mathiessen et Cⁱᵉ. — H.-L. Cruse avait, aux environs de 1838, une seconde maison de vins à Cette, sous la raison sociale Hirschfeld et Cruse.

(²) Probablement père de Jean-César-Édouard Pœhls, 1795-1846, inhumé au cimetière de la rue Judaïque, — et du J.-P. Pœhls, mentionnés plus loin.

1768, + 1855, futur consul de l'Oldenbourg ; était associé vers 1839 avec Brandenburg.

— Baron Jacques-Henri de Sulzer-Wart (*de Winterthur, Suisse*), né en 1792, futur consul de Bavière jusqu'en 1865 ([1]).

Vers 1820, Philipp-Gaspard Gredy (*d'Erlangen, Bavière*), 1799-1878 ([2]), admis à domicile en 1871.

Avant 1820, Georg-Albrecht Brandenburg (*de Wundsiedel, Bavière*), 1781-1856, admis à domicile en 1840, naturalisé en 1841 : s'associa vers 1839 avec Focke précité. Père d'Albert Brandenburg qui devint maire de Bordeaux ([3]).

Avant 1824, Wilhelm Franck (*de .....*), mentionné à cette date par Bernadau (*Tablettes histor.*, x, 236), comme auteur d'un *Traité sur les Vins du Médoc*. (Cf. ci-dessous, p. 205).

Avant 1825, G.-Georg-H. Lürmann (*de Brême*), 1800-1878, associé d'Eduard Jahn et gendre de Pierre Klepper, mentionnés plus loin.

En 1826, Carl-Julius Michaelsen (*de Kriewen, Poméranie*), 1804-1877 ([4]), futur consul de Prusse et de la Confédération du Nord, puis consul général de l'Empire d'Allemagne. (Cf. le chap. vi).

En 1829, Jean-Louis Barckhausen (*de Brême*), 1794-

([1] Sur ce personnage, voy. les *Additions* à la fin du présent volume.

([2] Son fils cadet, Pierre-Félix Gredy, aspirant de marine, né à Bordeaux le 26 fév. 1839, réclama la qualité de Français en fév. 1860.

Son fils aîné, Philippe-Ernest Gredy, né à Bordeaux le 7 déc. 1836, déclara fixer son domicile en France en sept. 1870.

Son troisième fils, Jean-Paul Gredy, né à Bordeaux le 29 nov. 1841, fit même déclaration à la même date.

([3]) L'*Annuaire de Bordeaux* enregistre en 1821 le nom de Heyne, demeurant à la façade des Chartrons, reparti au bout de quelques années. Ne serait-ce pas le père de ce Michel Heine, né à Bordeaux en 1819, plus tard banquier à Paris, qui obtint en 1869 les droits de citoyen français ? (*Bull. des lois*, n° 26142). — Nous avons rencontré par ailleurs un Frédéric-Isaac Heyne, né à Bordeaux en 1810, fils de Frédéric Heyne, de Berlin.

([4]) Son fils aîné Émile quitta Bordeaux en 1870 ; son second fils Henri, né à Bordeaux le 5 nov. 1845, demanda la naturalisation en janv. 1867.

1868. Père de Henri Barckhausen qui devint préfet de la Gironde; il avait épousé Sophie Aders (1804-1875).

Avant 1830, Friedrich Stricker (*de Weilburg, ancien duché de Nassau*), 1786-1868, futur consul d'Autriche.

— J.-P. Pœhls (*de Hambourg*), 1787-1843, peut-être fils de Daniel-Vincenz Pœhls précité.

— Jean-César-Edouard Pœhls (*de Hambourg*), 1795-1846, sans doute frère du précédent.

— Joh.-Georg von Bartels (*de Lubeck*), 1794-1864.

— August-Eduard Jahn (*de Stettin*), né en 1801, admis à domicile en avril 1843, retiré des affaires vers 1865, décédé à Bordeaux en 1884, incinéré en Allemagne (à Gotha?), d'où son urne fut rapportée à Bordeaux (¹). On assure qu'il était neveu de Christian-August Jahn précité.

— Jean-Michel Werlé (*de Furtwangen, Bade*), né en 1801, établi à Pauillac, admis à domicile en 1845.

— Ludolph-Georg-Heinrich Asmun (*de Lubeck*), né en 1803, admis aux droits de citoyen français en 1840.

— F.-Traugott Kind (*d'Ochsalz, Saxe*), 1803-1879, pelletier, admis à domicile en 1871.

— Jean-Philipp Serr (*de Rhodz près Landau, Bavière*), né en 1804, marchand brasseur, résidant à La Bastide, admis aux droits de citoyen français en 1844 (²).

— Werner-Christian Motz (*de Brême (?)*, né vers 1800, † vers 1870, futur consul de Brême (³), en relations commerciales avec l'Allemagne et le Brésil.

(¹) Mᵐᵉ Jahn, décédée à Berlin en 1895, au cours d'un voyage, fut incinérée à Francfort-sur-l'Oder. — E. Jahn avait à Bordeaux un cousin, Aug.-Henri Jahn, né à Bordeaux en 1835, dont la femme vit encore. Cet Henri était fils de dame Marie-Louise-Charlotte Jahn, née Noack, † 1866 (dont la tombe se voit encore au cimetière des Étrangers), et probablement de Christian-Aug. Jahn (*de Grimma, Saxe*), arrivé à Bordeaux en 1802. (Ci-dessus p. 170.)

(²) Son fils, Georges-Henri Serr, fut naturalisé en 1875; son petit-fils, Philippe-Henri-André Serr, né à Villeneuve-sur-Lot, émigré plus tard à Bordeaux, réclama la qualité de Français en fév. 1878.

(³) La maison passa à son fils Christian et, plus tard, successivement, à MM. Pockwitz, Kriegk, Beermann.

Avec la Révolution de 1830 commence une nouvelle phase de la deuxième période où nous sommes entrés depuis 1697 : celle de la *Jeune Allemagne*, démocratique et libérale, en réaction contre l'*Allemagne romantique* qui l'a précédée. Quelque chose de son esprit novateur animera ceux des siens qui émigrent en France. Mais il est plus instructif de rappeler ici le grand fait économique de ce temps : la constitution du Zollverein (1834), qui donne à l'activité commerciale des Allemands son premier élan, comme la pacification de 1815 avait rendu le leur aux Français. L'immigration des gens du Nord à Bordeaux va se produire plus intense que jamais. Parmi les nouveaux venus, nous devons noter :

Entre 1830 et 1840, Ph.-Chr.-Wilhelm Benecke (*d'Oettingen, Bavière*), 1809-1874, déclaré citoyen français en 1849, associé avec Eschenauer (Alsacien) pour l'exportation des vins de la Gironde et l'importation des bois du Nord.

— L. Lomer (*de .....*), négociant, futur consul de Lubeck jusqu'en 1855.

— Gustav Preller (*de Hambourg*), 1807-1876, admis à domicile en 1871. Sa maison de commerce date de 1845 (¹).

— Marcus Borchard (*de Schwerin, Mecklembourg*), né en 1808, docteur en médecine, admis à domicile le 28 septembre 1845, naturalisé le 31 mars 1847 (²).

— Fried.-Christ.-Pierre Klepper (*de Celle, Hanovre*), 1810-1874, futur consul du Hanovre (³).

— J.-C. Hopmann (*d'Altona*), 1811, + vers 1885, prési-

(¹) Son fils, Lorenz-Hermann Preller, né à Bordeaux le 20 déc. 1844, demanda la naturalisation en déc. 1866. C'est ce fils qui devint secrétaire de la Société de géographie commerciale de Bordeaux, fondée en 1874.

(²) Probablement frère d'Adolph Borchard, mentionné plus loin, et tous deux fils d'un Marcus Borchard, médecin, établi à Bordeaux en 1816, + vers 1862.

(³) Son fils, Georges Klepper, était en 1900 contrôleur civil et vice-consul de France en Tunisie.

dent du cercle *Germania* en 1864, admis à domicile en 1871 (¹).

— Gustav Johns (*de Hambourg*), 1811-1903, admis à domicile en 1871, futur consul du Guatemala et de l'Équateur, beau-père de Ch. Gaden.

— F.-L.-Peter Kuhlmann (*de Brême*), 1812-1867, futur consul de l'Oldenbourg.

— Adolph Borchard (*de Schwerin, Mecklembourg*), 1812-1869, admis aux droits de citoyen français en 1851, futur consul d'Autriche et du Mecklembourg (²).

— Wilhelm Specht (*de Francfort-sur-le-Main*), né en 1812, propriétaire à Yvrac près Bordeaux, admis à domicile le 23 juin 1837, obtint la qualité de Français le 3 mai 1845.

— Carl-Jacob Tischler (*de Kempen, Prusse rhénane*), 1817-1889, associé de Rundzieher.

— M.-E. Fischer (*de .....*), 1817-1897 (³).

— Johann-Julius Havemann (*de Lubeck*), 1819-1868.

— Ch.-Hugo Rhode (*de Neu-Brandenburg, Mecklembourg-Schwerin*), 1811, + vers 1900, associé de H. Jahn. Sa présence à Bordeaux est certaine en 1838 (⁴).

— L. Meyer (*d'Emmendingen, Bade*), né en 1813, admis à domicile en 1870. Sa présence à Bordeaux est certaine dès 1834.

— Ch.-Aug. Liebhold (*de Francfort-sur-le-Main*), né en 1814, admis à domicile en 1870. Sa présence à Bordeaux est certaine dès 1835.

(¹) Sa veuve, Mᵐᵉ Anna Hopmann (*d'Altona*), mourut en 1895, âgée de quatre-vingts ans. — Ils eurent deux fils, Georges-Henri-Charles, né à Bordeaux le 1ᵉʳ mars 1844, qui demanda la naturalisation en mars 1865, — et Henri-Victor-Louis, né à Bordeaux le 1ᵉʳ juillet 1845, qui fit de même en déc. 1866.

(²) A. Borchard porte ce double titre dans un annuaire local de 1869. D'après le registre du cimetière de la rue Judaïque, il serait né seulement en 1824, ce qui paraît erroné.

(³) Peut-être fils de Jacob Fischer, né à Varsovie en 1790, + à Bordeaux en 1841, — ou de Christoph Fischer, *de Birkenfeld, Old. cisrhén.*, + av. 1833.

(⁴) Son fils Eug.-Ed. Hermann Rhode, né à Bordeaux le 31 juillet 1832, opta pour la France en 1873.

Vers 1837, J.-B. Heering (*de* .....), + vers 1863, facteur de pianos, ancien voyageur de la maison Pleyel (de Vienne et Paris) (¹).

En 1840, Wallach (*de* .....). facteur de pianos (²).

En 1843, Daniel-Carl Doërr (*de Hanau, Hesse élect.*). 1825-1889 (³), armateur, admis à domicile en 1870. plus tard associé de Strœbel.

En 1844, Carl-G. Ludwig-Rudloff (*de Weïmar*), 1825-1900, fabricant ébéniste, domicilié rue d'Arès vers 1864 (⁴).

Vers 1844, Hermann-Alexandre-Rodolph Lortsch (*de Libau, Russie*), 1817-1862; Balte établi négociant vers 1853, fut un des membres fondateurs de l'Église libre de Bordeaux en 1847, naturalisé en juin 1854.

— E. Gevers (*de Hanovre*), né vers 1810, + après 1870, associé de Stehelin.

— Carl Ludwig (*de Muhlberg, Bade*), né en 1796, + à Bordeaux en 1872, négociant en vins, associé de Debotas-Duval jusque vers 1869, fit à l'église luthérienne de Bordeaux un legs de 1.000 francs qui fut recueilli en 1873.

Vers 1846, J.-Ignaz Hessel (*de Mayence*), né en 1826, admis à domicile en 1871.

Vers 1848, Jean-H. Winter (né *à Lubeck* d'une famille originaire de Riga, Russie), 1800-1866, facteur de pianos,

---

(¹) Voy. *l'Homme gris*, 25 mai 1839. 5 sept. et 3 oct. 1840.

(²) Voy. *ibid.*, 19 déc. 1840. Ses magasins de vente étaient au cours de l'Intendance. — Pour affirmer que Wallach est Allemand, nous nous fondons sur la forme plutôt que sur la signification de son nom, ce qui est peut-être insuffisant. Il ne figure pas dans les annuaires locaux.

(³) L'un de ses descendants fut Ch.-Robert Doerr, né en 1858, négociant.

(⁴) Un Philipp Ludwig lui succède comme ébéniste vers 1873; un autre Ludwig ouvre la même année un magasin de commerce. On peut dès lors se demander si Rudloff n'est pas un second nom patronymique, s'ajoutant à celui de Ludwig, et si ce Carl-G. Ludwig-Rudloff n'est pas apparenté à Carl Ludwig, négociant en vins, cité ci-après. — Se rappeler qu'au xviiiᵉ siècle trois ébénistes d'origine allemande, Riesener. Oeben, Benemann, se firent un nom à Paris dans l'art industriel qu'ils pratiquaient.

représentant de la grande maison Erard (de Paris), père de Heinrich Winter nommé plus loin (¹).

En 1850, H. Cramér (*de Stettin*), 1824-1901 (²), associé de Finke et Cie.

Vers 1850, C. Finke (*de Brême*), décédé ou retiré vers 1863 (³), associé de Mermann. puis de Cramer ; eut pour successeur son fils Wilhelm qui déposa son bilan en 1871.

— Eduard Langensee (*de .....*), 1830-1904 (⁴).

— Jean-Joseph Schad (*de Steinach, Bavière*), 1811-1879, professeur de musique.

A la première moitié du XIXᵉ siècle appartiennent également les noms suivants, sans qu'il soit possible de préciser la date de leur apparition respective :

— Jean-Rodolphe Borgstede (*de Melle près Osnabrück*), 1754-1836. Semble ne s'être établi à Bordeaux qu'après la Révolution.

— Jean-Gerard Borgstede (*de Quackenbrück, Hanovre*), 1795-1867 ; peut-être fils du précédent.

— Gaspard Reddelien (*du Mecklembourg*), 1761-1847 (⁵). Arrivé, semble-t-il, après la Révolution.

(¹) Outre Heinrich, mentionné plus loin, Jean Winter avait un autre fils, Émile, né à Brême, qui figure dans l'*Annuaire* comme négociant, de 1873 à 1884, — et un troisième fils, Carl-Friedrich, né à Brême en 1832. Celui-ci s'établit d'abord à Bordeaux comme représentant de commerce (avant 1870, à ce qu'il semble), fut admis à domicile en 1871, épousa une Française et alla s'installer à Pauillac (Gironde) en 1876, comme agent maritime et courtier interprète de navires. A titre privé il était correspondant du Lloyd de Londres, de l'Agence Havas de Paris, et de *la Gironde* de Bordeaux. Il mourut en 1893.

(²) Probablement apparenté à ce Guillaume Cramer (associé de la maison Bethmann), dont il est question dans un procès de 1824 (voir notre Appendice III), et qui mourut en 1815 à cinquante-deux ans, d'après le reg. du cimetière des Étrangers.

(³) Ne pas confondre Finke avec Fink ou Finck, mentionné plus loin.

(⁴) Nous connaissons un Martin Langensee, né à Lindau en 1758, + à Bordeaux en 1809, — et un Louis-François Languensée, né à Bordeaux en l'an XII, admis à domicile en 1871. Ne seraient-ce pas les ascendants d'Édouard Langensee ?

(⁵) Ne semble point de la même famille que J.-M. Reddelien (*de Saint-Pétersbourg*, 1801-68), que nous n'avons pas admis.

— Friedrich-Heinrich-Conrad Damman (*de Hanovre*), né en 1780, propriétaire à Mesterrieux (cant. de La Réole); obtint en 1841 les droits de citoyen.

— Heinrich-Gratian Lynch (*de Lubeck*), 1796-1881 [1].

— Johann-Philipp Heidbrink (*de Kleinen-Aschen, Prus.*), né vers 1800, raffineur; grand-père du peintre-graveur mentionné ci-dessous [2].

— Pierre Ramus (*de Hambourg*), 1802-1888.

— J.-G.-Ferdinand Schrader (*de Magdebourg*). 1808-1891, directeur des cours de la Société philomathique; admis aux droits de citoyen français en octobre 1870 [3]; vice-président et collaborateur de la Société de géographie commerciale de Bordeaux [4].

— Friedrich Woytt (*de Sarrebruck, Prusse rhénane*), 1819-1860.

— ..... Forst (*de ... .*), né vers 1820, père de deux fils nés à Bordeaux en 1847 et 1849, négociants, naturalisés en 1890.

— Johann-Adolph Kopp (*de Francfort-sur-le-Main*), né en 1820, négociant, admis à domicile en 1870.

— Jacob Kuhn (*de Freudenburg, Prusse rhénane*), né en 1822, organiste de l'église Notre-Dame et chef de l'orphéon du cercle « Germania », admis aux droits de citoyen français en janvier 1871, + vers 1904 [5].

---

[1] Son fils, Pierre-Albert Lynch, né à Bordeaux le 11 mai 1833, déclara en avril 1865 fixer son domicile en France

[2] Ce Johann-Philipp Heidbrink eut deux fils qui naquirent à Bordeaux : Joseph-Charles, mécanicien, en 1828 (père du peintre graveur), et Pierre, négociant, en 1833.

[3] Son fils, le distingué géographe Jean-François-Daniel Schrader, né à Bordeaux le 11 janv. 1844, a demandé la naturalisation en janv. 1863; il est ordinairement appelé Franz Schrader.

[4] Voy. la notice nécrologique qui lui a été consacrée dans le *Bulletin* de ladite Société en 1891.

[5] Ce Kuhn était-il apparenté à Marguerite Kuhn, née *à Verden, Hanovre*, en 1784, + à Bordeaux en 1855, — et à Isaac Kuhn, bijoutier, arrivé avant 1840, né *à Ebertsheim, Bavière*, en 1798, + à Bordeaux en 1872? Nous ne savons.

— Christian-Adolph Boûsset (*de Hambourg*), 1827-1875, négociant.

— Harms, — Wunderlich (*de Lubeck*), — Herwig, — Rahlff, — Hendrich (*d'Erfurt*) (¹), — G.-J. Haugk, — que le Lubeckois Heinrich-Leo Behncke déclare, dans ses *Souvenirs* (²), avoir rencontrés à la Bourse de Bordeaux en 1841.

— W. Meissner, — Oldekop, — A.-F. Emler (³), — C. Bœck, — Stockschlæger, — Kern, — Roth, — dont les noms figurent sur le plus ancien livre de comptes de l'église allemande (⁴).

La commotion politique et sociale de 1848-49 s'étendit de la France sur l'Allemagne et l'Autriche. Les sanglantes répressions de Berlin et de Vienne, la dissolution du parlement de Francfort, l'échec du mouvement libéral dans les divers États de la Confédération poussèrent à émigrer, après 1851, une foule de mécontents. D'autre part, la ligne ferrée de Paris à Bordeaux fut ouverte en 1852, qui facilita grandement les relations de notre ville avec les régions septentrionales et orientales de l'Europe. Beaucoup d'étrangers affluent dès lors, apportant avec eux des sentiments pacifiques, dont nous noterons plus loin l'expression. C'est alors qu'arrivent successivement :

En 1851, Georg-Albert Keyl (*de Francfort-sur-le-Main*), né en 1821, admis à domicile en 1867; reparti vers 1890.

Vers 1851-1852, Justus-Hartmann Coester (*de Franc-*

(¹) Son fils, Charles-Auguste Hendrich, né à Bordeaux le 13 juillet 1844, demanda la naturalisation en février 1866.

(²) Voy. plus loin *Eine Lubecker Kaufmannsfamilie*. — Haugk était déjà à Bordeaux en 1839 (d'après un livre de comptes de l'église allemande).

(³) Nous avons signalé, p. 70, un Johann-Gottfried Emler, arrivé à Bordeaux avant la Révolution, sans doute père de celui que nous rencontrons en 1838.

(⁴) Années 1838-44. La nationalité de quelques-uns de ces noms est douteuse. Il est possible que Oldekop fût Hollandais.

fort-sur-le-Main), né en 1820, admis à domicile en 1867 ; fondé de pouvoirs chez Keyl, reparti en 1875, + vers 1890. Il était père de C.-F.-A. Coester mentionné plus loin.

— F.-Julius Reinhardt (*de Stuttgart*), 1830-1902. directeur de la *Société girondine vinicole*, puis de la *Grande Vermoutherie;* naturalisé Américain. Il eut pour successeurs Brusina, Brandler et Cie.

— Alexandre Schalburg (*de .....*), + en 1877 ; se transporta à Libourne à une date incertaine ([1]).

— Sigismund Mann (*dé Rostock*), 1792-1862.

En 1853, Heinrich Winter (*de Brême*), 1828-1884, admis à domicile en 1884; associé et gendre de J. Michaelsen, lui succéda comme consul d'Allemagne ([2]).

— Georg Schacher (*de Stuttgart*), 1834-1882. admis à domicile en 1863, et aux droits de citoyen français en 1870 ; était, depuis 1858 environ, associé de la maison d'armement H. Worms et Cie (de Bordeaux), créatrice des lignes de vapeurs sur Brême et Hambourg.

En 1854, Franz-L. Kappelhoff (*d'Emden, Hanovre*), né en 1833, admis à domicile en 1871, et aux droits de citoyen français en 1875, + mort en 1894. Associé de la maison Journu. il eut pour successeur un de ses fils Hermann Kappelhoff qui vit encore. Son autre fils Ivan s'établit pour son compte.

Avant 1855, Eug.-Joseph Wenck (*de Herrnhut, Saxe*), 1820-1876.

— Albrecht Fink (*de Francfort-sur-le-Main*), 1833-1874.

— J.-J. Muller (*de Nordhausen, province de Saxe*), né en 1819, + après 1888 ; père du consul d'Autriche Fernand Muller. Ses chais étaient en Paludate.

Avant 1856, Wilhem-Aug. Grade (*de Danzig*), 1829-

---

[1] **Deux** descendants de Schalburg (+ respect. 1902 et 1909) se transportèrent à Saint-Émilion.

[2] Arrivé à Paris dès 1840, H. Winter ne rejoignit son père (précité) à Bordeaux qu'en 1853, et ne semble même s'y être établi définitivement qu'en 1856.

1874, admis à domicile en 1857, et aux droits de citoyen français en 1871 : représentant de maisons étrangères pour l'importation des bois du Nord.

Vers 1856, Christ.-Friedrich Hoffmann (*de Francfort-sur-le-Main*), 1836-1890 ; beau-frère de Keyl précité.

En 1858, Edouard Kressmann (*de Stettin*), né en 1837, d'abord fondé de pouvoirs chez Klepper, s'établit pour son compte en 1871 ; naturalisé en 1894 ; vivait encore en 1917 (¹).

Vers 1858, C. Caspary (*de ....*), + vers 1878.

En 1859, Aug. Schickler (*de Stuttgart*), 1826-1869 (²)·

Avant 1860 (³), Carl-August Cruse (*de Stettin*), 1828-1894, représentant d'une maison de commerce des bois du Nord (⁴).

— G.-F.-W. Griewank (*de Wismar, Mecklembourg-Schwerin*), né en 1839, admis à domicile en 1871, collaborateur de la maison Cuzol, + vers 1912 (⁵).

En 1860, Fried.-Maxim Koban (*de Dresde*), né en 1839, réclame en 1867 les droits de citoyen français, admis à domicile en 1871, + 1906 ; associé de la maison Dircks.

En 1861, Théodor-Immanuel Mayer (*de Kornthal, près Cannstadt, Wurtemberg*), 1843-1888, naturalisé en 1883 ; frère aîné du consul Carl Mayer mentionné au chapitre suivant ; avait épousé une demoiselle Schacher.

(¹) La maison de commerce de Bordeaux se continue aujourd'hui sous sa direction et celle de son fils aîné Alfred. Voy. plus loin le chap. v.

(²) Sans parenté avec le baron F. de Schickler (de Paris).

(³) Les dates qui suivent sont puisées pour la plupart dans les carnets de collectes et autres pièces comptables du temple de la rue Tourat. C'est dire qu'elles n'ont souvent qu'une valeur approximative, supérieure cependant à celle des dates fournies par les annuaires locaux, parce que ceux-ci enregistrent moins l'arrivée des nouveaux venus que leur promotion au rang de chefs de maison.

(⁴) Il faut se garder de confondre ce Charles Cruse avec Hans-Wilh.-Hermann Cruse, que nous avons nommé en 1815, — ni avec Ernst Kruse, directeur de l'Agence Schimmelpfeng (1904), dont il sera question plus loin.

(⁵) Un fils, Hermann Griewank, exerça quelque temps la médecine à Bordeaux vers 1910.

August-Julius Wüstenfeld (*de Hanovre*), 1844-1899, associé de la maison Poisson, Cazalis et Cie, fabricants de bougies ; propriétaire d'une usine à pétrole en Queyries ; futur président du Cercle des Étrangers.

— F. Pockwitz (*de Stade, Hanovre*), né vers 1837, admis à domicile en 1871 ; employé puis successeur de Motz, plus tard associé de Kriegk et en dernier lieu de Beermann. Vivait encore en 1916 (voy. le chap. XII).

En 1862, Ludolf Schultz (*de Mecklemburg en Meckl.*), 1839-1913, associé de Klug.

— H.-L. Reinicke (*de Preusslitz, Anhalt-Dessau*), né en 1840, naturalisé en 1892, employé d'abord chez Keyl, puis chez Beyermann ; rentré quelques jours en 1871, puis définitivement en 1872. Vivait encore en 1917.

Vers 1862, W. Kromm (*de Francfort-sur-le-Main* ou des environs), employé supérieur chez Mestrezat, + vers 1905.

— Wilhelm Langemak (*de Stralsund*), 1835-1913, admis à domicile en 1871, futur gérant du consulat d'Autriche, collaborateur d'Eschenauer pendant quarante ans.

— W. Wœlffer (*de Hanovre*), + vers 1885, associé de Gélineau, puis d'Andreae.

— F. Stahl (*de Bonn*), né vers 1839, associé de Kracke jusqu'en 1877 ; avait une raffinerie de pétrole en Queyries.

— Heinrich Bartisius (*de Kœnigsberg*), 1835-1895, successeur de C. Rottenburg et futur secrétaire du cercle *Germania*.

— Joh.-Fried.-Rob. Schmidt (*de Francfort-sur-le-Main*), 1833-1909, successeur de Capdeville, plus tard associé d'Ed. de Bethmann.

— Victor-Ludwig-Alban Stempf (*de Gernsbach, Bade*), né en 1841, admis à domicile en 1871, associé de Claus, ci-après nommé.

— B. Allmayer (*d'Hottenbach* ...... ?), né en 1841, admis à domicile en 1871.

Vers 1863, Pierre Dienstbach (*de Berlin*); reparti pour l'Allemagne vers 1880.

— Ludwig Feist (*de Coblence*), né en 1836, admis à domicile en 1868; reparti pour l'Allemagne vers 1887.

— Theodor Barkhausen (sans *c*, *d'Hildesheim*), né en 1841, naturalisé en 1891, + à Châtel-Guyon (Puy-de-Dôme) en 1906 ([1]) (Voy. les *Additions* à la fin du présent ouvrage).

— Ch. Kœhler (*de Braubach, prov. de Hesse-Nassau*), né vers 1833, + avant 1886, futur consul du Paraguay, représentant de la Cie Liebig et de la Cie anglo-suisse de Cham, plus tard agent d'assurances et d'armements ([2]).

— G. Hildebrandt (*de Kœnigsberg*), + à Mérignac après 1876.

— Henri Jahn (*de* .....), 1835-1905, entra dans la maison de son oncle Edouard Jahn précité, puis devint associé de Rhode et consul de Monaco.

En 1864, Gustav Claus (*de Hambourg*), né en 1839, associé de Stempf précité. Vivait encore en 1917 (Cf. ci-dessous le chap. XII).

Vers 1864, Alfred-Theodor Weghorst (*de Hambourg*), né vers 1844, négociant en chambre; reparti pour l'Allemagne vers 1895.

— Hermann-Friedrich-Gustav-Christian Schauer (*de Rostock, Mecklembourg*), né en 1842, marié à Kœnigsberg en 1876, + à Karlsbad en 1888; était associé de Weyher ([3]).

— D^{lle} Clara Wirth (*de Dammsdorf*), née en 1856, propriétaire à Talence, fille adoptive d'Edouard Jahn précité. Vivait encore en 1916 (Voy. plus loin le chap. XII).

([1]) Th. Barkhausen eut trois fils, entre autres J.-Th. Barkhausen, aujourd'hui propriétaire de la marque « Société des Grands Vins français », à Bordeaux.

([2]) Voy. le chap. XI.

([3]) A la mort de Christian Schauer, la raison sociale fut, pendant quelque temps, Veuve Schauer-Lutzi, du nom de l'associé. Mais Mme Schauer se retira bientôt à Rostock. — Leur fils, Hermann-Charles-Rudolf Schauer, né à Bordeaux en 1877, fut élevé en Allemagne, de 1889 à 1895.

En 1865, Ad. Widmann (*de Brême*), né en 1819, + après 1893.

— J.-C. Gædeke (*de Brême*), né en 1849, d'abord employé chez Finke, puis associé de Bock. Admis à domicile en 1871 : reparti pour l'Allemagne en 1911.

Vers 1865, Hermann Stanscheck (¹) (*du Brandebourg ou de la Posnanie*), né en 1840, reparti une première fois en 1870, une seconde fois en 1880, une troisième fois pour Berlin en 1888 ; associé de Dienstbach.

— Max Winsweiler (*de Saarbruck, Prusse rhénane*), 1842-1890, reparti en 1870, rentré en 1872, consul et citoyen du Paraguay (²) ; successeur de Ch. Kœhler dans la maison d'armement fondée par celui-ci.

P.-C. Kracke (*de Flensburg, Schleswig-Holstein*), 1840-1877, Danois, associé de Stahl ; avait une raffinerie de pétrole en Queyries.

— Heinrich Bock (*de Sulz, Wurtemberg*), 1843-1890, associé de Gædeke précité.

— Friedrich-Heribert Hess (*de Kirchheim-Bolanden, Bavière*), né en 1831, ingénieur, admis à domicile en juillet 1871.

— A. Laubmeyer (*de Kœnigsberg*), reparti en 1870, rentré en 1873 pour s'associer avec G. Hildebrandt précité. Leur successeur sera Schencke, qui se fit une spécialité des liqueurs hygiéniques.

En 1866, Heinrich-K.-A. Faber père (*de Wiesbaden*), né en 1844, associé de Probst ; reparti pour Metz après la guerre (³).

(¹) Ne pas confondre avec ce Hermann Stanscheck son fils aîné, né à Bordeaux en 1871, et qui s'y trouvait encore en 1894, après avoir en 1891 opté pour la nationalité allemande, — ni son fils cadet, né également à Bordeaux en 1881, qui regagna lui aussi l'Allemagne à une date que j'ignore.

(²) Avait épousé une Espagnole de Saint-Sébastien. Décéda à Arcachon et, converti au catholicisme *in extremis*, eut de grandes obsèques en l'église Notre-Dame de Bordeaux.

(³) Sa maison fut continuée par son fils, Henri Faber, arrivé en 1871. — Voy. plus loin.

— E.-Wilh. Schliemann (*de Kœnigsberg ?*), reparti pour Berlin en 1883 ; demi-frère cadet de l'explorateur de Troie qui était né à Neubukow en Mecklembourg.

— Georg Rundzieher (*de Geisenheim, près Mayence*), 1840-1898 ; disparut en 1870, ne rentra qu'en 1873 et s'associa avec Tischler.

En 1867, Georg-Carl-Eduard Grœning [1] (*de Vilsen, Hanovre*), né en 1846, naturalisé en 1894 ; chancelier du consulat de 1870 à 1890 ; consul d'Autriche-Hongrie en 1895. D'abord employé puis fondé de pouvoirs chez Lalande, plus tard associé de Theod. Barkhausen précité de 1898 à 1901 ; ensuite fondé de pouvoirs de la maison A. Barkhausen et Cie ; à partir de 1906 administrateur délégué et directeur de la « Société des grands vins français » (ancienne maison A. Barkhausen et Cie) ; plus tard fondé de pouvoirs de la maison Pockwitz et Beermann jusqu'en 1914. Vivait encore en 1917.

En 1868, Emil-Albert-Gustav Munzer aîné (*de Lehesten, Saxe-Meiningen*), né en 1841 [2], admis à domicile en 1887, retiré en Allemagne avec son fils Albert en 1888. La raison sociale fut d'abord A. Munzer et Spann jusqu'en 1885, puis A. Munzer et fils.

Vers 1869, Wilhelm Klug (*de Lubeck*), associé de Ludolf Schulz jusque vers 1888 [3].

. . . .

Les cent quarante-cinq noms énumérés dans ce dernier catalogue des chefs de maison allemands (afférent aux années 1796-1869) se classent, si nous tenons compte des lieux de naissance, comme suit :

[1] C'est à tort que le *Bull. des lois* le prénomme Claude, en enregistrant sa naturalisation.

[2] Son frère cadet Otto n'arriva qu'en 1871. Voy. le chapitre suivant.

[3] Nous ne savons quelles dates assigner à l'arrivée d'un certain Henri Muller (1822-1901), d'un autre Henri Muller (1827-82), et de Wilhelm Brachmann (1839-1911), dont les tombes se voient au cimetière protestant de la rue Judaïque.

Villes de la mer du Nord et de la Baltique (celles du Schleswig et du Mecklembourg exceptées) :   41 noms (11 de Brême, 7 de Hambourg, 7 de Lubeck).

Prusse intérieure et rhénane	23	—
Ville libre de Francfort	12	—
Royaume de Hanovre	10	—
Les deux Mecklembourg	8	—
Royaume de Bavière	6	—
Royaume de Saxe	5	—
Royaume de Wurtemberg	4	—
Hesse-Cassel, Hesse-Darmstadt, Hesse-Nassau	4	—
Grand-duché de Bade	4	—
Duchés saxons et principautés voisines	3	—
Schleswig-Holstein	3	—
Incertains, inconnus, etc.	22	—

❖
❖ ❖

Sur ces cent quarante-cinq noms, ceux-là cessaient, en droit et (sauf quelques exceptions) ([1]) en fait, d'appartenir à la colonie allemande du jour où, de propos délibéré, ils devenaient Français ([2]). Voici comment, suivant l'état de la législation, la transformation s'opérait.

Pour les Allemands établis à Bordeaux avant la fin de l'Ancien Régime, la naturalisation fut acquise de plein droit, en vertu de la loi des 30 août-2 mai 1790, par le

([1]) Voy. sur ce point la fin du chapitre v.

([2]) Ne pouvant émettre la prétention de faire autorité en cette question, nous déclinons toute responsabilité quant aux lacunes qui peut-être subsistent dans notre relevé, malgré le dépouillement attentif que nous avons fait du *Bulletin des lois*. — L'examen du Registre des naturalisés nous eût conduit à des résultats plus précis, si nous avions pu en obtenir communication. Il n'a point tenu à notre bonne volonté que les indications de nationalité, données dans le précédent catalogue, fussent plus complètes.

seul fait d'un temps assez court de séjour en France, sauf bien entendu répudiation de leur part. Il y a donc présomption que les Clossmann, les Schrœder, les Schyler, les Metzler, les Stuttenberg et tous ceux de cette même génération dont nous n'avons pu dire qu'ils furent naturalisés au xviii⁰ siècle sur leur demande expresse et spontanée (1), devinrent pourtant Français par le simple jeu de la loi précitée. Celle-ci se trouva assez vite abrogée par la Constitution de l'an III, qui exigea de tout étranger sollicitant la naturalisation une déclaration formelle de son intention de se fixer en France définitivement. C'est le principe qu'adopta également la Constitution de l'an VIII.

Pour ceux qui étaient nés à Bordeaux de parents étrangers, la situation légale se régla autrement, suivant les stipulations de l'article 9 du Code Napoléon (2). Ils acquièrent la qualité de Français en déclarant simplement, par écrit, leur intention de fixer leur domicile en France à partir de leur vingt-deuxième année. C'est ce que firent la plupart de ceux qui nous intéressent, sinon tous. Cette déclaration avait lieu au moment de la conscription et laissait par conséquent, aux jeunes gens qui jugeaient meilleur de garder leur nationalité d'origine, toute latitude pour échapper au service militaire en France, en excipant de leur « extranéité » (3).

---

(1) Voy. ci-dessus, p. 113. Cependant en 1794, Wustenberg déclare devant une Commission judiciaire (voir Appendice III) que, s'il est Français par le double titre d'époux et de père, en droit et en fait il est toujours « étranger ». Il n'était donc pas naturalisé.

(2) *Texte primitif* : « Tout individu né en France d'un étranger, pourra, dans l'année qui suivra l'époque de sa majorité, réclamer la qualité de Français; pourvu que, dans le cas où il résiderait en France, il déclare que son intention est d'y fixer son domicile, et que, dans le cas où il résiderait en pays étranger, il fasse sa soumission de fixer en France son domicile, et qu'il l'y établisse dans l'année à compter de l'acte de soumission. »

(3) Nous nous sommes fait une opinion ferme à cet égard en étudiant les indications manuscrites que comportent les registres du contingent militaire avant 1870.

La loi du 22 mars 1849 modifia l'article du code Napoléon comme suit :

Article unique. — L'individu né en France d'un étranger sera admis, même après l'année qui suivra l'époque de sa majorité, à faire la déclaration prescrite par l'article 9 du Code civil, s'il se trouve dans l'une des deux conditions suivantes :

1° S'il sert ou s'il a servi dans les armées françaises de terre ou de mer ;

2° S'il a satisfait à la loi du recrutement sans exciper de son extranéité.

Une autre loi, qui porte la date des 22-29 janvier et 7 février 1851, introduisit de nouvelles stipulations :

Article 1. — Est Français tout individu né en France d'un étranger qui lui-même y est né, à moins que, dans l'année qui suivra l'époque de sa majorité telle qu'elle est fixée par la loi française, il ne réclame la qualité d'étranger par une déclaration faite soit devant l'autorité municipale du lieu de sa résidence, soit devant les agents diplomatiques ou consulaires accrédités en France par les gouvernements étrangers.

Art. 2. — L'article 9 du Code civil est applicable aux enfants de l'étranger naturalisé, quoique nés en pays étranger, s'ils étaient mineurs lors de la naturalisation.

A l'égard des enfants nés en France ou à l'étranger, qui étaient majeurs à cette même époque, l'article 9 du Code civil leur est applicable dans l'année qui suivra celle de ladite naturalisation.

Des Allemands qui, avant l'année 1870 où se clôt le présent chapitre, demandèrent ou du moins obtinrent la naturalisation pleine, le nombre fut extrêmement restreint. Nous n'en connaissons que trois (sauf omission) : D.-V. Pœhls, G.-A. Brandenburg, F.-H.-C. Dammann, entre 1826 et 1841 (¹). En 1849, P.-C.-W. Benecke et F.-P. Clossmann reçurent les droits de citoyen français (²); en 1854, le Balte Rodolph Lortsch obtint la pleine naturalisation (³).

6

____

(¹) Voy. le *Bull. des lois*, 8ᵉ série, V, p. 510; 9ᵉ série, XIX, pp. 235 et 728. — Six autres Allemands de cette période ne se firent naturaliser qu'assez longtemps après 1870. Voy. notre chap. v.

(²) *Bull. des lois*, 10ᵉ série, III, p. 176, et V, p. 41.

(³) *Ibid.*, 11ᵉ série, V, p. 312.

Pour expliquer et admettre ces bas chiffres, il faut nous souvenir de l'évolution qui, depuis la chute de Napoléon, se produisait dans l'esprit des Français sous l'influence des idées de liberté, de fraternité, de cosmopolitisme, — évolution qui se marque historiquement par la révolution de 1830, par la *Marseillaise de la paix* en 1841 (¹), par l'humanitarisme de 1848 et la fondation de l'Internationale en 1864. A quoi bon dès lors conseiller la naturalisation aux étrangers établis sur notre sol, et pourquoi suspecter leurs sentiments à l'égard de la France si hospitalière, alors que la plupart de leurs compatriotes rhénans ne conservaient de la domination napoléonienne qu'un souvenir reconnaissant ? — Mais le point de vue de nos Allemands des Chartrons était-il bien concordant ? A la lumière des événements subséquents n'avons-nous pas le droit aujourd'hui de nous demander si leur sincérité était aussi grande qu'était franche la cordialité des Bordelais à leur égard et si, en se réservant la possibilité d'invoquer la loi de leur pays et de tester selon les règles de là-bas, ces étrangers ne cédaient pas à de secrètes rancunes contre les Français d'Austerlitz et d'Iéna? Il y a là un problème psychologique qui se résoudra peut-être un jour.

Toutefois nous ne saurions taire une demi-douzaine d' « admissions à domicile » obtenues entre 1857 et 1868, et qui, donnant la jouissance des droits civils, constituaient seulement la « petite naturalisation » (²). Elles

---

(¹)   Nations! Mot pompeux pour dire barbarie!
. . . .
        Et tissons de repos, d'alliance et de joie
        L'étendard sympathique où le monde déploie
            L'unité, ce blason de Dieu !
Se rappeler aussi les derniers vers de la strophe fameuse sur « les nobles fils de la grave Allemagne » :
        Leur cœur sûr est semblable au puits de la Sirène,
        Où tout ce que l'on jette, amour, bienfait ou haine,
            Ne remonte jamais du fond.

(²) Nous les avons signalées dans le catalogue qui précède. — Une autre ne se fit qu'en 1884, une autre qu'en 1887.

montèrent subitement, du mois d'août 1870 au mois d'août 1871, à trente-six, qu'il faut distinguer en deux groupes : une trentaine (1) furent accordées en toute liberté par la Délégation du gouvernement français à Bordeaux pendant les derniers mois de 1870 et les premiers de 1871 ; les autres sont, par leurs dates, postérieures au traité de Francfort. Elles furent dès lors si nombreuses dans toute la France qu'il y a lieu de croire à une pression du gouvernement allemand, décidé à faire réintégrer ses nationaux dans tous les avantages qu'ils pouvaient avoir acquis en France avant la guerre. — Quelques-uns de ces « admis à domicile » poussèrent jusqu'à solliciter un peu plus tard le titre de citoyens français. Ce furent : MM. H. Gaden, Kuhn, Schrader, Schacher, Albrecht et Grade.

Par cette voie de la naturalisation, acquise plus ou moins spontanément dès la première ou la seconde génération, la colonie perdait donc peu à peu ses éléments propres et tendait perpétuellement à se réduire, pour se fondre finalement dans la population bordelaise. Elle ne se maintenait que par l'arrivée constante de nouveaux compatriotes dont le nombre compensait celui des pertes subies. Je la comparerais à une maison dont les vieilles

____

(1) Outre celles que nous avons signalées dans le catalogue qui précède, il y eut encore les suivantes :

En sept. 1870, J.-J. Schad, professeur, *de Steinach, Bavière*, né en 1811 ; M.-H. Freudenberg, *de Bordefeld, Westph.*, 1804 ; ses deux fils, nés à Bordeaux, 1835 et 1838 ; J.-J.-Ant. Motz, *de Bordeaux*, 1829 ; L. Schmiederer, tailleur, *de Petersthac, Bade*, 1811 ; C. Heintz, *de Francfort*, 1819.

En janv. 1871, L. Bloch, bijoutier, *de Stuttgart*, 1812 ; L.-F. Langensee, *de Bordeaux*, 1804 ; Pierre Heidbrink, négociant, *de Bordeaux*, 1833 (oncle du peintre Pierre-Oswald) ; H.-A.-E. Scheerer, employé, *de Darmstadt*, 1832 ; J.-B.-F. Kind fils, négociant, *de Bordeaux*, 1836.

En fév. 1871, H. Mussler, brasseur, *d'Oberschopfheim, Bavière*, 1836 ; F.-A. Wurth, propriétaire, *de Dundenheim*, 1816 ; J.-H. Kruchten, employé, *de Bordeaux*, 1843 ; M. Bettmann, dentiste, *de Segnitz*, 1803 ; H. Hecht, *de Grunstadt, Bav. rhén.*, 1803 ; G.-F. Baer, brasseur, *de Buggingen*, 1834.

En mars 1871, B. Koch, parfumeur, *de Bamlach*, 1819 ; S.-G. Meissner, employé, *de Stettin*, 1803 ; O.-G. Liebel, pelletier, *d'Oelsnitz, Saxe*, 1810 ; H.-F.-A. Lohrmann, employé, *de Lubeck*, 1834 ; F.-A. Sprenger, employé, *de Bordeaux*, 1815 ; J.-A. Gehring, employé, *de Naumbourg*, 1839.

briques se détachent les unes après les autres, mais sont aussitôt remplacées par de nouvelles, en sorte que l'édifice subsiste toujours en son entier.

Si, tenant compte des célibataires, nous ramenons au nombre approximatif de cent familles les cent quarante-cinq noms de notre catalogue, attribuant à chacune quatre enfants en moyenne, nous entrevoyons dans quelle forte proportion l'élément ethnique que représente la colonie s'est mêlé, en se multipliant suivant une progression géométrique, à la population de notre ville avant 1870. Il y aurait là une étude de démographie instructive à pousser dans le détail, mais que nous ne pouvons qu'indiquer en passant.

Il va de soi que, au-dessous des chefs de maison que nous avons dénommés, la colonie comptait déjà bon nombre de moindres noms, gens de métier et gens de boutique, plus ou moins fixés à Bordeaux, que nous devons au moins mentionner (¹). — et aussi une population flottante de matelots, d'employés, de domestiques, de compagnons du « tour d'Europe ». en nombre variable, dont beaucoup terminaient à l'Hôtel-Dieu, à l'hôpital protestant ou à la morgue leur obscure et misérable destinée (²). Seuls les registres de sépulture des cimetières redisent leurs noms et notent leur fin, sans pouvoir toujours indiquer leur lieu d'origine.

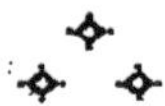

L'importance croissante que prend la colonie proprement allemande après la Révolution se marque pour ainsi dire pas à pas par le rétablissement des anciens consulats.

(¹) Voy. aux Arch. municip. de Bordeaux, série H, affaires milit., les dossiers relatifs aux étrangers de langue allemande.

(²) En l'an V de la République, un certain Wander répandait à Bordeaux un *Traité sur les maladies vénériennes* pour faire vendre une poudre curative. (Voy. *Inv. des Arch. municip.*, déjà cité, III, p. 128.)

Leurs titulaires s'appellent désormais (pour éviter toute confusion avec les trois Consuls de la République) Agents consulaires ou Commissaires des puissances étrangères (¹).

Ceux du royaume de *Prusse* : J.-H. Wüstenberg, 1800-1824 (²); Ch. Delbruck, 1824-1840; J. Michaelsen, 1841-1870 (en même temps, à partir de 1868, consul de la Confédération de l'Allemagne du Nord) (³).

Ceux de *Hambourg* : D.-C. Meyer, 1800-1822 (⁴); G.-F. Meyer, 1822-1842, révoqué à cette dernière date, sur la demande du gouvernement français; Chr. Motz, par intérim 1842-1843; Hans-Wilhelm-Hermann I Cruse, 1843-1855 (⁵); autre Hans-Christian-Hermann II Cruse, 1856-1866 (⁶).

Ceux de *Lubeck* : C.-M. Weltner, 1800-1817 (⁷); J.-P. Weltner, 1818-1844 (⁸); L. Lomer, 1844-1855; E. Dircks, 1855-1866. — En mars 1849, Louis Lancaster fut reconnu comme vice-consul de Lubeck à Bordeaux. Il était commis chez M. Dumas, courtier maritime. D'après un rapport de police, « on ne lui connaît d'autre moyen d'existence que

(¹) Voy. à notre Appendice III une lettre de J.-H. Wustenberg, 1800. — Nos dates sont établies le plus souvent à l'aide des annuaires locaux, ce qui ne donne pas toute confiance. Nous avons pu les rectifier en beaucoup de cas au moyen des décrets d'exequatur que nous avons rencontrés aux Archives du Département et de la Ville. — En règle générale, nous réduisons d'une unité le millésime de l'annuaire où chaque consul apparaît pour la première fois.

(²) D. C. Hesse est mentionné comme « agent prussien » dans l'*Annuaire de Bordeaux* de 1801-02 et « consul de Prusse » dans celui de 1800-01.

(³) Exequatur du 20 sept. 1841. Cf. plus loin le chap. VI où nous retrouvons son nom. Entre Ch. Delbruck et J. Michaëlsen, 1840-41, l'intérim fut fait par C. Klipsch fils, avec le titre de vice-consul.

(⁴) Voy. ci-dessus, p. 164. Il eut son neveu G.-F. Meyer pour vice-consul à partir de 1817.

(⁵) Exequatur du 28 fév. 1843. A l'occasion de sa nomination, quelques jeunes gens étrangers lui firent une sérénade, à onze heures du soir, devant son domicile, au quai des Chartrons.

(⁶) Exequatur du 19 janv. 1856.

(⁷) Voy. ci-dessus, p. 102.

(⁸) Dès 1818 il eut son fils Henri pour vice-consul (exequatur du 23 juillet).

le produit de son emploi. Sa moralité est bonne et il jouit de l'estime de ses concitoyens » (¹).

En 1803, ceux de *Brême* : Daniel Schütte. 1803-1834 (²) : Chr. Motz, 1834-1866 (³).

En 1805, ceux de l'Empire d'*Autriche* remplaçant le Saint-Empire germanique disparu : C.-H.-E.-F. de Bethmann (petit-fils de J.-J. de Bethmann), 1805-1839 (⁴) ; Fred. Stricker, 1840-1861 ; A. Borchard, 1861-1870 (⁵) ; A. Lalande, 1870 (⁶). — Stricker avait le titre de consul général. Il fut suspendu et peut-être congédié pendant la campagne d'Italie de 1859 et ne reprit ses fonctions qu'en janvier 1860. Il démissionna bientôt après et mourut en 1868.

Les consuls de Prusse et d'Autriche ne sont pas nommés dans les annuaires locaux de 1812 et années suivantes. Il y a donc lieu de croire qu'en raison de l'état de guerre de ces deux puissances avec la France, ils avaient reçu leurs lettres de congé.

A ces anciens consulats quelques nouveaux furent ajoutés, qui tiraient leur raison d'être moins de la présence de leurs nationaux à Bordeaux que du rang politique qu'occupaient leurs États respectifs dans l'Allemagne remaniée par Napoléon.

En 1803, celui de *Mecklembourg-Schwerin* : Arnold-Rotger Basse, 1803-1824 (⁷) ; J. Basse, 1824-1828 ; Jean-Henri Basse, 1828-1838 (⁸) ; autre Jean-Henri Basse, 1838-

---

(¹⁻²) Dossier concernant les Consuls des puissances, aux Arch. municip. de Bordeaux (série I).

(³) Exequatur du 14 mai 1834.

(⁴) En 1817 et 1818, Beckstein est dit consul d'Autriche par intérim.

(⁵) Exequatur de janv. 1861.

(⁶) Exequatur du 23 mars 1870. Cf. plus loin le chap. vi, où le nom de M. Lalande reparaît.

(⁷) Voy. ci-dessus, pp 67 et 164. Il eut C. Gaden pour vice-consul en 1818 (exequatur du 29 août).

(⁸) Exequatur du 25 sept. 1828.

1866 (¹). — En avril 1854, Adolph Borchard fut reconnu vice-consul de Mecklembourg à Bordeaux.

En 1808, celui du royaume de *Saxe* : Ch. Albrecht, 1808-1839 (²); Th. Albrecht, 1839-1867; A. Albrecht, 1867-1870.

En 1809, celui du grand-duché de *Bade* : Philippe-Frédéric Clossmann, 1809-1835 (³); Clossmann fils, 1836-1855; Pierre Clossmann, 1855-1870.

En 1812, celui du grand-duché de *Francfort-sur-le-Main* : Marie-Jérémie Weiss, 1812-1813 (⁴); Steinmann, 1814-1815.

La restauration des Bourbons et par eux l'affermissement d'un régime de paix, de travail et de sécurité, accélérèrent ce mouvement. On vit naître successivement à Bordeaux les Agents commerciaux :

Du grand-duché d'*Oldenbourg* : Chr.-Bern. Kuhlmann, 1815-1816 (⁵); J.-F. Focke, 1816-1854 (⁶); F.-L. Kuhlmann, 1855-1858 (⁷); J.-L. Kuhlmann, 1858-1866.

Du grand-duché de *Saxe-Weimar-Eisenach* : Johann-Godefroi-Chr. Reyher, 1816-1831 (⁸); C. Klipsch, 1831-1851 (⁹).

(¹) Exequatur du 8 oct. 1838. Henri Basse fut membre de la Chambre de commerce de 1845 à 1846 et de 1860 à 1867.

(²) Voy. ci-dessus, p. 171. L'exequatur du 15 juillet 1816 que nous connaissons, nous semble n'avoir fait que confirmer au nom des Bourbons celui de 1808 accordé par Napoléon. — En 1820, Charles Albrecht eût son fils Philippe pour vice-consul (exequatur du 3 avril).

(³) Voy. ci-dessus, p. 72. L'exequatur du 30 juillet 1816 que nous connaissons, nous semble avoir même portée que celui d'Albrecht. — Dès 1817, Philippe-Frédéric Clossmann eut son fils pour vice-consul.

(⁴) Voy. ci-dessus, p. 67.

(⁵) Arrivé à Bordeaux peu avant la Révolution (Voy. ci-dessus, p. 68). Il mourut peu après sa nomination, âgé de cinquante ans, qualifié consul de l'Oldenbourg et de Kniphausen.

(⁶) Exequatur du 25 juin 1816.

(⁷) Exequatur du 27 oct 1855.

(⁸) Exequatur du 18 mars 1816. — Ce Reyher avait épousé une demoiselle Klipsch et mourut vers 1834. Leur fils, Iwan Reyher, né à Paris en 1801, devint en 1831 secrétaire de l'Hôtel de Ville de Bordeaux (Voy. Bernadau, *Tablettes histor.*, à la date), et mourut dans notre ville en janv. 1840.

(⁹) Exequatur du 25 juillet 1831.

Du royaume de *Hanovre* : S.-F. de Perrot, 1817-1845 [1] ; Fred. Klepper, 1846-1866 : « N'est pas né en France et n'est pas devenu Français. C'est un négociant dont les principes et la conduite sont très favorablement appréciés, et sa nomination au consulat de Hanovre a été généralement à Bordeaux accueillie avec satisfaction » [2].

Du royaume de *Bavière* : baron de Sulzer-Wart, 1819-1865 ; A.-H. de Luze [3], 1865-1870.

Puis sous la monarchie de Juillet et le second Empire apparurent les consuls :

Du duché de *Brunswick* : Fr. Klipsch fils, 1844-1856 [4] ; C. Schencke, 1856-1866 [5]. Ce dernier, né en Hollande, non naturalisé Français, avait épousé une Française. Il était associé de MM. Mann et Bouluguet. « C'est un homme d'un caractère estimable et estimé, vivant dans l'intérieur et le calme du foyer domestique, entièrement adonné aux soins de sa famille et de ses affaires » [6].

De l'électorat de *Hesse-Cassel* : A. de Luze, 1846-1866 [7].

De la ville libre de *Francfort* : A. de Luze, 1859-1866.

Du duché de *Nassau* : E. Tourneur. 1864-1866 [8].

Ces divers États étaient membres de la Confédération germanique organisée pour la paix de l'Europe [9] par

[1] Perrot était d'origine suisse.

[2] Rapport de police, avril 1846 (Arch. municip. de Bordeaux, série I, dossier précité).

[3] Sulzer-Wart et A.-H. de Luze étaient d'origine suisse. Sur le premier voy. ci-dessus, p. 174.

[4] Exequatur du 9 février 1844. Fréd. Klipsch était né Français.

[5] Exequatur du 3 juillet 1856.

[6] Rapport du commissaire de police, 22 mai 1856 (Arch. municip. de Bordeaux, série I, dossier précité).

[7] A. de Luze était d'origine suisse, « citoyen de Neuchatel », non naturalisé. Un premi-r acte d'exequatur (juillet 1846) l'avait considéré comme Français ; un second (août 1846) le reconnut comme étranger (*ibid.*).

[8] Tourneur était, croyons-nous, Français.

[9] C'était du moins la conviction de Metternich et de Talleyrand qui, sans doute, n'avaient point prévu que la Prusse se substituerait un jour à l'Autriche comme chef de cette Confédération. — A noter que la Diète de la Confédération germanique, qui siégeait à Francfort, n'avait point de représentants directs dans les grandes villes de l'Europe.

l'acte du 8 avril 1815, réorganisée en 1850 et prolongée jusqu'en 1866. Quand le duc de Nassau s'avisa de nommer un consul à Bordeaux en 1864, Son Altesse sérénissime était à la veille de se voir effacer du catalogue des souverains politiques de l'Europe.

Avant l'institution des nouveaux consulats, leurs ressortissants avaient eu recours soit au consulat d'Autriche (nous le savons de science certaine pour ceux du Nassau et de Francfort), — soit au consulat de Prusse (comme on peut l'induire pour le Holstein), qui manifestaient ainsi leur prépondérance politique.

A partir de 1815, le consul de l'Oldenbourg le fut en même temps du Holstein et de Lubeck. Le grand-duché de Hesse-Darmstadt, celui de Mecklenbourg-Strelitz et le royaume de Wurtemberg n'eurent jamais, que nous sachions, de représentants directs dans notre ville. Les sujets du premier (1) s'adressaient au consul de la Hesse électorale (ou Hesse-Cassel); ceux du second au consul de Mecklémbourg-Schwerin; ceux du Wurtemberg au consul de Bavière.

Les petits duchés de la Thuringe (Saxe-Altenbourg, Saxe-Cobourg, Saxe-Meiningen) confondaient leurs intérêts avec ceux du grand-duché de Saxe-Weimar. Quand le consulat de cette puissance disparut en 1852, ses ressortissants furent rattachés, selon toute vraisemblance, à celui du royaume de Saxe. Pour le duché d'Anhalt, les principautés de Lippe, de Reuss, de Waldeck et de Schwarzbourg, nous ignorons de qui, en matières consulaires, leurs ressortissants réclamaient l'appui.

Pour affirmer son importance politique, chaque membre de la Confédération germanique (à quelques exceptions près) avait donc tenu à honneur d'être représenté sur les bords de la Garonne. Mais les mauvaises langues insinuaient que l'honneur et l'importance étant surtout pour

____

(1) Et probablement aussi ceux du landgraviat de Hesse-Hombourg.

les représentants, c'était à leurs démarches et à leurs intrigues qu'il fallait attribuer cette progression numérique, hors de proportion avec les besoins de la colonie de Bordeaux Dix-sept consuls de la seule Confédération germanique contre trente-trois consuls des autres puissances ! Du moins c'était une joie pour le peuple de les voir, dans leurs bizarres costumes, se rendre, chaque premier janvier, aux réceptions de la Préfecture, du Quartier général, du Palais de Justice et de l'Hôtel de Ville. Leur cortège avait un air de mascarade.

Par suite de disparitions progressives que nous n'avons pas à expliquer ici, le dernier état du corps consulaire germanique à Bordeaux, au moment où se dissout la vieille Confédération polyarchique (1866) ([1]), était, d'après l'ordre d'importance territoriale des États, le suivant ([2]) :

Empire d'Autriche-Hongrie : *A. Borchard.*

Royaume de Prusse : *J. Michaelsen.*

Royaumes de Bavière et de Wurtemberg : *A.-H. de Luze.*

Royaume de Hanovre : *F. Klepper.*

Royaume de Saxe : *Th. Albrecht.*

Grand-duché de Bade : *P. Clossmann.*

Grands-duchés de Mecklembourg-Schwerin et de Mecklembourg-Strelitz : *O. Basse* ([3]).

Grands-duchés de Hesse-Cassel et de Hesse-Darmstadt : *Alf. de Luze.*

Grands-duchés d'Oldenbourg et du Holstein : *J.-L. Kuhlmann.*

Grand-duché de Brunswick : *G. Schencke.*

([1]) Les consuls de l'ancienne Confédération germanique ne figurèrent pas à la réception préfectorale du 1er janvier 1867. C'est par manière de protestation contre la Prusse que le consul de Hanovre est mentionné dans l'*Annuaire de Bordeaux* jusqu'en 1870.

([2]) Voir l'*Annuaire de Bordeaux* pour 1867, où les consulats sont énumérés selon leur ordre alphabétique. — Pour la courte phase de 1866 à 1870, nous aurions voulu pouvoir consulter Dœhl, *Konsularwesen des Norddeutschen Reichs* (Brême, 1870).

([3]) Probablement fils de ce A.-R. Basse qui fut associé en 1796 à la maison Bethmann et fils. (Voy. ci-dessus, p. 164.)

Ville libre de Hambourg : *H. Cruse*.

Ville libre de Brême : *Ch. Motz*.

Ville libre de Lubeck : *Ed. Dircks*.

Soit treize membres, bientôt réduits à sept par la force des circonstances politiques : Autriche, Prusse, Confédération de l'Allemagne du Nord (englobant plusieurs des consulats disparus), ville de Lubeck (qui réussit à se maintenir jusqu'en 1870) ; — enfin, dans l'Allemagne du Sud : Bavière, Bade et Hesse-Darmstadt (pour sa moitié méridionale). Mais déjà le consulat de la Confédération de l'Allemagne du Nord et celui de la Prusse se confondaient sur une même tête (¹). La guerre de 1870 entraînera de nouvelles modifications que nous signalerons plus tard (²).

❖
❖ ❖

Dans son beau livre sur *l'Armateur bordelais Balguerie-Stuttenberg et son œuvre* (³), M. Pierre de Joinville a étudié de très près la reprise, après 1815, des relations commerciales de Bordeaux avec les colonies d'Asie, d'Afrique et d'Amérique ; il a montré quelle recherche se fit dès lors de débouchés nouveaux aux États-Unis, à Cuba, au Brésil, dans les mers du Sud et jusqu'en Extrême-Orient (chap. VII et VIII). Par contre, des pays du nord de l'Europe, M. de Joinville ne fait point mention. C'est là

(¹) En 1869 la circonscription du consulat de la Confédération de l'Allemagne du Nord à Bordeaux fut étendue au département de la Gironde tout entier, et par surcroît à la ville de Royan. (Voy. les *Procès-verbaux de la Chambre de commerce*, 1869, p. 38.)

(²) Voy. plus loin le chap. VI. — Le lecteur y trouvera par surcroît quelques brèves indications sur les attributions des consuls de commerce avant 1870.

(³) Paru en 1914 à Paris, chez Champion ; gr. in-8° de XXIII-485 pp. Il faut en rapprocher quelques chapitres du livre de l'abbé Jacques Moulard, *le Comte Camille de Tournon, préfet de la Gironde.* Paris, Champion, 1914 ; gr. in-8° de XXXIX 580 pp. — Nous avons rendu compte de ces deux ouvrages dans les *Annales du Midi* de l'Université de Toulouse (1915, pp. 226 à 230).

une regrettable lacune ; car s'il est constant que, sous l'Empire, les guerres du temps, le blocus continental, l'insuffisance des voies de communication, le défaut de capitaux
et le manque d'audace ne permirent aux premiers efforts de
l'initiative privée d'atteindre que des résultats médiocres,
il n'est pas moins assuré que les rapports de notre ville
avec la Grande-Bretagne, les Pays-Bas, les Pays scandinaves et l'Allemagne se renouèrent dès les dernières années
du xviiiᵉ siècle et contribuèrent grandement à rendre indispensables les trois établissements dont M. de Tournon,
préfet de la Gironde, aidé de quelques hommes de bonne
volonté, dota enfin notre ville en 1818 et 1822 : la Banque
de France, la Caisse d'épargne et l'Entrepôt réel.

Ce que fut dans cette reprise du commerce local avec
le nord de l'Europe la part respective des colonies étrangères (anglaise, scandinave, allemande) établies sur notre
« place », nous avouons que nous ne le voyons pas très
clairement. Nous nous bornerons à souligner un fait qui
ne paraîtra peut-être pas sans portée. Parmi les douze
régents de la Banque élus en 1818, nous trouvons deux
noms anglais : W. Johnston et Dowling, pas un nom allemand ; parmi les fondateurs de la Caisse d'épargne, en
1819, trois noms anglais, W. Johnston, Exshaw, Lawton,
pas un allemand ; parmi les directeurs de cette Caisse
naissante, deux noms anglais. W. Johnston et Dowling,
et un nom scandinave, Petersen, pas un allemand (¹).
Était-ce le résultat d'un ostracisme justifié, ou bien une
réserve volontaire des Allemands, satisfaits de compter,
dès 1803, quatre des leurs dans le Conseil de la Bourse (²),
et de faire foule, depuis 1797, dans le Corps consulaire (³) ?
Nous ne savons. Le seul nom de la colonie allemande

(¹) Voy. les listes données par M. P. de Joinville, *ouv. cité*, pp. 172, 185
et 186. — En réalité, la plupart de ces Anglais et Scandinaves étaient déjà
naturalisés Français par les voies très simples que nous indiquerons plus loin.
(²) Voy. ci-dessus, p. 167.
(³) Voy. ci-dessus, p. 162.

qui semble émerger sous la Restauration est celui de Daniel-Vincent Poehls : il fut fait chevalier de la Légion d'honneur par la duchesse d'Angoulême, en 1815 [1], et prit en mains la direction de la maison Balguerie-Stuttenberg à la mort du fondateur en 1825 [2]. — Le nom de Wustenberg fils ne brillera pleinement que sous la monarchie de Juillet ; celui d'Hermann Cruse que sous le second Empire.

Ce serait amplifier notre œuvre outre mesure que d'étudier (si d'ailleurs nous le pouvions) les rapports commerciaux de la colonie et des Bordelais avec l'Allemagne et l'Autriche. Nous nous bornerons à reproduire un détail instructif que nous a conservé Daniel II Ducos dans ses *Mémoires* manuscrits. Un maître de chai de la maison Schrœder et Schyler avait suggéré, vers 1806, à son père Christophe Ducos et à son associé Beau, « l'idée d'acheter des petits vins blancs d'Entre-deux-Mers, dont l'emploi était considérable pour l'Allemagne ; d'en faire un choix, de mettre les inférieurs en vinaigre et de faire rebattre et parfaitement conditionner les supérieurs, pour les vendre aux maisons allemandes. Ce projet fut mis à exécution et, pendant deux ans, ces opérations eurent un plein succès..... ». — Il n'est pas moins intéressant de relever que, parmi les nouveaux venus du xixe siècle commençant, nous avons rencontré quatre facteurs de pianos et deux brasseurs de bière établis dans la banlieue de Bordeaux. La concurrence industrielle prend donc pied sous une forme nouvelle.

Antérieurement au second Empire [3], les produits de la Gironde ne gagnaient les régions de l'Europe septen-

---

[1] Bernadau, *Tablettes histor.*, ix, p. 192. — Poehls est dit courtier et chef de bataillon.

[2] P. de Joinville, *ouv. cité*, p. 448, note.

[3] Sur le commerce de Bordeaux avec la Prusse, pendant les années qui suivirent la révolution de Juillet, voy. un substantiel article de M. Stanislas Ferrière dans *la Gironde, revue de Bordeaux*, 1834, p. 93 et ss.

trionale et centrale que par le grand roulage (¹) ou les navires à voile (²). Ils mettaient donc plus de temps pour atteindre Hambourg, Berlin ou Vienne qu'il ne leur en faut aujourd'hui pour gagner Vladivostock ou La Plata. Le commerce bordelais n'en prospérait pas moins à souhait. Il est piquant pour nous d'ajouter qu'au milieu du XIXᵉ siècle, M. Hermann Cruse (dont nous avons signalé l'arrivée en 1815) fut le principal bénéficiaire des fameuses récoltes de 1847 et 1848 (³). Les chais de ce consul de Hambourg, de nationalité danoise, « considérés comme des plus vastes et des plus beaux de Bordeaux » (⁴), eurent l'honneur, alors fort apprécié, d'être visités par le Prince-président lors de sa venue à Bordeaux en 1852.

Sous le second Empire tout change brusquement. Le premier service entre Bordeaux et la mer du Nord date de 1852 et est dû à une Compagnie hollandaise *Smith et Cⁱᵉ*, qui organisa la ligne « Bordeaux-Rotterdam », pendant qu'une Compagnie concurrente, la *Koninklijke Neder-landsche Stoombootmaatschappij*, desservait la ligne « Bordeaux-Amsterdam ». De l'une ou l'autre de ces deux villes, ou même d'Anvers, les deux Compagnies précitées disséminaient leurs cargaisons par les voies de terre sur toute la vallée du Rhin, avec connaissements directs jusqu'à Mannheim. Elles correspondaient aussi, moyennant transbordement, avec Hambourg d'où elles répartis-

---

(¹) Route de Bordeaux à Paris, avec prolongements sur Cologne, Mayence, Strasbourg pour l'Allemagne du Nord et l'Allemagne centrale ; — route de Bordeaux à Lyon, avec prolongements sur Bâle et Zurich pour l'Allemagne du Sud.

(²) Leur terminus habituel était soit le Havre (en relations organisées avec Hambourg), soit plus tard Hambourg même.

(³) La surabondance de cette double récolte fut telle que M. Hermann Cruse dut pratiquer « la mise en bouteilles au château ». C'est, paraît-il, le premier exemple qui en ait été donné.

(⁴) Voy. Féret, *Biogr. girondines*. — Les chais de M. Cruse étaient situés au 123 du quai des Chartrons. Un contemporain nous affirme qu'ils n'étaient remarquables que par leur étendue et l'abondance de leur contenu.

saient leurs marchandises sur l'Allemagne du Nord. C'est par transbordement également que la *Compagnie générale des-bateaux à vapeur à hélice du Nord* mit Bordeaux en relations avec les ports de la mer du Nord et de la Baltique à partir de 1858. Par contre, une Compagnie danoise, la *Forenede*, introduite à Bordeaux en 1862, desservait sans rompre charge, non seulement Stettin (le grand port de Berlin sur la Baltique), mais aussi plus tard Danzig et Kœnigsberg.

Le premier service direct de bateaux à vapeur entre Bordeaux et Hambourg fut organisé en 1862 par la maison Worms (*du Havre*), d'accord avec les principaux représentants de la colonie allemande de notre ville. De Hambourg les marchandises étaient transportées par voie ferrée à Bremerhaven d'une part, à Lubeck d'autre part, suivant leur destination (¹).

Dans tout ceci l'initiative des Bordelais n'apparaît point, Bordeaux s'étant toujours refusé à devenir une ville d'« armement » au sens maritime de ce terme (²).

L'accélération des échanges avec l'Allemagne (marchandises ou voyageurs) avait commencé toutefois à se faire sentir par l'ouverture du chemin de fer de Bordeaux à Paris (subsidiairement Cologne et Strasbourg) en 1852. C'est assez dire quel accroissement put prendre, à partir de ce temps, la colonie dont nous nous occupons.

Par manque d'initiative, certes, mais aussi par défaut d'instruction, la part des Bordelais de souche française dans l'effort qui tendait à regagner le grand marché de

____

(¹) Voy. les *Proc.-verb. de la Chamb. de commerce*, 1873, p. 59, et 1897, p. 279. — La Compagnie Worms établit aussi en 1883 un service direct de Bordeaux à Brême et Bremerhaven, mais ce service disparut au bout de quelques années.

(²) Dans l'ordre des améliorations matérielles longtemps attendues, nous noterons seulement la construction, commencée en 1864 et achevée peu avant la guerre, du quai vertical entre la cale Fenwick et la rue du Couvent. (Voy. l'inscription sur plaque de fonte qui est encastrée sur l'un des côtés de ladite cale.)

vente qu'étaient, pour leurs vins, depuis le moyen âge,
les pays germaniques. ne semble point avoir été considérable. Sous le premier Empire, le cours d'allemand du
Lycée ne comptait que deux ou trois élèves. Il était pro-
fessé par Mariaval qui. serf d'un programme purement
classique, faisait traduire les *Fables* de Gellert (1805),
les *Idylles* de Gessner, le *Magasin historique* (1806),. un
drame de Kotzebue, *Armuth und Edelsinn* (1807) (¹).
Institué en 1804, ce cours disparut en 1808 et ne fut rétabli
que longtemps après, en 1831. Jusqu'à la guerre de 1870,
il est resté avant tout littéraire, et n'a jamais rassemblé
qu'un fort petit nombre d'élèves, dont les connaissances
pratiques ne pouvaient suffire aux besoins du commerce
local. Par là s'explique l'obligation où se trouvaient les
négociants des Chartrons d'accueillir les jeunes Allemands
qui venaient offrir leurs services pour la correspondance
écrite.

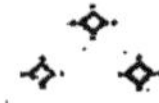

Riches de connaissances positives acquises par plusieurs
siècles de pratique et d'empirisme, les viticulteurs bordelais n'avaient point poussé plus loin. Ce fut un Allemand
de notre ville, Wilhelm Franck, qui s'avisa le premier,
en 1824, de classer scientifiquement les divers crus de la
Gironde. Le livre où il consigna le résultat de ses études (²)
est, en dépit de quelques erreurs historiques et géogra-
phiques, plein de renseignements utiles que l'on cherche-

(¹) Voy. M. Paul Courteault, *les Origines du Lycée de Bordeaux*, pp. 108-109.
(²) *Traité sur les vins du Médoc et les autres vins rouges du département
de la Gironde*. La première édition parut à Bordeaux en 1824 (imprimerie
Laguillotière); la deuxième en 1845, par les soins d'un éditeur; la cinquième
en 1864. Bernadau signale cet ouvrage dans ses *Tablettes histor.* (voir notre
Appendice III) et qualifie l'auteur de « négociant étranger », ce que confirme
la préface du livre.
Le *Traité* de Franck fut détrôné par celui de l'Anglais Ch. Cocks, paru
en 1850, deuxième tirage en 1865. Une nouvelle édition, très remaniée, parut
en 1868, par les soins de Ed. Féret et E. Vergez; une sixième en 1893, sur
laquelle fut faite une traduction allemande que nous signalerons au chap. x.

rait vainement ailleurs (¹). L'auteur le destinait avant tout à ses compatriotes, « aux jeunes étrangers employés dans les maisons de notre ville et à ceux qui se destinaient à voyager dans le nord de l'Europe » :

« Assez généralement, dit-il, les étrangers qui viennent à Bordeaux pour s'instruire dans le commerce des vins, trouvent peu l'occasion d'étudier la topographie des vignobles de cette contrée et d'apprendre avantageusement à déguster les différents vins de Bordeaux. Les moyens d'acquérir des connaissances si essentielles ne sont pas toujours faciles. Un vaste pays à parcourir, presque toujours sans notions préliminaires ; des préventions et des prétentions trop souvent accréditées par des opinions exagérées dans tous les sens ; la divergence des sentimens sur le mérite réel des crus secondaires, sont autant d'obstacles à vaincre par l'étranger qui veut fixer ses idées sur la situation des lieux et sur les qualités de nos vins. »

Un autre Allemand originaire des bords du Rhin, le sieur Focke, passe pour avoir grandement innové dans son domaine de la Tour-Blanche (commune de Bommes, arrondissement de Bazas). A la fin de 1836, « en présence d'un mauvais temps continu, et fort de l'expérience acquise dans son pays, il n'eut pas peur de remettre après la Toussaint la cueillette de sa récolte (²). Et, comme il fit des vins doux réussis, il eut, les années suivantes, de nombreux imitateurs ». Toutefois, selon la remarque de M. le Dʳ Georges Martin qui rappelle ces faits (³), « l'Alle-

----

(¹) Par exemple les noms des propriétaires de vignobles dans chaque commune et, en appendice, deux tableaux des expéditions de vins faites par Bordeaux sur les différents ports de la mer du Nord et de la Baltique, en 1802-04 et en 1821-23.

(²) Il obtint ainsi ce qu'on appelle en Allemagne l'*Edelfäule*, la pourriture noble du raisin.

(³) Le lecteur désireux de connaître l'histoire des vins de Bordeaux devra consulter les nombreux articles publiés par M. le Dʳ Georges Martin, dans la *Revue historique de Bordeaux*, 1908, 1909, 1910 (articles sur la vinification), 1913, 1914, 1915 (sur les crus de Langon et Barsac) et 1916. C'est au dernier de ces articles (p. 150) que nous empruntons la citation que nous faisons.

mand Focke n'a rien créé de nouveau ; il a simplement restauré des pratiques [anciennes], pendant quelque temps abandonnées ». Par contre, c'est bien à lui que l'on doit l'introduction dans notre région du cépage de Riesling, qui possède le plus fin « bouquet » des vins du Rhin et de la Moselle (1).

Nous voilà assez logiquement conduit à parler ici des Allemands devenus propriétaires de vignobles dans notre département.

La loi civile française n'interdisant point l'acquisition du sol national par des étrangers, toute la question est de savoir si, parmi ceux de Bordeaux, il s'en trouva, et depuis quelle date et en quel nombre, pour profiter de cette faculté.

Or nous sommes depuis longtemps suffisamment fixé à cet égard, puisque nous avons fourni la preuve écrite qu'au milieu du xviiie siècle une demi-douzaine de Hollandais et autant d'Allemands (sans compter un beaucoup plus grand nombre d'insulaires venus de la Grande-Bretagne et de l'Irlande) étaient déjà, depuis plus ou moins longtemps, propriétaires de biens-fonds à Bordeaux et dans les paroisses rurales de la région (2).

Que ce mouvement d'appropriation se soit continué, il n'y a pas lieu d'en douter, bien que la démonstration rigoureuse n'en puisse encore être faite pour la seconde moitié du xviiie siècle. Mais depuis la Révolution nous sommes mieux renseigné.

Par Wilhelm Franck nous savons que, dès ce temps (3),

---

(1) Renseignement particulier.

(2) Voy. ci-dessus, p. 117.

(3) « Les anciens — dit-il expressément, p. 93, note 2 — sont de trente ans et au delà. » Nous avons voulu savoir dans quelle mesure ces étrangers avaient acquis des biens nationaux. Les publications de M. Marcel Marion sur la période révolutionnaire ne fournissent à cette question qu'une réponse négative, au moins provisoirement.

Yenich à Blanquefort, Burke à Macau, Kirwan et Sollberg à Cantenac, Schrœder à Mérignac, Hesse à Villenave-d'Ornon, Popp à Saint-Laurent, les uns naturalisés, les autres non, étaient à la fois propriétaires et producteurs, dans ces diverses communes, des vins, qu'ils vendaient ensuite à Bordeaux. Par lui encore nous sommes assuré que Clossmann à Blanquefort, Bekker et Sollberg à Margaux, von Beynum à Soussans, von Hemert et Merman à Lamarque, Luetkens à Saint-Estèphe, Pick et von Dœhren à Saint-Laurent, Skiner à Verteuil, Meyer à Prignac, suivirent entre 1800 et 1824 l'exemple qui leur avait été donné antérieurement. D'autre source, nous apprenons que le baron de Sulzer-Wart, consul de Bavière, était, bien avant 1862, propriétaire à Saucats (canton de La Brède (1). A vrai dire, c'étaient presque tous des descendants d'Allemands, et, comme tels, natifs de Bordeaux.

Il serait aisé de suivre l'extension de ce mouvement après 1824, grâce aux éditions successives du *Traité* de Franck. Nous ne pouvons songer à en reproduire ici toutes les données; nous noterons seulement que beaucoup de ces propriétaires fonciers n'étaient pas encore naturalisés, si même ils le furent jamais. Les faits du même genre que nous aurons à relever après 1870 perdront ainsi le caractère de nouveauté qu'on a voulu parfois leur attribuer.

C'est une partie de notre tâche de relever les noms des Allemands notables qui séjournèrent plus ou moins dans notre ville, en dehors du monde commerçant.

Un bourgeois de Hambourg, Lorenz Meyer, frère du consul Daniel-Christophe et associé de l'Académie des Sciences, Belles-Lettres et Arts de Bordeaux, avait visité

(1) Voy. le *Reg. des déclarations et changements de domicile* (1839-70) aux Arch. municip. de Bordeaux, série I.

notre ville en 1801. La description qu'il en donne et les renseignements qu'il fournit sur les salons bordelais au lendemain de la Révolution sont du plus haut intérêt (¹). Mais, pas plus que Mᵐᵉ de la Roche en 1785, il ne parle de la colonie allemande si ce n'est pour nous révéler l'existence d'un négociant du nom de Moeller, appelé quelquefois Muller (²), qui possédait une assez importante collection d'estampes, l'une des premières que l'on ait vues à Bordeaux (³).

J.-B. Blache de Beaufort portait un nom de consonance bien française, mais il était né à Berlin en 1766, y avait fait son éducation et n'était venu s'établir chez nous qu'après sa majorité, pour y monter les ballets du Grand-Théâtre. Il publia même, de 1797 à 1836, une douzaine de ballets et pantomimes qui eurent un grand succès (⁴).

Bapst, qui mourut en 1807, laissa une collection de curiosités dont le catalogue fut imprimé l'année suivante (⁵).

Quant au Flamand Goethals, que nous retrouverons plus tard, il a droit lui aussi à une mention dans cette petite galerie, puisque Bernadau le signale en 1796, con-

---

(¹) *Briefe aus der Hauptstadt und dem Innern Frankreichs* (Tubingue, 1802). M. Meaudre de Lapouyade les a analysées et étudiées avec sa sagacité habituelle dans la *Rev. hist. de Bordeaux*, 1912, pp. 164 et ss., 229 et ss.

(²) Probablement Johann Mœller (*de Hambourg*), né en 1754, + 1825. (Voy. dans notre Appendice III les extraits du Registre des sépultures au cimetière de la rue Judaïque.) Mœller est une forme dialectale de Müller.

(³) Cette collection qui comptait, paraît-il, quatre-vingt-trois pièces, a déjà son histoire policière, en attendant que M. Meaudre de Lapouyade nous donne son histoire artistique. En l'an II de la République, le trop fameux Bertrand, maire de Bordeaux, réussit à la confisquer en partie pour en décorer ses propres appartements. Mais Mœller se défendit et réclama la restitution de cinquante-deux pièces, quoique ses commis Helm et Pfeiffer n'en eussent point obtenu le récépissé. (Voy. Arch. dép. de la Gironde, série L, s. numéro (affaire Bertrand), où se trouve un relevé desdites estampes. Cf. G. Ducaunnès-Duval, *Inv. des Arch. municip., période révol.*, II, pp. 53, 76, 94 et 210, de l'an II à l'an IV.)

(⁴) Voy. Féret, *Biogr. girondines*. Le portrait de Blache a été publié dans les *Comptes rendus de la Comm. des Mon. hist. de la Gironde*, 1854, p. 83.

(⁵) Laboubée, *Notes biograph. mss.*, III, f° 303.

curremment avec Rodrigues, « comme possesseurs très instruits de cabinets précieux en tous genres et qu'ils savent faire valoir » ([1]).

Ces divers noms plongent en effet par leurs antécédents historiques dans l'Ancien Régime et en perpétuent par deçà la Révolution les souvenirs et les goûts. Allemands certes par leurs origines premières, mais surtout Chartronnais ; contemporains et peut-être commensaux de ce groupe de mondains respectables, aux sentiments philanthropiques, aux tendances libérales, à l'esprit indépendant, que nous avons pleinement saisi avec Streckeisen et sa parenté (p. 146), confinés en toute quiétude dans le culte de Rousseau et de Lessing qui ne les avaient guère préparés à subir les orages du terrorisme jacobin.

Vers le même temps, un poète lyrique de quelque notoriété, J.-C.-F. Hœlderlin ([2]), se fixait à Bordeaux comme précepteur. Il n'y resta guère que quelques mois, et le fait mériterait à peine une mention, si la présence de ce littérateur wurtembergeois ne contrastait singulièrement avec celle de ses compatriotes de Bordeaux, tous absorbés par les intérêts mercantiles.

Nicolas-Albert Schaffner, né en Silésie en 1789, est venu plus tard ; lui aussi a le droit d'être nommé puisqu'il fut, de 1835 à 1860, chef d'orchestre de notre Grand-Théâtre ([3]).

Nous citerons encore, comme tranchant également sur le fond de la colonie marchande, quelques noms plus obscurs, que Laboubée a jugés néanmoins dignes de prendre place dans sa volumineuse collection manuscrite de *Notes biographiques* sur les Bordelais d'autrefois :

Grünenberg, facteur de pianos, établi à Bordeaux en

([1]) *Tablettes histor. mss.*, VII, p. 189.

([2]) Né à Lauffen-sur-Neckar en 1770, mort à Tubingue en 1843, dans un asile d'aliénés. L'auteur anonyme de *Rembrandt als Erzieher* (1890) (Julius Langbahn) le cite fréquemment.

([3]) Féret, *Biogr. girondines.*

1810, eut le mérite de construire un piano d'une forme nouvelle (¹).

Franz Rotch obtint en 1806 un brevet d'invention pour un perfectionnement introduit dans la construction des bateaux légers (²).

Un certain Sundberg est l'auteur d'un livre publié dans notre ville en 1808 sous ce titre : *Calculs faits du change de France sur Hambourg et Amsterdam, et de Hambourg et Amsterdam sur la France* (³).

En 1807 mourut à Bordeaux, où il exerçait son art, nous ignorons depuis quand, un médecin venu d'*Amsterdam*, Cornelius Vanderichen (⁴). De même le sieur Wauters (*de Gand*), dont la Société de médecine de Bordeaux couronna en 1809 un mémoire sur les substances indigènes qui peuvent être substituées avec succès aux médicaments exotiques (⁵). — Comme Gœthals, ces savants appartiennent aux Pays-Bas : mais il n'est pas impossible que, en raison même de cette origine, ils aient trouvé accès dans la colonie allemande plus encore que dans la société bordelaise.

Plusieurs noms de voyageurs méritent aussi d'être rappelés.

Vers la fin de 1801 ou le commencement de 1802, un haut fonctionnaire prussien, connu plus tard comme président supérieur de la province de Westphalie, Friedrich-Wilhelm-Ludwig von Vincke (1774-1844) (⁶), se rendait en Espagne pour y acheter, au compte de son gouvernement,

---

(¹) Laboubée, *rec. cité*, IX, f° 192.

(²) *Id., ibid.*, XV, f° 64.

(³) *Id., ibid.*, XVI, f° 158.

(⁴) *Id., ibid.*, XVII, f° 6.

(⁵) *Id., ibid.*, XVII, *ad finem*.

(⁶) Voy. sur ce personnage E. von Bodelschwingh, *Leben des Oberpræsidenten Freiherr von Vincke* (Berlin, 1853). Nous n'avons pu nous procurer cet ouvrage; nous n'en connaissons qu'un abrégé tout à fait insuffisant, publié par Julius Disselhoff à Kaiserwerth, vers 1872, sous ce titre : *Lebensgeschichte des Oberpræsidenten Ludwig von Vincke.*

des troupeaux de moutons mérinos. Il s'arrêta quelque temps à Bordeaux et consigna dans son *Tagebuch* ses impressions, que nous ne connaissons malheureusement pas encore.

Dans les derniers mois de 1802, le prince héritier de Saxe-Weimar honora de sa visite le Muséum naissant de Bordeaux ([1]).

Quelques mois plus tard (juillet 1803), Son Excellence le comte d'Eltz, ambassadeur de l'empereur d'Allemagne près la cour d'Espagne, séjourna six jours dans notre ville, logé avec une nombreuse suite à l'hôtel de *la Providence* ([2]).

Au printemps de 1804 la famille Schopenhauer visitait la France méridionale avec son jeune fils, le futur philosophe. Elle demeura quelque temps à Bordeaux où elle fut l'hôte de la famille de Bethmann ([3]).

Le grand Humboldt, à son retour d'Amérique, s'arrêta lui aussi à Bordeaux ([4]). Peut-être trouverait-on dans ses *Œuvres* la trace de ce séjour et des impressions qu'il en remporta.

« Le 8 octobre 1817, raconte Bernadau dans ses *Tablettes historiques*, on a vu arriver à Bordeaux un grand train de seigneurs et carosses saxons qui reviennent d'Espagne accompagner la nièce du roi de Saxe, mariée à Ferdinand VII, dont c'est la troisième femme quoiqu'il ne soit âgé que de trente-six ans. »

Ces mentions seraient plus que des *curiosa* de l'histoire si nous pouvions savoir quel accueil la colonie allemande fit à ces compatriotes, et quel surcroît d'influence et de considération elle en reçut. Mais l'histoire est encore muette à cet égard.

([1]) *Bulletin polymathique du Muséum de Bordeaux*, vendémiaire an XI.
([2]) Voy. les *Petites Affiches* de Bordeaux, 17 messidor an XI.
([3]) Renseignement particulier dû à M. Th. Buyssen.
([4]) *Bull. polymath.*, sept. 1804.

De ces visiteurs de marque, le plus célèbre fut Richard Wagner qui, âgé de près de trente-sept ans, vint deux fois à Bordeaux (1). A la première, en mars 1850, il descendit chez un sieur L..., dont la femme, d'origine anglaise, était grande admiratrice du talent du compositeur. « Il s'y trouva retenu, nous dit un de ses biographes, par quelque chose de tout autre que les seules préoccupations artistiques »(2). Au bout de quelques semaines, Wagner retourne à Paris où l'attendait sa propre femme (née Minna Plauer), puis revient à Bordeaux se mettre à la disposition du mari outragé. Mais celui-ci, d'abord menaçant, préféra finalement confier à la police le soin d'expulser l'intrus qui, en effet, au bout de quelques jours, fut contraint de quitter notre ville. — A cette date lointaine, le « germanisme » de Wagner, sur la nocuité duquel on peut encore discuter et on discutera longtemps (3), n'existait qu'en puissance. Il n'y a donc pas lieu de voir dans son voyage de 1850 autre chose qu'une fantaisie d'artiste.

Pourtant le goût de la musique profane existait à

(1) Voy. *Ma Vie*, autobiographie de Wagner, trad. par Valentin et Schenk, t. II (1911), pp. 347 et 356. — Cf. Julius Kapp, *Richard Wagner et les femmes, d'après des documents inédits* (Paris, 1914, pp. 81 à 90). — Dans *Richard Wagner, sa vie et ses œuvres* (Paris et Londres, 1886), M. Adolphe Jullien fait mention, en termes très brefs, de ce premier séjour dans notre ville (p. 106). Le *Larousse mensuel illustré* analysant (dans son numéro de mars 1912) l'autobiographie de Wagner, rappelle que l'auteur vécut à Bordeaux « une curieuse idylle ». L'euphémisme est indulgent.

(2) Introduit le 28 mars 1850, dans le salon de M. et Mme Jean-Louis Barckhausen, tous deux Allemands, où se réunissait chaque semaine l'élite de la société chartronnaise (au 81 du quai des Chartrons), le grand artiste a laissé à la fille de la maison, Mlle Barckhausen (aujourd'hui Mme Bourges), le souvenir d'un homme parfaitement insupportable. (D'après les souvenirs de Mme Bourges (née en 1831), communiqués verbalement par elle-même à M. Paul Courteault, professeur à la Faculté des lettres.) — Sur le salon de Mme Barckhausen mère, voy. la notice consacrée à Barckhausen fils par M. Paul Courteault, en tête du tome L des *Arch. hist. de la Gironde* (1915, p. xiii).

(3) Voy. dans la *Revue bleue* du 24 mars 1917 un article de M. Kufferath, qui signale les contradictions, les hésitations, les dégoûts du grand compositeur à l'égard du mouvement pangermaniste naissant.

Bordeaux depuis le commencement du xviiie siècle; il s'y était développé, nous l'avons dit précédemment (1), grâce aux efforts de l'Allemand François Beck. Après quelques années de relâche imposé par la Révolution, le mouvement reprit par un concert organisé au profit de ce maître tombé dans la gêne. « Il s'est trouvé au spectacle, où l'on a exécuté plusieurs morceaux de sa composition, après lesquels on lui a passé une couronne avec ces mots : *A l'homme immortel* » (2). — L'Incroyable de ce temps « applaudit aux sonates de Steibelt, redemande un concerto de Kromphantz (?), une orchestration de Haydn » (3), et ne s'embarrasse point en cette matière de scrupules patriotiques.

Ces faits sont de 1797, l'année même où se fondait le Lycée littéraire et philharmonique, d'éphémère mémoire (4). Ce furent le Muséum du Belge Gœthals (1802) (5), puis la Société philomathique (1808) (6), qui continuèrent, avec une prédilection marquée pour le grand symphoniste Haydn, la tradition inaugurée au xviiie siècle. Dans aucun concert, est-il dit en 1809, « on ne voudrait faire au dieu de l'harmonie une autre invocation et se choisir auprès de lui un autre patron que Haydn, tant son

---

(1) Voy. ci-dessus, p. 141.

(2) Bernadau, *Tablettes hist.*, Appendice III.

(3) Voy. M. G. Caudrillier, *Bordeaux sous le Directoire* (dans *la Révolution française*, janv. 1917, p. 36, d'après un journal du temps, *le Furet*, à ce qu'il semble).

(4) Nous ignorons à quelle date précise fut fondé le Conservatoire de musique du citoyen Mengozzi, auquel succéda Ferrari. Il est mentionné en l'an VII dans l'*Inv. des Arch. municip.*, par M. G. Ducaunnès-Duval, III, p. 230, art. D, 173.

(5) Il fit exécuter de 1804 à 1808, la symphonie *la Reine* de Haydn, un extrait de l'oratorio *la Création* de Haydn, une symphonie du même maître, une scène de l'*Alceste* de Gluck, une symphonie de Haydn en si bémol, une autre symphonie du même, et un air de l'*Iphigénie en Tauride* de Gluck (d'après le *Bull. polymathique de Bordeaux*, passim).

(6) Elle fit exécuter en 1809 *la Chasse* de Haydn; en 1810 une autre symphonie du même maître; en 1813 une symphonie de Mozart, l'ouverture de *la Flûte enchantée*, et une symphonie de Haydn; en 1816, l'ouverture du *Mariage de Figaro* de Mozart; en 1816, 1821 et 1822, trois symphonies de Haydn; en 1822, une ouverture de Beethoven (*ibid.*, passim).

mérite est reconnu, tant la variété de ses ouvrages offre
de ressources pour toutes les classes d'exécutants..........
Mozart devient en vogue depuis peu; mais est-il bien à
la portée des amateurs ? »

C'est aussi à l'un ou l'autre des deux groupements
précités que le public bordelais, et au premier rang celui
des Chartrons, se trouvèrent redevables du plaisir d'entendre un certain nombre de musiciens itinérants, dont
les noms ont plus ou moins surnagé dans l'histoire de
l'art : Romberg en 1800, les frères Bohrer en 1816 et 1820,
un certain Mayer qui en 1818 organisa des concerts à la
salle Bardineau (¹), le hautboïste Gustav Vogt en 1824
et de nouveau en 1839 (²); Franz Liszt une première fois
en 1826, une seconde fois en 1844 (³); Gustav Schilling
en 1827, le pianiste Thalberg en 1838 (⁴), et de nouveau
en 1845 (⁵); Ryckmans en 1844 (⁶), puis Schad en 1845 (⁷),
Reifenberg (?) en 1847 (⁸); d'autres encore, dont les registres du Cercle philharmonique (1837 et ss.) et de la
Société Sainte-Cécile (1852 et ss.) rediraient certainement
les noms jusqu'à la fin du second Empire s'il valait encore
la peine de les leur demander (⁹).

(¹) Serait-ce le Mayer (*de Mannheim*), chanteur de feu l'électeur palatin, qui
se fit entendre à Bordeaux en vendémiaire 1805, d'après le *Bull. polymathique*,
p. 375 ?

(²) D'après l'*Homme gris*, 7 et 14 déc. 1839.

(³) *Ibid.*, 7 sept. 1844 et ss. Ce journal annonce aussi la mise en vente d'un
portrait de Liszt sur papier de Chine.

(⁴) *La Gironde, revue de Bordeaux*, donne du concert un compte rendu
(1838, p. 62), suivi d'un éloge de la littérature et de la musique de « l'Allemagne
grave et sérieuse, l'Allemagne pleine de passions fortes », signé : J. B. Ch. D.

(⁵) Voy. l'*Homme gris*, 5 avril 1846. Thalberg mourut en 1871.

(⁶) *Ibid.*, 27 avril et 4 mai 1844. Voy. ci-après, p. 217, note 1.

(⁷) *Ibid.*, 20 déc. 1845.

(⁸) D'après Bernadau, *ouv. cité*, à la date.

(⁹) C'est à tort que le *Dict. de la conversation* fait naître le célèbre pianiste
J.-P. Rode à Bordeaux de « parents allemands ». Son père, parfumeur, était
né lui-même à Bordeaux en janv. 1717, dans la paroisse Saint-André, et
y mourut en 1790 (*Reg. paroissiaux* aux Arch. municip.). Quant au pianiste
(1774-1830), s'il est vrai qu'à partir de 1795 il voyagea beaucoup en Allemagne
et y prit femme, c'est tout ce qu'on peut dire. Le nom de Rode ou Rodes est
très fréquent dans notre ville au xviiiᵉ siècle.

A une soirée que le président Emérigon donnait dans ses salons de la rue de Cheverus vers 1830, le programme des auditions musicales comptait un bon nombre d'exécutants allemands que M. de Perceval appelle des Bordelais d'adoption : le pianiste Fr.-Wilhelm Kalkbrenner (*de Cassel*, + 1849), le violoniste Ernst (*de Brünn, Mor.*, + 1865), sans oublier le pianiste Funck, à la fois « facteur » et artiste. « Il occupait, maison Fenwick, au coin du quai des Chartrons, un local où l'on organisait sous ses auspices des concerts fort goûtés » (¹).

D'autres noms nous ont été conservés : Nicolas-Albert Schaffner, chef d'orchestre et compositeur, né en *Silésie* vers 1789, mort à Bordeaux en 1860; Joseph Schad, pianiste et compositeur, né à *Steinach, Bavière*, en 1812, mort à Bordeaux en 1879 (²); Henri Herz (*de Vienne*), pianiste et compositeur, qui vint à Bordeaux vers 1838 (³). A en juger par ce que nous savons des habitudes allemandes contemporaines, les professeurs de musique étaient certainement plus considérés parmi leurs compatriotes que ne l'étaient alors leurs collègues français dans la société bordelaise (⁴).

Ces musiciens itinérants se proposaient à coup sûr, entre autres buts, de faire connaître et apprécier l'art allemand par excellence. N'est-ce pas justement ce que nous faisions nous-mêmes dans une autre sphère lorsque

(¹) Émile de Perceval, *le Président Émérigon et ses amis*, 1795-1847 (Paris et Bordeaux, 1903, pp. 297 et ss., 305 et ss.). La date « vers 1830 » à laquelle nous fixons cette soirée nous est imposée par ce fait que Rode mourut en ladite année (*Biogr. girond.* de Féret). D'après le contexte de M. de Perceval, il semblerait qu'elle eût eu lieu en 1835.

(²) Féret, *Biogr. girondines*.

(³) Né en 1806, + 1888; connu aussi comme facteur de pianos.

(⁴) Bordelais d'adoption, sinon de naissance, souvent Alsaciens, tels étaient, semble-t-il, la plupart des professeurs de musique à noms allemands que citent les annuaires de 1841, 1858, 1870 : les frères Graff, Matz, Rhein, J. et A. Rodolphe, Kuhn, Nicklès, Schneider, Willems, Bopp, Craywinckel, Engelbrecht, Gladisch, Hekking, Schmidt, Stock, etc.

nous envoyions la Comédie Française donner des représentations à Berlin ou à Saint-Pétersbourg, ou lorsque nos peintres et nos sculpteurs exposaient leurs œuvres à Rome ou à Londres? — A la date où nous sommes de notre récit, nous ne nous croyons pas autorisé à suspecter, derrière la propagande de ces artistes allemands, des vues de domination germanique.

En rappelant tous ces faits, ne sommes-nous pas sorti de notre vrai sujet? — Non certes, car il est bien permis de conjecturer, en l'absence même de tout témoignage direct, que la colonie des négociants chartronnais se pressait à ces concerts, autant pour faire fête à des compatriotes que pour se bercer un instant à l'audition des symphonies venues d'Allemagne [1]. C'est peut-être même à l'instigation des instrumentistes allemands qui se pressaient chez le président Emérigon, qu'eut lieu en 1841 la tentative audacieuse de faire jouer la musique dramatique de *Robert le Diable, Don Juan, Moïse, Freischütz*, etc., sur la scène de notre Grand-Théâtre par une troupe de langue allemande [2]. Il y eut foule à ce gala de trois semaines, ce que Bernadau explique méchamment en disant que « les Bordelais aiment les choses qu'ils n'entendent pas » [3]. Au vrai, la tentative d'introduire à

----

[1] Était-ce bien un Allemand, ce sieur Ryckmans qui, en 1835, conçut le projet de fonder à Bordeaux un Conservatoire de musique? (Voy. *la Gironde, revue de Bordeaux*, 1835, p. 884.) Nous n'avons pu tirer au clair cette question.

[2] Voy. à notre Appendice III, les extraits de trois journaux du temps, relatifs aux huit représentations données par cette troupe.

[3] Cette épigramme ne saurait suffire à trancher la question de savoir si la troupe chanta chaque fois le livret *en langue allemande*. La réponse nous est donnée par le critique théâtral de l'*Homme gris*, journal littéraire de ce temps (26 juin 1841) : « Nous ne pouvons être que très mauvais juges du talent de ces artistes, dont la langue nous est totalement inconnue et ne nous a pas paru prêter beaucoup à l'harmonie. Aussi ne constatons ici que nos impressions, attribuant généreusement à la dureté de la prononciation allemande ce qui parfois nous a paru étrange dans la manière de phraser de nos visiteurs. » — Se rappeler qu'en 1841 le chef d'orchestre du Grand-Théâtre était depuis quelques années déjà un Allemand que nous avons déjà nommé, Schaffner, — et que le directeur était Léon, d'origine israélite, comme tel enclin aux initiatives hardies.

Bordeaux l'opéra musical des grands maîtres d'outre-Rhin était prématurée. Elle ne sera reprise qu'après 1852 et ne triomphera pleinement qu'après 1871.

Ces hôtes de passage méritaient de retenir un instant notre attention, non seulement parce qu'ils furent membres de la colonie temporaire, mais encore et surtout parce qu'ils exprimaient un certain rayonnement du germanisme sur Bordeaux, d'une valeur plus haute et plus pure que celui qui émanait du commerce ou de l'armement.

Les éléments d'information nous manquent pour caractériser moralement l'ensemble de la colonie en ces temps de laborieuse et loyale émulation qui s'étendent de la fin de la Révolution jusqu'aux approches de 1870. Voici cependant quelques faits qui comportent, chacun à sa manière, une signification historique :

Au commencement de l'année 1796, alors que le pays était à peine libéré du joug des Conventionnels, le négociant Peters offrit à ses concitoyens (je ne dis pas seulement ses compatriotes) un grand souper suivi d'un bal, qui ne compta pas moins de deux cents invités. On y joua gros jeu, jusque-là que le maître de la maison perdit, au bout de quelques heures, 50.000 écus en monnaie sonnante. Les contemporains du Directoire étaient d'ailleurs coutumiers de ces sortes de folies. Pour se faire pardonner la sienne, Peters distribua, le lendemain, aux pauvres de son quartier, les restes du banquet et une somme de 20.000 livres. Bernadau, qui raconte cette petite histoire, ajoute avec indulgence : *caritas operit multitudinem peccatorum* (¹).

Infiniment plus dignes d'estime furent les solennités

______

(¹) Voy. Bernadau, *Tablettes hist.* Il est souvent question de Peters dans le livre de M. Meaudre de Lapouyade sur le peintre Lonsing.

religieuses et théâtrales auxquelles donna lieu la mémoire du grand compositeur François Beck, à la fin de 1809, en possession des titres de membre de l'Académie de Bordeaux et de correspondant de l'Institut de France. On lui fit à Saint-Seurin, quelques semaines plus tard, un service solennel où se pressait tout ce que la ville comptait alors de gens marquants. On alla jusqu'à lui dresser un buste dans l'une des salles du Grand-Théâtre [1]. Nul ne songeait, même en ces dures années de guerre, à lui tenir rigueur de son origine allemande [2].

Il ne sera point sans instruction de consigner ici une « histoire édifiante » de l'année 1815, qui eut quelque retentissement en son temps et que M. l'abbé Moulard raconte en ces termes :

« Un négociant luthérien de Bordeaux, Geiseler [3], avait laissé sa fille unique s'instruire dans la religion catholique et en faire profession. Un prêtre de la paroisse Saint-Louis, l'abbé Lespiaut, et une vieille demoiselle captèrent à ce point la confiance de la jeune fille qu'ils lui persuadèrent d'embrasser la vie religieuse, et, malgré l'opposition des siens, elle disparut de la maison paternelle. Le père alla trouver Msr d'Aviau pour qu'il l'aidât

---

[1] Il y a aussi un portrait peint de ce maître dans une des salles du Grand-Théâtre. Une rue du quartier de la gare Saint-Jean porte son nom.

[2] Voy. Bernadau, *Tablettes hist.*, à l'Appendice III. Cf. le *Bull. polymath.*, 1810, pp. 53-56.

Bernadau lui a consacré en outre une notice biographique qui fut imprimée dans le *Panthéon d'Aquitaine* et reproduite dans le *Bull. polymath.*, 1810, pp. 56-58. — Cf. Féret, *Biographies...*; G. Ducaunnès-Duval, *Inv. des Arch. municip. de Bordeaux, période révolut.*, II et III, passim; Fétis, *Biographies des musiciens.*

Une étude approfondie de la vie et de l'œuvre de F. Beck mériterait d'être faite, en prenant pour point de départ les indications que fournissent les *Notes biographiques* mss. de Laboubée (t. II, fos 115-116, à la Bibl. municipale de Bordeaux). On prétend qu'il composa plus de trois mille pièces, dont la plupart, à la vérité, ne furent que commencées. Vingt-quatre de ses symphonies ont été publiées. Un *Stabat* et l'ouverture de l'*Orphée* de Glück suffiraient presque à sa gloire.

[3] Voy. ci-dessus, en tête du catalogue des chefs de maison, p. 67.

à retrouver son enfant. L'archevêque répondit « qu'une
» vocation aussi décidée ne pouvait être contrariée »,
et bien qu'il connût la retraite de la jeune fille, il ne
voulut point donner la main à son retour chez elle. Le
malheureux Geiseler, « plongé dans le désespoir », s'en
va conter l'aventure au préfet, [le comte Camille de
Tournon]; il a trouvé l'appui cherché. « Je vis sur-le-
» champ, dit ce dernier, que les protestants allaient crier
» à l'oppression et que l'union qui règne entre eux et les
» catholiques en serait troublée. » — Aussi mande-t-il
aussitôt le curé de Saint-Louis et celui de Saint-Michel
impliqué dans l'affaire, blâme fortement devant eux l'abbé
Lespiaut et leur annonce en termes catégoriques qu'il ne
souffrira jamais que « les membres du clergé favorisent
» les fantaisies qui peuvent naître dans une jeune tête,
» et concourent à briser les liens de la puissance pater-
» nelle ». Il leur enjoint de ramener eux-mêmes Mlle Geiseler à sa famille, ajoutant que, si elle persiste dans ses
désirs, son âge lui permettra de suivre sa vocation, même
malgré la volonté paternelle, et qu'ainsi le clergé ne sera
pas accusé de l'avoir séduite. Ainsi fut fait, à la grande
joie des parents » (¹).

Voici un autre « fait divers » qui mérite aussi d'être
recueilli. En avril 1820, Antoine Meerman, courtier en
vins, d'une famille hollandaise que nous avons vue arriver
à la fin du XVIe siècle et se franciser assez rapidement (²),
se mariait à Bordeaux, sa ville natale. À la signature du
contrat, l'assistance était nombreuse, car les Meerman
étaient riches et considérés (³). Or, parmi les signataires

(¹) *Le Comte Camille de Tournon, préfet de la Gironde, 1815-1822*, par
l'abbé Jacques Moulard, docteur ès lettres (1914, pp. 493-494), d'après deux
rapports du Préfet au Ministre, nov. 1815, conservés aux Archives nationales.

(²) Voy. ci-dessus, p. 31.

(³) Dans A. Ducaunnès-Duval, *Famille Meerman...*, pièce justificative n° 493,
p. 196. — Il y avait, paraît-il, quatre pages de signatures; mais l'éditeur n'en
reproduit qu'un petit nombre.

figurent des noms d'origine germanique, dont beaucoup existaient de vieille date à Bordeaux : les Meerman, les Streckeisen (¹), les Klipsch, les Hesse, les Pettersen, les Delbruck, les Albrecht, les Jahn, les Hovy, etc., mais dont quelques-uns pourtant étaient nouveaux, Georges Brandenburg, Juste-Frédéric Focke, T. Bell, etc.

La survivance, chez les Meerman, des goûts, des affinités, des relations sociales du passé est donc ici palpable, sans que la police se soit mêlée de leur en demander l'explication. On tenait pour certain que cette survivance ne diminuait en rien les sentiments de fidélité et de loyalisme à l'égard de la France dont les Hollandais d'autrefois avaient donné tant de preuves, et l'on respectait la liberté de leur foyer domestique.

Les souvenirs d'un bourgeois de Lubeck, qui en 1841 vint à Bordeaux, nous fournissent aussi quelques traits particuliers qui ne manquent pas de saveur (²).

Heinrich-Leo Behncke commence vers 1840, à l'âge d'environ vingt ans, son « tour d'Europe » en parcourant pour son instruction personnelle successivement le Danemark, la Suède, l'Allemagne méridionale, une partie de la France, de l'Espagne, du Portugal, de l'Angleterre et de l'Écosse. Chemin faisant il s'arrête à Bordeaux pour visiter ses parents ou alliés, les Gaden et les Klipsch, et faire auprès d'eux, comme il dit ingénieusement, son temps de hautes études vinicoles, *die weinhaendlerische Universitaetszeit.* Et il faut voir comme il comprend sa tâche et saisit l'occasion de s'initier à tout ce qui

(¹) Nous corrigeons *Severeisen,* qui est une mauvaise leçon, par *Streckeisen,* que nous connaissons depuis longtemps.

(²) *Eine Lübecker Kaufmannsfamilie* (Lubeck, impr. Rathgens, 1900, t. I, ix-719 pp. gr. in-8). Ce qui concerne Bordeaux se trouve aux pp. 671-674. Mais l'ouvrage comporte quatre volumes. M Meaudre de Lapouyade, à l'obligeance duquel nous en devons communication, se propose d'en rendre compte quelque jour au public bordelais.

concerne la préparation et le commerce des vins. « J'ai acquis beaucoup d'expérience, dit-il, sous la conduite de mon oncle, beaucoup causé des vins de Bordeaux, copié de gros cahiers où sont indiquées les qualités et les provenances des produits des années précédentes, étudié à fond les mémoires que mon oncle a composés, visité les communes [de vignobles], parcouru les environs et la campagne, goûté les vins sur place, et en somme beaucoup appris » (¹).

Il ne manque pas de visiter aussi la Bourse (²) où il rencontre nombre de ses compatriotes : Harms, Wunderlich, Herwig, Rahlff, Hendrichs, Klepper, Haugk ; — le théâtre où il assiste avec un de ses cousins à une représentation du *Barbier de Séville*. Puis il se rend à Talence, où son oncle possède une maison de plaisance et un vignoble, formant le domaine de Bonnefont, qui nous est décrit avec amour.

Les quatre pages que Behncke consacre à Bordeaux, ne donnent point entière satisfaction à notre curiosité de savoir comment se comportait alors la colonie allemande de notre ville. Telles quelles, elles nous laissent entrevoir un monde où l'activité des affaires, les agréments de la fortune, le goût de la musique, la vie de famille, suffisaient encore au bonheur de chacun.

Il faut savoir cependant que la paix intérieure dont jouissait la colonie fut fortement compromise par les grands événements militaires qui remplissent l'histoire politique de l'Europe sous le second Empire. Les Scan-

---

(¹) « So habe ich denn viel mit ihm (d. h. dem Onkel Gaden) probirt, viel über Bordeaux Weine gesprochen, grosse Hefte über Qualitæten früherer Jahrgænge und deren Gewæchse abgeschrieben, Aufsætze von ihm durchstudirt, die verschiedenen Gemeinden kennen gelernt, bin mit ihm ins Land und die Umgegend gereist, probirte die Weine an Ort und Stelle ; genug, ich habe viel von dem alten Herrn gelernt... » (p. 672).

(²) Bourse de valeurs et Bourse d'affaires, possédant alors une importance qu'elle a depuis longtemps perdue.

dinaves de Bordeaux qui, en tant que Luthériens, frayaient volontiers avec les Allemands et participaient au même culte dans la même chapelle, firent presque tous dissidence après la conquête des duchés de l'Elbe par les troupes de la Confédération germanique (1864). A leur tour, Allemands, Prussiens et Autrichiens trouvèrent motif à zizanie dans la victoire de Sadowa et dans les annexions qui donnèrent à la Prusse le royaume de Hanovre, l'électorat de Hesse-Cassel, le duché de Nassau, le landgraviat de Hombourg, la ville libre de Francfort (1866). L'importance de ces événements n'échappait à personne. Si les Prussiens exultaient insolemment, les Autrichiens se sentaient humiliés ; les Confédérés proprement dits, ceux du Sud et ceux du Nord, se demandaient quel sort leur réservait cette montée soudaine du militarisme prussien. Pour n'avoir point débordé le faubourg des Chartrons ni laissé de témoignage écrit, les discussions et les querelles n'en furent sans doute pas moins vives pendant quelques années et secouèrent jusqu'en ses profondeurs le groupe des immigrés allemands établis dans notre ville.

D'un tout autre ordre étaient les pensées et les préoccupations d'un contemporain de ces événements : Paul Wendt, *de Stettin* (?), arrivé à Bordeaux vers 1864 et reparti dès 1869. Cet employé de la maison Cruse était en même temps un lettré. C'est probablement lui qui est visé sous la désignation de « jeune poète allemand » dans le récit que nous reproduisons plus loin d'une *Saengerfahrt* sur la Garonne, à la date du 7 juin 1868. Il est l'auteur d'une « nouvelle » intitulée *Château-Lafite* (vers 1880), où l'on trouve des descriptions, prises sur le vif, de la vie commerciale à Bordeaux, de l'existence des jeunes employés allemands et de leurs habitudes (¹). Il a

____

(¹) Cette nouvelle offre ainsi, par un côté, un intérêt documentaire. Nous regrettons d'autant plus de n'avoir pu nous la procurer.

publié, dans la célèbre revue *Gartenlaube*, une étude qui
a pour titre *Kœnige von Gottes Gnaden* (*Rois par la grâce
de Dieu*), et ce sont les grands premiers crus de notre
Bordelais : Château-Lafite, Château-Latour, Château-Mar-
gaux et Château-Yquem, dont la royauté est reconnue
sans conteste dans tous les pays civilisés. Rentré en
Allemagne, Paul Wendt fixa sa résidence à Stettin, comme
représentant de la maison de vins A. Lalande et Cie, et
plus tard de la maison Barkhausen et Cie (1). Vers 1890,
il accepta de traduire en allemand l'ouvrage *Bordeaux et
ses Vins* de Cocks et Féret, que nous avons signalé tout
à l'heure. Sa traduction, extrêmement consciencieuse et
soignée, nous arrêtera un instant (au chapitre x), quand
nous étudierons la place prise par les Allemands dans le
commerce local (2).

Plusieurs des familles allemandes de cette génération
ont donné à notre ville des hommes marquants, qui figurent presque tous dans la *Biographie des notabilités
girondines* de Féret : Jean-Claude Leupold, mathémati-
cien et physicien distingué, né à Bordeaux en 1774, mort
en 1840 (3), fils du peintre Jean-Jacques Leupold ; —
Jacques-Henri Wustenberg, né à Bordeaux en 1790, mort
en 1865, président de la Chambre de commerce, député
de la Gironde et pair de France sous Louis-Philippe (fils
d'autre Jacques-Henri Wustenberg qui fut consul de
Prusse jusqu'en 1824) ; — Alexandre de Bethmann (petit-

---

(1) Toujours occupé de littérature, il a publié un drame, *Ein deutscher
Brutus* (Stettin, 1880) ; un livret d'opéra, *die Rose von Thiessow* (Leipzig, 1894) ;
un drame musical historique, *Arkona* (Stettin, 1913), et, ce qui nous intéresse
davantage, ses souvenirs d'infirmier militaire, *Hinter der Front. Ernste
u. heitere Erinnerungen eines Feldlazareth-beamten in dem deutsch-franz.
Krieg 1870-71* (Rathenow, 1891).

(2) Paul Wendt, né vers 1844, vivait encore en 1907, mais avait transféré son
domicile à Berlin (Renseignements particuliers).

(3) Il fut reçu en 1798 comme membre résidant de la Société des sciences,
belles-lettres et arts de Bordeaux, qui reprit en 1815 le titre d'Académie.
(Voy. les *Actes de l'Académie*, 1913, p. 346.) C'est en souvenir du père (et non
du fils) qu'une rue de Bordeaux porte le nom de Leupold. Cf. ci-dessus, p. 143.

fils de Jean-Jacques de Bethmann), né à Bordeaux en 1805, maire de 1867 à 1870, mort en 1871; — Fritz Clossmann, né à Bordeaux en 1817, reconnu citoyen français en 1849, grand viticulteur et éleveur, mort en 1883; — J.-H. Schyler, né à Bordeaux en 1805, mort en 1878, député de la Gironde de 1852 à 1857; — Henri Barckhausen (avec un *c*), né à Bordeaux en 1834, professeur à la Faculté de droit, préfet de la Gironde en février-mars 1871, mort en 1914, juriste, historien, publiciste, l'esprit le plus éminent qu'ait produit la colonie (1); — Étienne-Albert Brandenburg, né à Bordeaux en 1835, maire de 1878 à 1884, mort en 1886 (2); — Franz Schrader, né à Bordeaux en 1844, géographe éminent dont les publications font date dans l'enseignement de la géographie en France; — le pasteur Daniel Lortsch, né à Bordeaux en 1857, mort en août 1916, qui occupait une place très en vue dans le protestantisme français comme agent général d'une « Société biblique » internationale et comme auteur d'une savante *Histoire de la Bible en France*; — Oswald-Pierre Heidbrink, né à Bordeaux le 16 octobre 1858 (3), mort en mars 1914, peintre et graveur connu.

Autant de noms enlevés à la cause du germanisme déjà débordant; autant de valeurs prélevées par nous sur son trésor de propagande.

❖
❖ ❖

Nous avons expliqué précédemment comment, sous l'Ancien Régime finissant, Luthériens étrangers et Protestants français de Bordeaux s'étaient entr'aidés pour

---

(1) Voy. la notice biographique que lui ont consacrée MM. Paul Courteault et Camille Jullian, en tête du tome L des *Arch. hist. de la Gironde* (1915).

(2) Le libéralisme de la municipalité bordelaise nous a valu un boulevard Brandenburg, comme il nous avait valu précédemment une rue Wustenberg.

(3) Et non pas à Barbaste (Lot-et-Garonne), comme le prétendent Féret et quelques autres biographes bordelais. (Cette rectification a déjà été présentée par M. Rousselot, sous-archiviste de la Ville.)

relever en commun le culte réformé. Interrompue par la
Terreur, l'entr'aide reprit aussitôt après, à telles ensei-
gnes qu'en 1796 les collecteurs de l'Église allaient solliciter à domicile les souscriptions des familles hollandaises,
scandinaves, allemandes que nous connaissons déjà :
Wirz, Wetzel, Bapst, D.-C. Meyer, Beyermann, Müller,
Meinicken, Schuller, Enmerth, van Dœhren, Wessels,
Herzog, etc. (¹). A sa mort, en 1802, Johann Robrahm
(*alius* Robroham) léguait une somme de 600 francs aux
pauvres de l'église des Chartrons (²), et en 1817, un certain Gardiol, caissier de la maison Bethmann, laissait
6.000 francs au Consistoire « pour fonder une école et
placer une cloche nouvelle au temple des Chartrons ». (³).
En 1805, Pœhls devenait membre du Consistoire officiellement réorganisé ; plus tard Ferdinand Schrader père
était élu diacre des pauvres. L'église réformée s'assimilait ainsi l'élément luthérien. Cet élément, on le retrouve
bientôt, nombreux et influent, dans les diverses associations religieuses qui se fondèrent à Bordeaux après le
premier Empire : *Société biblique* (vers 1820), *Société
protestante de bienfaisance* (1829), *Société chrétienne
protestante* (1835), etc.

Durant les années qui suivent, le mouvement de concentration se continue si bien qu'une église luthérienne parut
longtemps superflue à Bordeaux. Pour comprendre la
naissance de celle qui apparut en 1856, il faut se rappeler
que, dans la seconde moitié du XVIIIe siècle, quelques
Frères moraves avaient apporté, dans la colonie ravagée
par le philosophisme, les semences d'un christianisme
positif et agissant (⁴). Ils s'y perpétuèrent après la Révo-

(¹) Voy. le *Reg. ms. des délibérations du Consistoire*, à la date.
(²) D'après Laboubée (*Notes biographiques* déjà citées, XV, f° 114), ce Jean
Robrahm était originaire de Potsdam, alors qu'un autre document le dit né
à Magdebonrg.
(³) *Mémoires* mss. de Daniel II Ducos, qui affirme que ledit Gardiol était
Allemand. Il ajoute que la cloche ne fut mise en place qu'en 1835.
(⁴) Voy. ci-dessus, p. 128.

lution, et c'est très probablement dans leur maison commune de la rue Tourat (¹) que se rassemblèrent, de 1803 à 1825, les plus fervents d'entre les Allemands de ce temps.

Les Frères moraves une fois partis, leur esprit et leur zèle survécurent en quelques-uns de leurs adhérents qu'un « frère » de Saint-Hippolyte-du-Fort (Gard), venait visiter de temps à autre (²). Le plus connu de ces néo-Moraves est Joachim-Heinrich Klauer (³), fondateur en 1837 de la « Mission luthérienne » en faveur des marins allemands et scandinaves qui affluaient alors dans notre port (⁴).

C'était une « figure » que ce Heinrich Klauer, au dire de ceux qui l'ont connu. Dans le monde des affaires, où ce n'est pas l'éducation de la conscience, ni la qualité de l'esprit et du cœur, qui mettent le plus de distance entre les hommes, mais plutôt la fortune sonnante et le train extérieur de la vie, ce libraire de troisième ordre se dressait en contraste vivant. Pour lui, la piété était le tout de la vie, non pas la piété qui se complaît en elle-même, mais celle qui se répand en œuvres de compassion et d'amour pour la perfection morale et religieuse du prochain et pour son salut éternel. Il était de la famille de ces fervents Luthériens qui, humbles et pauvres, ne songent qu'à glorifier le Maître qu'ils ont choisi. J'en ai

---

(¹) Cette maison, n° 6 de la rue Tourat, avait une seconde façade au n° 5 de la rue Constantin. Achetée en 1803 sous le nom d'un propriétaire nominal Zaeslein, elle fut revendue en 1825. Voy. notre Appendice III.

(²) C'était le pasteur Schœffter.

(³) Né à Münden (Hanovre) en 1783, arrivé à Bordeaux comme maître de langues en 1814, y mourut pauvre en mars 1870 à l'Asile des vieillards protestants de la rue Sainte-Élisabeth. En 1848, sinon plus tôt, il tenait un dépôt de bibles établi rue du Jardin-Public, et transféré plus tard rue Judaïque. — Heinrich Klauer eut au moins deux fils : Charles, né à Lormont en 1817, + 1835 ; Wulfin-Rubien, né à Bordeaux en 1834 ; et une fille, Suzanne-Henriette, épouse Chamme, qui obtint en 1852 le brevet de libraire.

(⁴) Voy. ci-dessus, p. 167. — Son local, autorisé par l'Hôtel de Ville (août 1837). se trouvait au n° 123 du quai des Chartrons. — L'histoire de cette œuvre a été racontée en détail par le pasteur Alfred Conrad, dans la notice qu'il a consacrée à l'église allemande de Bordeaux (Voy. ci-dessous le chap. vii.)

rencontré quelques-uns aux temps lointains de ma jeunesse. Je crains bien que la race n'en soit sinon éteinte, du moins fort amoindrie dans l'opulente et orgueilleuse Allemagne de Guillaume II.

Autour de l'œuvre fondée par Klauer, se groupa par surcroît un petit noyau de fidèles, qui se placèrent délibérément sous la houlette du prédicateur Helmstetter (1839) (¹), bientôt remplacé par J.-L. Schiep (*de Neuwied-am-Rhein*), décédé en 1856 (²). De la vie spirituelle de cette nouvelle communauté de croyants, de son activité missionnaire, de ses œuvres de charité pendant les dix-sept années de son existence, l'histoire ne sait déjà plus rien (³), si ce n'est pourtant qu'elles offrent quelque analogie avec celles de la « Low Church » anglicane qui se constituait vers le même temps pour aboutir rapidement à la construction de son temple (1844). — Nous pouvons seulement affirmer qu'après la mort de Schiep, la communauté luthérienne s'organisa en église autonome, sur la base du christianisme scripturaire, en conservant à sa tête le Comité de 1837, qui s'intitulait tantôt « Comité d'évangélisation des marins du Nord », tantôt « Comité de la chapelle évangélique allemande-danoise instituée en faveur des marins étrangers » (⁴). Le culte public se célé-

(¹) Le plus ancien livre de caisse de l'église mentionne la présence à Bordeaux, en 1839, du sieur F. Helmstetter, ministre du saint Évangile. Il signe même comme membre du Conseil de l'église.

(²) Il fut enterré au cimetière protestant de la rue Judaïque. En 1886, à l'expiration de la concession trentenaire, son corps fut, à la demande de l'un de ses successeurs, M. Lindenbein, admis dans le tombeau commun (propriété du Consistoire français) où ont été recueillis un certain nombre d'ossements provenant du cimetière protestant de la rue Laville désaffecté. Ce tombeau, numéroté 11, se trouve au coin d'une allée parallèle à la rue de la Manutention.

(³) Parmi les bienfaiteurs, le registre de comptes mentionne, en 1842-48, le préfet de la Gironde, baron Sers ; mais il faut savoir qu'il était protestant.

(⁴) Composé de MM. Louis Eschenauer (Alsacien, 1797-1873) ; de Coninck (Danois) ; Antoine-Auguste Douesnel (commissaire de marine en activité, + 1889) ; Heinrich Klauer (Allemand, + 1870). Il s'adjoignit à partir de 1861

brait dans une des salles du Consistoire français (rue Notre-Dame), suivant les formes traditionnelles de la liturgie luthérienne, où l'élément historique et symbolique se perpétue dans des proportions qu'ignore la liturgie réformée des protestants français.

Cette église naissante eut trois pasteurs successifs [1], qui furent astreints à prêcher alternativement en danois et en allemand [2]. En 1866 seulement [3], elle s'organisa en église officielle et fit construire, par l'initiative de son Comité directeur constitué à cette fin en Société civile (*consortium*) [4], la chapelle gothique qui a pignon rue Tourat [5], sous le nom de chapelle allemande-scandinave. L'acte constitutif de cette Société comme « personne juri-

---

deux Scandinaves : Ed. Kirstein fils (qui démissionna en 1865), et Hyllested, — puis quatre Allemands : J.-H. Cœster (+ vers 1890); Georg Schacher (+ 1883, naturalisé en 1870); Gustav Preller (+ 1876, naturalisé après 1870), et Eugène Wenck (+ 1876). — Il ne faut pas confondre cet Édouard Kirstein, né à Bordeaux vers 1835, mort en 1899, avec son père Harald-Édouard Kirstein, né à Copenhague en 1801, mort à Bordeaux en 1861; tous deux d'ailleurs consuls de Danemark à Bordeaux.

[1] C. Jenssen (du Schleswig), 1856-63; — A. Engelmann (Alsacien), 1863-64; — P.-A. Hillberg (Allemand), 1864-70. — Ces détails et quelques-uns de ceux qui précèdent ou qui suivent sont empruntés au *Kirchenbuch*, registre des procès-verbaux du Comité directeur, commencé en 1856.

[2] Le culte en allemand était célébré le matin, tous les dimanches; en danois (ou dans l'un des deux autres idiomes scandinaves), l'après-midi, tous les quinze jours.

[3] C'est la date inscrite sur la clef de voûte de la chapelle; mais le culte public ne fut inauguré que le 27 janvier 1867.

[4] L'acte constitutif, en quinze articles, porte la date du 2 mai 1866 (Voy. notre Appendice III), et fut déposé chez Me Rambaud, notaire, qui le signa, assisté de son collègue Quintin (dont le nom a été omis sur l'exemplaire imprimé).

[5] Architecte, M. Blacquière. Le terrain coûta 16,000 francs; la construction, 29.700 francs. L'harmonium, d'environ 2,000 francs, sortait des ateliers de J. Jaehnert (de Dresde).

L'arrêté préfectoral qui autorisa la construction de ce temple est du 31 mai 1866; celui qui autorisa la célébration du culte public, après vérification de deux architectes, est du 19 décembre 1866.

Ce temple, où deux cents personnes peuvent tenir à l'aise, est décrit assez exactement dans le *Guide bordelais* d'Edouard Guillon.

dique » porte que le culte sera célébré « selon la vraie foi de l'Évangile, telle qu'elle est exprimée dans le symbole dit des Apôtres..... » (¹). Du *Vicaire savoyard* il n'était plus question depuis longtemps, ni du rationalisme de Lessing. Les âmes étaient ramenées aux sources historiques du christianisme et, avec plus de liberté que jadis, s'édifiaient dans la méditation du Nouveau Testament.

L'œuvre de la Mission parmi les marins passa à partir de ce moment au second rang. Cependant elle ne disparut point. En 1867, le pasteur visita encore quatre-vingt-quinze navires allemands et cent quarante-cinq navires scandinaves qui mouillaient dans notre port.

Par une bizarre conséquence qu'il est bien nécessaire d'expliquer, le Comité directeur se trouva composé des mêmes membres que la Société civile. En d'autres termes, le même groupe d'hommes fonctionnait à certains jours comme Société civile pour les relations avec les pouvoirs publics (*um den Charakter einer juristischen Person zu erlangen und somit in legaler Weise besitzfaehig zu werden*), — et, à d'autres jours, comme Comité directeur pour les affaires proprement ecclésiastiques (*um die Leitung des Werkes zu bewahren*).

En vue de la construction du temple, la Société civile avait formé une caisse spéciale où elle recueillit les dons en argent, dont beaucoup étaient de source française. Cette caisse ne disparut qu'en 1874, après l'entière liquidation des comptes de recette et dépense.

Au regard de la loi française, l'église allemande indépendante n'avait pu se constituer que grâce au patronage officiel qui lui fut donné par le Consistoire français de Bordeaux, suivant acte du 16 janvier 1867. Cet acte stipulait, en outre, que le président dudit Consistoire serait président honoraire du Comité ecclésiastique de la rue Tourat, et que le pasteur luthérien pourrait siéger avec

_____

(¹) Voy. l'art. 2 de l'acte constitutif.

voix consultative dans le Consistoire réformé. L'internationalisme religieux n'est pas moins réel, et, à tout prendre, il est plus ancien que l'internationalisme politique ou économique qui s'est si bruyamment affirmé au XIXe siècle.

✧
✧ ✧

Ce ne furent pas seulement les Protestants allemands, ce furent aussi les « Juifs tudesques » qui furent appelés à bénéficier des lois de liberté religieuse qu'avait promulguées la Constituante. A côté des synagogues des Portugais, des Espagnols, des Avignonnais, les Allemands de Bordeaux eurent aussitôt la leur, au n° 37 de la rue Sainte-Eulalie. Cette particularité intéressante a échappé jusqu'ici aux historiens locaux. Elle est mise en lumière par le procès-verbal de la saisie opérée, an l'an II, des matières d'or et d'argent dans les divers lieux de culte qui existaient alors dans notre ville (¹). La « synagogue des Juifs dits allemands » y est mentionnée à deux reprises.

Elle disparut sans doute sous la Terreur. Du moins n'en trouve-t-on plus de traces. Mais la grande incorporation des Israélites d'origine allemande, que nous avons étudiée précédemment (²), donne à penser que leur communauté religieuse se reconstitua après le Concordat.

L'*Almanach général de la Préfecture de la Gironde* de 1805 et ss. mentionne en effet l'existence à Bordeaux de huit synagogues distinctes, ayant chacune leur rabbin en propre. Il y a présomption que l'une au moins se composait d'Israélites venus d'Allemagne ou d'Alsace. Elles fusionnèrent lorsque le Consistoire israélite, de langue française, fut officiellement établi en 1809, et plus complè-

(¹) Arch. dép. de la Gironde, série Q (matières d'or et d'argent), s. numéro (en cours de classement par les soins de M. Oudot de Dainville).

(²) Voy. ci-dessus, p. 168.

tement encore lorsque la synagogue de la rue Causserouge fût ouverte en 1812. A partir de ce moment nous perdons de vue les Israélites de langue allemande, en tant que communauté religieuse (¹). Leur nombre alla d'ailleurs en décroissant sans cesse.

Quant aux Catholiques allemands, mêlés en très petit nombre aux Catholiques français, les lois de la Constituante les ramenèrent au droit commun, mais celles de la Convention les réduisirent fort injustement en deçà. Le Concordat de 1801-1802 allait leur rendre bientôt tous les droits légitimes auxquels ils pouvaient prétendre en matière ecclésiastique et religieuse. Leur vie propre, s'ils en eurent une, nous échappe d'ailleurs complètement jusque vers la fin du xixe siècle.

❖
❖ ❖

La grande considération personnelle dont le consul de Prusse, Julius Michaelsen, jouissait auprès des autorités constituées de la Ville et du Département, l'accueil que les meilleurs de ses compatriotes trouvaient dans quelques salons bordelais, petits ou grands, dans les cercles de société et jusque dans la Société philomathique, sont d'autres preuves de la bienveillance dont la colonie était alors l'objet, en dépit d'un certain persiflage qui s'exerçait volontiers à ses dépens.

Ne nous étonnons donc plus si un rimeur bordelais de ce temps fait entendre, dans un poème didactique sur *les Grands Vins de Bordeaux*, une note si sympathique aux gloires littéraires et musicales de la Germanie. P. Biarnez est, autant que ses contemporains, sincère et d'ailleurs fondé dans l'admiration qu'il professe pour elles en 1849. Peut-être l'est-il moins quand il attribue leurs

______

(¹) Cf. plus loin notre chap. vii, *in finem.*

mérites et leurs talents à l'usage qu'artistes et littérateurs d'outre-Rhin faisaient de nos vins du Médoc. Dans ce paradoxe comique nous trouvons comme un écho amplifié et démesurément grossi des opinions qui régnaient dans les chais des Chartrons. Il ne sera donc point déplacé d'en rappeler ici l'expression poétique (1) :

P. 104 : Si, malgré les horreurs d'un éternel hiver
          Qui suspend dans son cours et l'Elbe et le Weser,
          Nous avons vu jadis briller en Germanie,
          Sous tant d'aspects divers, le prisme du génie,
          C'est que, libre d'entrave et d'impôts odieux,
          Le vin inspirateur circulait en ces lieux.
          Maintenant que le Fisc, harpie inévitable,
          Étend ses doigts crochus jusque sur notre table,..
          Que nos voisins, privés des douceurs du nectar,
          Boivent avec dégoût quelque produit bâtard,
          Des Haydn, des Mozart on n'entend plus la lyre,
          Et le feu créateur avec Weber expire.

                . . . .

P. 107 : Chez les Germains, pourtant, quelle vive allégresse
          Éprouvaient, dans les champs, le peuple et la noblesse,
          Alors que, sous le chaume et dans tous les châteaux,
          Circulait librement le vin blanc de Bordeaux !

                . . . .

P. 108 : Que l'artisan plus riche oppose au froid externe
          L'électrique boisson de Barsac, de Sauterne,
          Et nous verrons surgir les Klopstock, les Winter,
          Winckelmann et Schlegel, et Lessing et Bürger.
          Là s'enivre d'Hoffmann la muse fantastique,
          Et le luth de Mozart exhale un son magique ;

(1) *Les Grands Vins de Bordeaux*. Poème par M. P. Biarnez. Première édition, 1849 ; deuxième édition, 1870. Bordeaux, Féret, gr. in-8° de 123 pp., outre un long appendice en prose. — La pièce en cinq actes de G. Hugelmann, *les Vins de Bordeaux*, qui fut représentée pour la première fois sur le Théâtre-Français de notre ville en septembre 1863, n'offre pas le même intérêt pour nous. Nous ignorons d'ailleurs d'où venait l'auteur.

Au sein de la fumée, armé d'un verre plein,
Le grand Schiller paraît, *Wallenstein* à la main.
Du peuple on ne voit plus sortir ces grands génies
Depuis que nos liqueurs de ces lieux sont bannies.

P. 117 :　　Là du grand Beethoven va germer le génie,
Et de notre vapeur naître une *Symphonie*.
Les magiques accents du ciel et de l'enfer
Sortent avec *Freischütz* du clavier de Weber ;
Au bocal stimulant sa noble ardeur s'anime
Et son premier accord est un accord sublime.
Et Gœthe, dont le nom doit devenir si grand,
Qui doit diviniser le langage allemand,
Près d'un flacon d'Yquem se recueille et médite,
Et va créer *Werther, Mignon* et *Marguerite*.
Grands hommes, demi-dieux, dans des libations
Vous puisiez autrefois vos inspirations.

On se représente difficilement aujourd'hui l'atmosphère de paix, de confiance, d'estime dont la colonie allemande était alors enveloppée. Ce sont là choses d'antan. A ces témoignages extérieurs se bornait d'ailleurs la bienveillance des Bordelais à son égard. Les alliances matrimoniales entre la France et l'Allemagne étaient rares. Sur l'ensemble des cent quarante-cinq noms que nous avons cités de 1796 à 1869. nous pourrions (abstraction faite de ceux qui étaient mariés lors de leur arrivée ou qui restèrent obstinément célibataires) en citer une cinquantaine qui, ne trouvant à se marier ni dans la société bordelaise ni dans la colonie allemande. furent contraints d'aller prendre femme à l'étranger.

Un dernier indice qui montre quelle place occupaient alors les Allemands à Bordeaux, ce fut l'importance prise par le cercle de société qu'ils fondèrent en 1864 sous le nom de *Germania*, sans qu'aucun Bordelais ait songé à suspecter tout haut l'esprit que pouvaient recéler ces quatre syllabes latines encastrées sur une encoignure des allées de Tourny (¹). Ce Cercle, qui s'annonçait comme devant être surtout une société chorale, comptait au début une cinquantaine de membres (chefs de maison et employés principaux), lesquels finirent par s'élever jusqu'à la centaine et peut-être même au delà. Faire de la musique instrumentale, chanter les *lieder* de Schubert, de Schumann et de Brahms, jouer aux cartes et au billard, fumer et consommer, parfois banqueter en commun, lire les journaux français et allemands (²), converser des affaires indistinctement en français et en allemand, tel était son programme (³). J.-C. Hopmann (*d'Altóna*) en fut longtemps le président et Bartisius (*de Kœnigsberg*) le secrétaire. Nous ne saurions rien de plus de son activité (⁴), ni de l'influence qu'il put exercer sur la colonie, — concurremment avec les cafés et brasseries de la ville où se réunissaient, chaque soir, les éléments flottants de la Petite Allemagne de Bordeaux, — si *La Gironde* n'avait rendu compte d'une soirée musicale de l'hiver 1868, avec des détails précis que nous croyons intéressant de reproduire ici (⁵) :

Le Cercle allemand la *Germania* a inauguré, il y a quelques jours, la série des soirées musicales qu'il compte offrir cet hiver à ses sociétaires de plus en plus nombreux.

Ce qu'il y a de remarquable dans ces réunions, c'est que tous les frais en sont faits par les membres mêmes du Cercle, parmi lesquels

(¹) Installé d'abord rue du Château-Trompette, 7, il se transporta bientôt place de la Comédie (dans l'immeuble du café de Bordeaux), avec entrée par la rue Mautrec. Mais le Cercle avait son gérant particulier.

(²) Entre autres, la *Kœlnische Zeitung*, la *Hamburgische Bœrsenhalle*, l'*Illustrierte Zeitung* de Leipzig, la *Gartenlaube*, l'*Ueber Land und Meer*, le *Kladderadatsch*, etc. — Il y avait aussi une petite bibliothèque de livres divers.

(³) Renseignements particuliers.

(⁴) Nous n'avons pu retrouver ses statuts ni à la Préfecture, ni à l'Hôtel de la Police, ni aux Archives départementales, ni aux Archives nationales.

(⁵) *La Gironde* du 9 février 1868. Nous devons connaissance de ce compte rendu et du suivant à l'obligeance de M. le professeur Paul Courteault.

on trouve bon nombre d'amateurs de mérite réel. A cette soirée d'inauguration, la société chorale, si bien dirigée par M. Kuhn, s'est dignement et brillamment acquittée de sa tâche dans le *Liedesfreiheit*, de Marschner, *le Barde*, de Reiter, et *le Chasseur*, de Polenz. Une jeune dame allemande, amateur fort distingué, de passage à Bordeaux, n'a pas eu moins de succès dans l'interprétation de divers morceaux choisis parmi des œuvres sorties de plumes fort opposées (Dohler, Mendelssohn, Thalberg et Willmers).

La *Germania* n'est pas exclusive dans ses propensions musicales, et elle a bien raison. Elle admet sur ses programmes tous les noms et ne s'inquiète que de la valeur de l'œuvre. Pourquoi n'en est-il pas ainsi partout ? Un de nos compatriotes, élève de l'excellent professeur Guérin, a figuré avec honneur parmi les solistes. Il a fait grand plaisir avec la *Canzonetta*, d'Allard, mélodie qui, soit dit en passant, n'eût jamais vu le jour si la *Romanesca* n'eût existé.

Voici un autre récit, emprunté également à *La Gironde* (15 juin 1868) et qui n'est pas moins significatif que le précédent :

Dimanche dernier 7 juin [1868], la colonie allemande de Bordeaux a clos gaiement les plaisirs de l'hiver par la traditionnelle *Saengerfahrt* (excursion de chanteurs). Un vapeur pavoisé aux couleurs germaniques a porté cent cinquante jeunes gens sous les ombrages de la citadelle de Bourg où les attendait un copieux déjeuner. L'élément lyrique était représenté par l'orphéon du cercle « Germania » sous la direction de M. Kuhn, et la fanfare Rollet. L'esprit français avait pour interprète un artiste qui a été longtemps le favori du Gymnase [de Bordeaux] : M. Richard, en portant un toast chaleureux à la paix, a protesté contre les haines nationales que les peuples ont expiées par tant de sang et d'argent. Il a traduit la pensée générale en déclarant que la France n'a pour l'Allemagne que des sympathies et que, si les maîtres de nos destinées, ceux sur qui pèse la responsabilité des luttes fratricides, interrogeaient la conscience populaire, ils apprendraient que les deux nations dont on fait aujourd'hui deux ennemies, ne demandent qu'à se tendre la main par dessus le Rhin, qu'à fraterniser cordialement. A son tour, un jeune poète allemand a rendu hommage en beaux vers à l'hospitalité de la France, et il a bu à l'union de la Gaule et de la Germanie.

Les pauvres n'ont pas été oubliés. Dans une vente aux enchères à leur profit, l'autographe de la poésie dont nous venons de parler a été acquis au prix de 215 francs, et la pipe de M. Richard, qui valait bien 10 centimes, a été payée 15 francs.

. . . .

En rentrant au port, le vapeur allemand sur lequel flottait la bannière patriotique, noir, rouge et or, a été salué au passage par des navires français qui ont arboré le pavillon tricolore, comme s'ils avaient voulu sanctionner par cette manifestation la magnifique allocution de M. Richard (1).

M. Ernest Lavisse a finement décrit ce passé dans ses *Essais sur l'Allemagne impériale* (2e édit., 1888, p. VIII) :

« En aucun pays on n'est heureux à moins de frais que dans celui-là [l'Allemagne]. Une réunion de camarades ou d'associés d'un *Verein* quelconque, une fête de famille, de cabaret ou de village, un verre de bière, quelques tours de danse, un chœur chanté sur les routes, y sont des provisions de bonheur tranquille. Nul ne s'y surmène, ni à la ville, ni à la campagne. Nul ne brusque la vie. Point d'âpreté au travail; une humeur ouverte à la joie de vivre, ce qui produit le *Gemüth*, cette bonhomie des gens satisfaits de leur sort. Tout le monde aime ses

______

(1) Sobre et pragmatique, ce compte rendu ne prête pas plus que le précédent à la critique. Il semble qu'on puisse en accepter le témoignage en son entier.

— Les élections législatives de juin 1869 donnèrent lieu cependant à quelques troubles de la rue (voir surtout le *Journal de Bordeaux* des 9, 10 et 11 juin), au cours desquels des déprédations furent commises contre de nombreux immeubles des Chartrons, entre autres ceux de MM. Finke et Cie; Schrœder et Cie; Michaelsen, consul de Prusse. En communiquant ces faits au journal *La Gironde* (n° du 11 juin), un « négociant électeur dont les vitres ont été brisées » ajoutait : « Or chacun sait combien ces maisons étrangères, vieilles à Bordeaux, sont estimées et aimées aux Chartrons par toutes les classes de la société. Leur éloignement de nos discussions politiques les mettait à l'abri de toute atteinte, et cependant elles ont subi plus particulièrement l'outrage des malfaiteurs... »

Ces faits motivèrent une instruction judiciaire sur l'issue de laquelle ni la *Gironde*, ni le *Journal de Bordeaux* ne nous renseignent. Il semble qu'elle ait été abandonnée et que l'on ait trouvé plus politique de faire porter la responsabilité des désordres à deux journalistes libéraux de ce temps, qui furent sévèrement condamnés à la prison et à l'amende (Voir le *Journal de Bordeaux*, 2 juillet 1869).

aises et les prend. *Sich bequem machen*, se mettre à son aise, est une coutume nationale, dont les effets sont très salutaires. Pour n'en dire qu'un seul, elle prémunit nobles et vilains, pauvres et riches, contre les tentations de la doctrine de Malthus. »

Soit, et j'y contredis d'autant moins que j'ai vu, en 1873, dans quelques cantons du Wurtemberg et de la Bavière, la survivance ultime de ces mœurs débonnaires. Mais ce n'est point seulement la foule amorphe et changeante qui conduit les événements (quand elle n'est point conduite par eux), ce sont aussi et plus souvent les dépositaires du pouvoir et de la force. Pendant que Français et Allemands fraternisaient sur les rives de la Garonne, les hommes d'État de Berlin travaillaient secrètement à les réveiller de leur songe doré par le retour à la réalité brutale des guerres homicides. Du cercle *Germania*, disparu dans la tourmente de 1870, il n'y eut bientôt plus que le souvenir. Combien de temps ses membres conservèrent-ils les sentiments de fraternité qu'ils étalaient à Bordeaux en 1868 ? Jusqu'à quel point leur conduite et leurs actes en furent-ils inspirés au cours de cette guerre de six mois ? Pour répondre à cette double question il faudrait une documentation particulière que nous n'avons pas. Le fait que les Prussiens provoquèrent la guerre (si en fait ils ne la déclarèrent pas) et se trouvèrent soudainement prêts à faire l'invasion de la France et menèrent la campagne avec une rigueur haineuse inconnue jusque-là, donne beaucoup à penser sur la sincérité des sentiments pacifiques que leurs compatriotes allemands et eux-mêmes nous avaient antérieurement prodigués.

J'écris sur textes probants et je n'affirme rien au delà de ce dont ils déposent. C'est la méthode documentaire, la seule qu'admette l'École. Mais vraiment suffit-elle, cette méthode, à nous donner une représentation adéquate de la réalité historique ? Et parce que les témoignages écrits nous montrent à Bordeaux, entre 1700 et 1870, une Allemagne pacifique, tempérante, discrète, de mœurs douces, de sentiments tendres, de volonté droite, s'ensuit-il que l'autre, celle que nous trouverons plus tard, ne se rencontrait pas déjà en puissance et même en acte? S'il est vrai que rien n'existe dans le présent qui n'ait ses racines dans le passé, comment expliquer autrement que par l'insuffisance de notre documentation le fait que l'effarante mentalité dont le peuple allemand nous a donné depuis lors le spectacle ne se peut même soupçonner, il y a cinquante ans, au sein de la colonie de Bordeaux? L'histoire fondée seulement sur les textes ne serait-elle donc qu'illusion et duperie?

Appuyée sur ces trois institutions : consulat, église, cercle, la colonie que nous avons vue naître à la fin du xve siècle possédait maintenant quelques-uns des organes nécessaires à sa prospérité ([1]), et était pleinement engagée dans la structure sociale de Bordeaux. Malheureusement pour elle, les progrès que nous avons constatés furent subitement arrêtés par la guerre de 1870. Le cercle *Germania* cessa aussitôt de se réunir ([2]), et le temple ferma ses portes le 15 août ([3]). Le consul et le pasteur quittèrent Bordeaux, sans hâte d'ailleurs, avant la fin du mois, le premier pour la Suisse ([4]), le second pour l'Angleterre.

([1]) Pour les institutions d'assistance et de commerce, nées postérieurement, voy. les chap. VII et IX.

([2]) Son fonds de secours, montant à 677 francs, fut versé dans la caisse de l'église luthérienne en octobre 1876 (*Reg. des délibér. du Conseil d'église*).

([3]) Il n'y eut point de mise sous séquestre en 1870, à la différence de ce qui s'est fait en 1914.

([4]) Le gouvernement prussien ayant, dès le début de la guerre, expulsé d'Allemagne les consuls français en exercice, le gouvernement de Paris décida par mesure de représailles que les consuls allemands exerçant en France cesseraient immédiatement leurs fonctions. — Voy. dans les *Proc.-verb. de la Ch. de comm.*, 1870, p. 541, deux lettres du Préfet de la Gironde y relatives.

Quant aux colons, ils se dispersèrent lentement, sans la
moindre avanie : les uns retournèrent en Allemagne, les
autres passèrent en Espagne, en Belgique ou en Angleterre (¹). A cette date du xixe siècle, leur nombre total
peut être évalué à trois ou quatre centaines, de tout âge,
de tout sexe et de toute condition (²).

Nos compatriotes avaient pris au sérieux le sentiment
de cordialité d'où était né l'étroit rapprochement que
nous avons constaté tout à l'heure entre la colonie allemande et la population bordelaise. Il y eut des banquets
d'adieux, d'où toute animosité personnelle était bannie (³).
Pendant les quatre semaines qui suivirent la déclaration
de guerre à la Prusse, les journaux locaux ne signalent
pas un seul fait d'hostilité individuelle ou collective à
l'égard des sujets de l'ancienne Confédération, rangés
maintenant sous les drapeaux de Guillaume Ier. La foule
se contente de suivre, au Théâtre Louit, la représentation

La première (datée du 27 juillet) concerne les consuls de la Confédération du
Nord, en l'espèce ceux de Prusse et de Lubeck, comme nous l'avons spécifié
précédemment ; la seconde (datée du 29 juillet) concerne les consuls de Bavière,
Bade et Hesse-Darmstadt méridionale, englobés sous le nom de « consuls de la
Confédération de l'Allemagne du Sud », bien qu'il n'y ait jamais eu, en fait, de
Confédération de ce nom. — Il est dit toutefois, dans la lettre préfectorale du
27 juillet, que les consuls allemands qui désireraient prolonger leur séjour
sur le territoire de l'Empire, jouiront du bénéfice de la note insérée dans le
Journal officiel du 20 juillet. C'est ce que fit M. Julius Michaelsen. A la bru-
talité des procédés prussiens le gouvernement français répondait donc par
des mesures pleines de modération et de condescendance.

(¹) Sur ce point, voir une lettre signée « Un Français électeur » dans
La Province du 29 août 1871.

(²) J.-H. Cœster a inséré dans le *Reg. des délibér. de l'église* (pp. 160-161)
un court mémorial des derniers faits, qui a la valeur d'un témoignage histó-
rique. Nous croyons donc utile de le reproduire en appendice dans sa langue
originale.

(³) Nous avons sur ce point un seul témoignage, mais il est formel : celui
du pasteur Lindenbein. Arrivé à Bordeaux en 1874, il a pu recueillir les faits
de première main. Or voici ce qu'il dit à la p. 115 de ses esquisses *Aus der
Gascogne*, parues en 1908 : *In den vor ihrer Ausweisung [in 1870] gehal-
tenen Abschiedsliebesmahlen rannen die Thraenen an den Fracks bei den
Umarmungen herunter, mit Versicherungen ewiger Freundschaft nebst
herzlichem Mitleid über die unausbleibliche Niederlage, da die Deutschen
ja tapfer seien, mais Bazaine, mais Mac-Mahon ! — Und als sie zurück-
kamen wurden sie wie Hunde in einem Kegelspiel empfangen.*

des *Prussiens en Lorraine* (¹), et de contempler aux vitrines des marchands d'estampes les sujets militaires qui se substituent aux sujets de sport ou d'idylle (²).

Mais bientôt se produisent les premières défaites des armes françaises. Dès le dimanche 14 août, trois jeunes Prussiens « de bonnes familles, attachés au haut commerce bordelais », se trouvaient, vers les quatre heures de l'après-midi, attablés dans une salle du Café de la Comédie (³). Entendant lire les dépêches qui annoncent l'entrée des troupes allemandes à Nancy, l'un d'eux se livre à haute voix à des propos offensants pour les Français, et tous trois trinquent ostensiblement au triomphe des armées prussiennes. — Quelques consommateurs se jettent alors sur eux et les maintiennent jusqu'à l'arrivée de la police qui les écroua à la prison du Hâ (⁴). Une scène analogue se produisit au Café Central (*auj.* bar de Suède, cours du XXX-Juillet), et eut pour héros un certain Maschek, peintre et photographe, sujet autrichien, qui fut conduit à la Permanence (⁵).

A partir de ce jour seulement la fermentation patriotique commence d'agir dans la population, qui dénonce et fait arrêter des gens inoffensifs (⁶). Un groupe de patriotes demandent que les Prussiens établis en France soient expulsés ou internés, et cette pétition, qui porte cinquante-quatre signatures, est reproduite par *La Gironde* du 17 août. Un citoyen propose de faire surveiller étroi-

---

(¹⁻²) Voy. *La Gironde* du 25 juillet 1870.

(³) *La Gironde*, dans son numéro du 16 août, place la scène au café de Bordeaux, mais se rectifie dans le numéro du 17.

(⁴) Voy. *La Gironde* du 16 août. — Ces trois Prussiens provocateurs s'appelaient Georg Lauffenberg (vingt-deux ans), Hermann Niemeyr (vingt-huit ans), Georg Rerch (vingt-neuf ans).

(⁵) Renseignements dus à un témoin oculaire.

(⁶) *La Gironde* des 16, 20, 27 et 31 août. — Dans *La Gironde* du 20 août on lit que la police arrêta un certain Aloïs Herzen (trente-huit ans), habitant Bordeaux depuis plusieurs années, pour propos hostiles à la France. L'accusé, jouissant dans son quartier d'une bonne réputation, fut bientôt relâché après avoir subi une semonce.

tement tous les Allemands pourvus d'emplois dans les services publics, particulièrement dans celui des chemins de fer, et sa proposition est admise dans *La Gironde* du 19 août.

De son côté, la Préfecture entre dans les voies de rigueur. Dès le 16, elle donne l'ordre aux Allemands du Nord de quitter Bordeaux dans les vingt-quatre heures (¹), et elle enjoint à ceux du Sud de se présenter, le 24 août suivant, au Consulat helvétique, avec les documents propres à constater leur identité (²). Pour ceux qui villégiaturaient encore à Arcachon, il y eut des délais de faveur (³). — C'est à ces mesures bénignes que se borna l'Administration bordelaise en réponse aux injurieuses manifestations du trio attablé au Café de la Comédie.

Énergumènes ou chauvins, rien dans les documents ne nous autorise cependant à les confondre avec ces agents allemands de l'Internationale ouvrière, dont M. Sadi-Carnot fils a signalé récemment les détestables agissements, vers la fin de juillet et le commencement d'août 1870 (⁴).

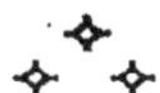

La période historique qui se clôt a vu se perpétuer la respectabilité de deux raisons sociales : Schrœder et Schyler et Cⁱᵉ, Bethmann et Cⁱᵉ, remontant à la première moitié du XVIIIᵉ siècle, c'est-à-dire plus haut qu'aucune

---

(¹) Pour les Allemands de Bordeaux, nous n'avons pu retrouver la date de l'injonction qui leur fut faite; mais nous avons dit précédemment que le temple de la rue Tourat ferma ses portes le 15 août.

(²) Voy. *La Gironde* du 16 août.

(³) Voir *La Gironde* du 25 août : « On nous assure que tous les sujets prussiens ou allemands en séjour à Arcachon auraient reçu l'ordre de quitter le territoire français *dans un court délai.* » — Nous savons d'autre source, par des témoignages oraux, que Bartisius, secrétaire du cercle *Germania,* fut emprisonné quelque temps à Bordeaux; que Langemak et Pockwitz, invités à quitter la France, en décembre, se réfugièrent en Espagne.

(⁴) Dans le *Correspondant* du 25 mai 1917.

autre « maison de vins » française, sans en excepter les
Bonnaffé venus des monts de Lacaune, les Balguerie
d'Agen, les Baour de Castres, les Guestier de Bretagne,
les Journu de Toulouse. Elle a vu s'affirmer en même
temps celle des *Gaden et Klipsch*, des Gevers, des Klepper,
des *Johns*, des *Clossmann*, des *Brandenburg*, des *Keyl*,
des *J.-J. Muller*, des Preller, des J.-L. Barckhausen, des
W.-C. Motz; des Michaelsen père ([1]) : Allemands de l'ancienne frappe qui, pour faire les bonnes maisons, ne
connaissaient d'autres moyens que ceux que recomman-
dait encore, tout à la fin du siècle, le vieux Lubeckois
Heinrich Leo Behncke : *Fleiss, Thaetigkéit, Ausdauer,
Nüchternheit und Entschlossenheit* ([2]). Au point de vue
purement historique, les pages qui précèdent nous obli-
gent à conclure qu'en 1870 leur colonie avait marqué son
empreinte à Bordeaux plus profondément que nous ne
l'avions d'abord préjugé.

C'est dans les dernières années de cette deuxième
période que plongent aussi leurs racines diverses maisons,
plus récentes que les précédentes, qui se sont retrouvées
ou perpétuées dans la période suivante par leurs descendants : les Pockwitz, les Dœrr, les Kappelhoff, les Kressmann, les Th. Barkhausen, les Claus, les Munzer, etc.,
dont nous allons maintenant parler.

Après tout, les sentiments dont Bordelais et Allemands
faisaient montre entre 1830 et 1870, étaient à l'unisson

([1]) Les noms en italiques sont ceux de maisons qui l'emportèrent sur les
autres par leur prospérité commerciale.

([2]) C'est-à-dire : Application, Activité, Persévérance, Sobriété, Résolution.
Voy. *Eine Lübecker Kaufmannsfamilie* (p. ɪv), cité plus haut. — Un Allemand
habitant Bordeaux, naturalisé Français depuis fort longtemps, disait récemment : « Les vieux Allemands n'existent plus depuis 1870. La Prusse a tout
prussifié. » Oui, la vieille Allemagne expie depuis quarante ans, de mille
manières, le tort qu'elle a eu de se laisser absorber par la Prusse.

de ceux que nourrissaient alors, sur tous les domaines de leur activité, la France et l'Allemagne, malgré les alertes de 1840 et 1866, dont la Prusse seule reste responsable devant l'histoire. — C'était le temps des « grands Allemands » de l'École romantique, à peine disparus, des « bons Allemands » de la Confération germanique, encore à peu près indemnes du microbe prussien, par lesquels, depuis un demi-siècle et plus, l'âme celtique fraternisait avec l'âme germanique; le temps où par les écrits de Charles de Villers, Benjamin Constant, Mme de Staël, sous le premier Empire; de Victor Cousin, Edgar Quinet, Jules Michelet, Montalembert, Lerminier, Alexandre Vinet, Lamartine, sous la Restauration et la monarchie de Juillet; de Mérimée, Caro, Taine [1], Victor Hugo, Ernest Renan, Edmond Schérer, sous le second Empire, l'Allemagne intellectuelle, morale et religieuse était si ingénument appréciée en France [2], sans que personne s'enquît encore de ce que valaient au juste les couches inférieures de sa population; sans que personne écoutât, malgré les avis de Stendhal, de Quinet (1832), de Lamartine, de Heine et du diplomate d'Angeberg [3], certains échos sinistres [4] qui partout franchissaient le Rhin; sans que personne enfin s'informât de ce que préméditaient déjà, contre la France des Droits de l'homme, les calculs des politiques de Berlin, les théories des publicistes teutomanes, les rancunes des patriotes, les convoitises des hobereaux et la jactance des chefs militaires.

[1] Cependant dès 1869 Taine se déjugeait quand il écrivait : « L'Allemand se transforme et change de caractère. Il devient orgueilleux, méprisant, injuste envers les étrangers... La transformation est énorme. » (Cité sans indication de source par la *Rev. hist. de Paris*, juillet 1915, p. 428.)

[2] Nous montrerons plus loin que cette estime pour l'Allemagne intellectuelle s'est perpétuée au delà de 1870.

[3] Voir son étude sur le *Congrès de Vienne* (1863), d'après Henri Stein, *Notre frontière de l'Est*, p. 76.

[4] Par exemple ceux qui venaient du *Handbuch der Weltgeschichte* d'Heinrich Leo (1835-44, 6 vol.) et des chants de guerre de Becker et Schneckenburger que nous rappelons ci-dessous.

Notons pourtant que l'*Indicateur de Bordeaux* (du 7 juillet 1841) protesta contre la *Marseillaise de la Paix*; il ne craignit pas de dire que cette ode était un « morceau de poésie politiquement et littérairement nébuleux », auquel Edgard Quinet venait de répondre [dans la *Revue des Deux-Mondes* du 15 juin 1841] « par des vers pleins de chaleur, de raison et de justesse, empreints surtout de ce sentiment de nationalité que M. de Lamartine [moins bien inspiré qu'Alfred de Musset] a traité comme une chimère ». — Y eut-il, en sens inverse, partage d'opinions dans la colonie allemande quand elle connut, à la fin de 1840 et au cours de 1841, le *Rheinlied* de Nicolas Becker, la *Wacht am Rhein* de Max Schneckenburger, et le *Deutschland über Alles* de Hoffmann von Fallersleben? C'est ce que nous ignorons.

La tendance anti-allemande s'était d'ailleurs affirmée, quelques années plus tôt, dans une autre feuille de Bordeaux, l'*Homme gris*, sorte de revue, hebdomadaire, politique, littéraire et satirique, que nous avons déjà citée. Dans son numéro du 17 novembre 1838, il s'était élevé énergiquement contre la violence dont avait été l'objet, à l'occasion de l'anniversaire de la bataille de Leipzig, le comptoir d'un sieur Ichon, négociant bordelais, établi à Brême. Dans un numéro subséquent, du 2 février 1839, il avait publié une bouffonnerie contre « l'Élixir de Francfort » qui « détruit en un clin d'œil les actions, coupons, talons et détalons (*sic*), anéantit radicalement les dividendes les plus invétérés et fait disparaître à jamais les intérêts les plus capitaux et les capitaux les plus étrangers ».

C'étaient là des voix discordantes. La symphonie était tout autre. Les peuples sont comme les individus sujets à toutes les défaillances du jugement. C'est un phénomène singulier que cet aveugle amour de la France pour l'Allemagne. Il s'explique peut-être par la loi des contrastes. Les Français s'enthousiasmaient de trouver chez les

Allemands ce dont eux-mêmes avaient parfois tant besoin : la liberté de pensée et de conscience, la décentralisation administrative et intellectuelle, l'existence simple et les mœurs dignes dans les classes moyennes, le zèle de la science pour la science, le goût des spéculations hardies uni aux convictions religieuses, l'amour de la musique et ce mysticisme poétique des libres penseurs allemands, qui corrigeait ce qu'avait de prosaïque et de sec le rationalisme français. Inversement les Allemands de ce temps s'éprenaient d'une civilisation qu'ils sentaient supérieure à la leur, d'un régime constitutionnel qu'ils ne possédaient pas encore, d'une organisation politique et sociale qui correspondait aux aspirations de leurs classes moyennes. Et si quelques-uns exprimaient sincèrement, à l'exemple d'Henri Heine, leur joie d'être des « Prussiens libérés », il n'y a point lieu pour nous, même aujourd'hui, d'en montrer de la défiance ou du dédain.

L'illusion des Français était de croire que les fils ressembleraient aux pères, que les générations se suivraient et se ressembleraient, que toute race porte en soi un ensemble de qualités et de défauts dont les événements ne sauraient beaucoup modifier les proportions traditionnelles.

S'ils jouissaient directement des chefs-d'œuvre musicaux de l'Allemagne, si même ils pouvaient couvrir de leurs applaudissements ses danseuses les plus cotées (¹), les Bordelais ne connaissaient toutefois que fort imparfaitement, par des comptes rendus et des traductions, quelques-uns de ses chefs-d'œuvre littéraires. La colonie ne fut pour rien dans cette autre initiation. Le truchement, ce fut *La Gironde*, revue mensuelle, née au milieu de

---

(¹) Sur les deux sœurs Elssler, réputées Allemandes, voy. deux longs articles de *La Gironde, revue de Bordeaux*, oct. et nov. 1836. — Dix années plus tard, Bordeaux voyait arriver un « prestidigitateur de talent », le sieur Hermann, de Hanovre (d'après l'*Homme gris*, 25 oct. 1846).

1833, par la volonté de G. Sadail. et d'ailleurs décédée à la fin de 1839. Le célèbre professeur de Montauban, Michel Nicolas, à six reprises [1], Adolphe Laun, quatre fois [2], Adolphe Mourier [3] et Jonain [4], chacun une fois, y entretinrent leurs lecteurs de la sarabande intellectuelle que menait alors la « Jeune Allemagne » à la suite de « l'Allemagne romantique ». Et ce fut tout….. [5]. Ce fut assez cependant pour nous autoriser à dire qu'à la seconde moitié du règne de Louis-Philippe correspond, avec ou sans la participation de la colonie, le plus haut période, prolongé jusque vers 1869, de l'influence littéraire et musicale de l'Allemagne à Bordeaux. Mais nous savons aujourd'hui ce qu'ignoraient encore les contemporains de Napoléon III : que, « de l'aveu même de Weber [6], l'opéra romantique allemand est sorti des œuvres de Méhul, Cherubini, Breton, Nicolo, et que, d'une façon générale, jusqu'en 1870 environ, Paris a donné le ton à l'Allemagne comme au reste de l'Europe dans la musique dramatique ».

Quant à l'Allemagne des philosophes, des érudits, des

[1] Déc. 1834, article sur le romantisme en Allemagne; fév. 1835, Burger; janv. 1836, Novalis; déc. 1836, le poème des *Nibelungen*; 1837, *le Franciscain*, traduit du *Visionnaire* de Schiller; 1839, article recommandant chaleureusement le *Panorama de l'Allemagne* que publie un certain Savoye.

[2] Juill. et août 1836, article général sur les poètes lyriques contemporains; 1837, deux articles sur Uhland et sur Platen; 1839, étude sur la philosophie de Goethe (en collabor. avec Jonain).

[3] Fév. 1836, article sur les *Mémoires* de Luther, trad. par Michelet.

[4] Nov. 1836, trad. en vers de quelques poésies de Uhland. — Jonain est dit quelque part professeur de littérature.

[5] Au point de vue strictement bordelais, si nous ajoutons que M. Hallberg ne commença qu'en 1868 son cours sur la littérature allemande à la Faculté des lettres; mais il est évident que les périodiques et les livres de Paris avaient accès à Bordeaux. En 1839, *La Gironde* recommande longuement à ses lecteurs la *Revue germanique* qui venait d'éclore dans la capitale. — La leçon d'ouverture de M. Hallberg fut imprimée chez Gounouilhou (Bordeaux, 1868, 19 pp. gr. in-8°) et mise en vente.

[6] Cité par M. Louis Reynaud, *Hist. génér. de l'influence française en Allemagne* (Paris, 1914, p. 483).

savants, elle ne trouvait pas encore un contact *direct* avec les esprits cultivés de notre ville. Autant les productions scientifiques de la librairie allemande avaient été, au XVIIIe siècle, largement accueillies à Bordeaux, nous l'avons montré précédemment (p. 148), autant elles étaient tenues à distance comme inutiles ou du moins inintelligibles depuis qu'elles avaient abandonné l'emploi du latin pour celui de l'idiome national. Entre les années 1800 et 1870, notre Bibliothèque municipale n'acquit, pour ainsi dire, aucun ouvrage en langue allemande (hormis quelques œuvres proprement littéraires), et rien ne peut mieux marquer en quelle ignorance nos professeurs de Faculté eux-mêmes vivaient à cet égard puisqu'ils ne possédaient pas alors de Bibliothèque universitaire en commun. Seule, la Société Linnéenne de Bordeaux recevait par voie d'échange (au moins à partir de 1830) les publications périodiques des Académies et Sociétés savantes de Munich, Bonn, Wiesbaden, Vienne, Kœnigsberg (¹). De savoir dans quelle mesure ces publications étaient utilisées est une autre question que nous nous garderons bien d'aborder ici. Quant à notre Académie des Sciences, Belles-Lettres et Arts, elle se montra d'abord réfractaire à cette sorte d'échanges. Elle ne répondit point aux avances indirectes qui lui vinrent, entre 1850 et 1856, de Gœttingue, Tubingue, Gœrlitz (en Lusace), Berlin, Vienne et Brême, et ne changera sa ligne de conduite qu'après 1880. Nous en reparlerons au chapitre IX.

Comme ceux de toutes nos grandes villes provinciales (Strasbourg excepté), les savants et les érudits bordelais vivaient alors sur eux-mêmes, ne connaissant du mouvement scientifique de l'étranger que ce que pouvaient leur en apprendre la *Revue des Deux-Mondes* et quelques revues plus spéciales. Nous ne demanderons point si cet

---

(¹) Celles de Munich à partir de 1830, de Bonn et de Wiesbaden à partir de 1844, de Vienne à partir de 1850, de Kœnigsberg à partir de 1860, etc.

isolement intellectuel fut un bien ou un mal : la réponse a été donnée par la conduite toute contraire qu'ont tenue les Français après leurs désastres de 1870 [1].

Avec la génération allemande que nous venons d'étudier disparurent les tendances idéalistes, religieuses, intellectuelles et morales qui expliquent l'influence de la « vieille Allemagne » sur la France moderne. Une autre génération est déjà née sur les bords de la Sprée et de l'Oder, sur les rivages de la Baltique et de la mer du Nord, positive, rationaliste, arrogante, dure aux siens et aux autres, bouffie d'elle-même et dédaigneuse d'autrui. Ce sont les représentants de cette « Allemagne nouvelle » que nous allons voir bientôt, à partir de 1872-73, accourir en foule à Bordeaux.

[1] Voy. ci-après le chap. IX.

APPENDICES

L'Appendice I a été supprimé pour raison d'opportunité.

L'Appendice II, étude comparée des *Ports de Bordeaux et Hambourg en 1913*, a paru dans la *Revue philomathique de Bordeaux*, novembre 1916.

L'Appendice III, auquel nous renvoyons fréquemment, devait se composer des nombreux documents inédits que nous avons tirés des archives locales. Pour ne point grossir démesurément le présent ouvrage, ces documents paraîtront dans les *Archives historiques de la Gironde*, t. LI (86 pièces, de 1702 à 1800), et t. LII (40 pièces, de 1803 à 1914).

RECTIFICATIONS

Dans les documents des XVIIe et XVIIIe siècles, la forme des noms propres est flottante, par exemple Robram et Robroham, Clock et Colck, Muller et Mœller, Meyer et Mayer. Nous avons essayé de les ramener à une forme fixe, sans avoir peut-être trouvé la meilleure.

Page 66, ligne 20. — Au lieu de *Passewack*, corr. *Pasewalk*.

Page 79, note 4. — Nous avons admis la valeur documentaire du célèbre tableau de Lacour, *le Port de Bordeaux vers 1810*. Nous avons maintenant quelque doute à cet égard. Ainsi la maison prétendue hollandaise, qui fait le coin du quai des Chartrons et de la rue Latour, y est figurée avec deux pignons et six fenêtres, alors qu'aujourd'hui elle ne porte qu'un seul pignon et trois fenêtres, comme sa voisine au coin de la rue du Couvent. Devons-nous admettre que sa façade a été modifiée au cours du XIXe siècle ? C'est peu probable.

Page 86, ligne 24. — Au lieu de *Wolgass*, corr. *Wollgast* (Poméranie).

Page 128, ligne 5. — Au lieu de *Costard*, corr. *Cossard*.

Page 145, ligne 9. — Au lieu de *ennemi*, corr. *ennemie*.

Page 187, ligne 11. — Au lieu de *1898*, corr. *1890*.

ADDITIONS

Page 3, ligne 14. — L'expression « querellè d'Allemand » était usitée à Bordeaux dès le xvi⁰ siècle. On la rencontre vers 1593 dans une plaidoirie d'avocat (Arch. dép. de la Gironde, série E, s. n⁰, calepin d'avocat).

Page 20. — Aux personnages allemands qui visitèrent Bordeaux au xvii⁰ siècle, ajouter Jacques Bernouilli, le grand géomètre de Bâle, 1678. (Cf. un article de M. Paul Courteault dans la *Revue histor. de Bordeaux*, 1913, p. 217.)

Page 20, ligne 2 du bas. — Continuer l'énumération par le nom de Jacob Crop (d'Altona), marchand, 1669 (*Bull. de la Soc. hist. prot. franc.*, 1892, p. 663).

Page 34, ligne 18. — *Creau* est peut-être une mauvaise leçon pour *Craen*. Un Nicolas Craen, Hollandais, demanda, au xviii⁰ siècle, des lettres de naturalisation (Arch. dép. de la Gironde, C, 3984).

Page 38. — Aux abjurations d'Allemands que nous avons indiquées d'après un registre du fonds des Jésuites (série H, s. n⁰, aux Arch. dép. de la Gironde), d'autres se peuvent ajouter (d'après les certificats contenus dans les dossiers G, 894 à 897, fonds de l'archevêché, aux Arch. dép. de la Gironde) que nous n'avons connues que tardivement.

Page 40. — Nous avons admis que les soldats suisses et les lansquenets allemands qui, de 1678 à 1686, avaient abjuré le luthéranisme entre les mains des Jésuites, l'avaient fait le plus souvent par esprit de discipline. A l'appui de cette conjecture, nous rappellerons ce témoignage de Montesquieu : « Ce qu'ils font de mieux [les Jésuites de Heidelberg], ce sont les soldats qu'ils convertissent presque tous. Je me convertis, disent-ils, parce que cela fera plaisir à mon capitaine et que vos cérémonies me plaisent. » (Voyage en Allemagne, 1729, dans *Voyages*, II, 1896, p. 170, édités par la Soc. des bibliophiles de Guienne.)

Page 43, cf. page 50. — La *Chronique bordeloise* de Pontelier, de 1671 à 1700 (Bordeaux, 1703, p. 162) contient la mention suivante : « Du 19 [août 1692], le sieur Seyzes, professeur de la langue hollandoise au collège de Guyenne, fut congédié par MM. les jurats à cause de son peu d'assiduité à remplir son devoir et ses obligations. »

Page 55, note 1.—Ajouter cette indication : Meaudre de Lapouyade, *Un portrait de Mad. Dauberral,* par Lonsing (*Rev. hist. de Bordeaux,* 1915, p. 202).

Page 71. — J.-E. Schickler, banquier venu de Berlin à Bordeaux quelques années avant la Révolution, se qualifiait « banquier des Etats suisses, fils de J.-J. Schickler, aussi banquier, originaire et bourgeois des Etats suisses » (Meller, *Familles protest.,* p. 66).

Page 76. — Un *Hôtel de Hambourg* se rencontre dès 1764 dans les Reg. mss. de la Jurade (Arch. munic. de Bordeaux, BB. s. n°, f° 62).

Page 91. — Le banquier autrichien Friès, que nous avons rencontré en 1764, semble pouvoir être identifié avec le baron de Friès, « comte et noble seigneur de la Lippe, conseiller aulique du Saint-Empire et chambellan », qui, le 31 mai 1782, de Vienne où il habitait, signe un appel des protestants de cette ville à leurs coreligionnaires de Montbéliard, leur demandant appui pour établir le culte réformé à Vienne, suivant la profession de foi helvétique et conformément à l'autorisation que leur a donnée l'empereur (*Bull. de la Soc. hist. prot. franç.,* 1899, p. 391).

Page 97, note 2. — A compléter ainsi : ..... n° 28, et celle qui porte la date de fin 1743, n° 17 (dans les *Arch. hist. de la Gironde,* tome LI).

Page 123. — Les Luthériens allemands de Bordeaux demandèrent à J.-J. Rousseau, par l'intermédiaire d'un certain Peyraube, de soutenir auprès de Malesherbes leur requête de 1765 (Voir *Bull. de la Soc. hist. prot. franç.,* 1898, p. 543). L'une des lettres y publiées donne le nom de ce protestant étranger établi en Picardie, que vise la requête : il s'agissait de Van Robais, qui en 1665 établit à Abbeville (Picardie) une fabrique de draps, avec privilège du roi.

Page 131, note 3. — L'arrêt du Conseil d'Etat du 4 mars 1726, concernant la sépulture des protestants étrangers dans les ports comme Marseille, Bayonne, Bordeaux, etc., a été publié avec la date du 24 mars 1726, dans le *Bull. de la Soc. hist. prot. franç.,* 1895, p. 262, et par L. Pilatte dans *Édits, déclarations et arrêts concernant la R. P. R.* (Paris, 1885, p. 558).

Page 146. — Il y a dans les salles dépendantes du temple des Chartrons et du temple du Hâ, deux médaillons représentant, de profil, la veuve de Georg Streckeisen.

Page 174. — Le baron Jacques-Henry de Sulzer-Wart, consul du roi de Bavière à Bordeaux, était de nationalité suisse. Né à Winterthur le 8 avril 1792, il était fils de Jean-Henry de S.-W., bourgeois de Zurich et de Winterthur, membre du Conseil supérieur de ce canton, chambellan du roi de Bavière, — et de dame Elisabeth Bidermann, habitant tous deux Winterthur.

Il arriva à Bordeaux, on ne sait dans quelles conditions, vers 1816 et prit dans les annuaires le titre de négociant. Le 11 février 1819, il épousa demoiselle Louise-Marthe de Raingeard, née en Georgie le 10 décembre 1794, domiciliée à Bordeaux, place Royale, 2, fille de François de Raingeard, ancien habitant et colon propriétaire à Saint-Domingue (Antilles), actuellement négociant à New-York.

Il habita successivement le cours du Chapeau-Rouge, le cours de Tourny, 27, le cours du Jardin-Public, 100, et la rue Saint-Paul, 33.

De ce premier mariage naquit, à Bordeaux, le 11 décembre 1819, un fils prénommé Maximilien-François, qui d'abord étudiant s'engagea à l'âge de 19 ans dans l'armée française (15 fév. 1839). Mais son acte d'engagement fut bientôt annulé par le Ministre de la guerre, comme n'ayant pas été précédé d'un changement de nationalité. Cette irrégularité fut sans doute corrigée puisque le dit Maximilien-François mourut peu de temps après, vers 1840, en activité de service.

Devenu veuf dès 1820, le baron Jacques-Henry de S.-W. épousa en secondes noces, l'année suivante, demoiselle Gabrielle-Mathilde de Canolles, née vers 1797, dont il eut un fils, Henry-Achille, né à Bordeaux le 1er février 1822. Celui-ci réclama la qualité de Français en 1843, et épousa vers 1865 demoiselle Marie de Gères, née vers 1845, dont il eut un fils prénommé Jean, né en 1866. Cet enfant et sa mère, qui demeuraient rue Fondaudège, 86, quittèrent Bordeaux vers 1877. « Son mari habite ailleurs », dit le registre du dénombrement de 1876, qui qualifie l'épouse de rentière.

Nommé consul de Bavière en 1819 (?), le baron Jacques-Henry de Sulzer-Wart conserva ces fonctions jusqu'en 1865, date à laquelle il se retira sur une propriété de sa fille à Saucats (cant. de La Brède, Gironde). C'est là qu'il mourut le 8 mars 1867 dans sa 78e année.

(Nous sommes redevable de la plupart des renseignements qui précèdent, aux obligeantes recherches de M. G. Ducaunnès-Duval, archiviste municipal, et de son auxiliaire M. Desbats. Mais nous avons dû rectifier sur quelques points les erreurs que présentent les documents mis au jour.)

Page 182. — Fernand Muller, qui fut consul d'Autriche-Hongrie de 1902 à 1904, était né à Luxeuil (Haute-Saône) en 1852 et avait été naturalisé en 1892. Sa veuve, en possession d'une fortune énorme, se remaria avec Bolo-pacha dont il a été beaucoup question en 1917 dans l'affaire du *Bonnet-Rouge* (D'après *La Libre Parole*, citée par *La Petite Gironde*, 5 septembre 1917).

Page 185. — Th. Barkhausen entra comme employé chez A. Lalande et Cie, où il devint plus tard fondé de pouvoirs, et enfin associé. Cette association prit fin en 1890. Barkhausen fonda ensuite avec Grœning la maison Barkhausen et Cie qui dut s'arrêter en 1898 par suite de plusieurs graves catastrophes financières qu'elle subit à l'étranger. Elle disparut complètement en 1901. — Th. Barkhausen devint alors fondé de pouvoir de la maison établie par Mme Alice Barkhausen, sa femme, sous la raison sociale A. Barkhausen et Cie. Cette nouvelle maison fut plus tard convertie en société anonyme sous la raison « Société des grands vins français ; ancienne maison A. Barkhausen et Cie », dans laquelle Th. Barkhausen fut un des directeurs et administrateurs. Cette Société anonyme fut dissoute en 1908, d'un commun accord.

TABLE DES MATIÈRES

PREMIÈRE PARTIE (ou Période)

PRÉPONDÉRANCE DES NÉERLANDAIS

(1462-1697)

CHAPITRE I

Des Origines à l'Édit de Nantes

SOMMAIRE :

Page 1. — La présence de Germains (Allemands, Hollandais, Flamands) se constate à Bordeaux dès le commencement du xvᵉ siècle. — En 1421 les Jurats empruntent à deux Hanséates une somme d'environ 53.000 francs. — Ces étrangers ne se groupent en « nation » qu'à partir de 1462, après autorisation de Louis XI, sollicitée par la hanse de Bruges. — Privilèges dont jouit la colonie naissante.

Page 6. — Le peintre Hans Clot : son retable de l'église Sainte-Croix, 1469. — Deux Allemands du Sud tentent, sans grand succès, d'installer une imprimerie à Bordeaux, 1486. — La Renaissance et la Réforme du xviᵉ siècle ajoutent à la colonie des marchands et des marins quelques éléments nouveaux. — Premiers voyageurs allemands visitant notre ville. — L'auberge du Chapeau-Rouge.

Page 10. — Premiers naturalisés. — Pendant tout le xviᵉ siècle les Allemands sont infiniment moins nombreux dans la colonie que les Néerlandais (Hollandais ou Flamands) de la hanse de Bruges, mais ils affluent aux grandes foires bi-annuelles, particulièrement à celles de 1598. — Fantassins suisses et lansquenets allemands tenant garnison à Bordeaux à la fin du xviᵉ siècle.

CHAPITRE I bis

De l'Édit de Nantes aux Traités de Ryswick

SOMMAIRE :

Page 16. — Arrivée en 1599 de nombreux Néerlandais qui entreprennent ρ desséchement des marais du Bordelais. — Leur chapelle des Chartrons. — Privilèges qui leur furent accordés en 1632 et 1635. — Etaient-ils Flamands ou Hollandais ?

Page 19. — Voyageurs allemands à Bordeaux au commencement du xviie siècle. — Petit nombre des colons allemands établis dans notre ville et des navires allemands mouillés dans notre rade au xviie siècle. — Le traité conclu en 1655 entre Louis XIV et les Hambourgeois est la grande charte de l'établissement de ceux-ci en France. — La constitution de la Ligue du Rhin en 1658 amène un certain nombre d'Allemands à Bordeaux. — Tentative de Louis XIV pour nouer des relations commerciales avec le Brandebourg. — Les goûts de la clientèle du Nord à l'égard des vins du Bordelais.

Page 24. — Les Néerlandais continuent pendant tout le xviie siècle à primer les Allemands et restent à Bordeaux les principaux commissionnaires du commerce local avec les pays germaniques. — Ils introduisent dans notre ville la fabrication de la bière et le coupage des vins. - Etendue et variété de leur commerce. — Mesures prophylactiques prises contre leurs navires en 1664.

Page 30. — Catalogue nominatif des Néerlandais établis à Bordeaux au cours du xviie siècle, entre lesquels les Meerman occupaient une place prédominante. — Néerlandais naturalisés Français, ou reçus « bourgeois de la ville ».

Page 38. — Les effets de la révocation de l'Édit de Nantes sur la colonie germanique de Bordeaux et particulièrement sur les compagnies de suisses et de lansquenets. — Des quelques artistes néerlandais issus de la colonie sédentaire. — Persistance d'une colonie flottante de marins et de marchands forains venus du Nord.

DEUXIÈME PARTIE (ou Période)

PRÉPONDÉRANCE DES ALLEMANDS

(1697-1870)

CHAPITRE II

Des Traités de Ryswick à la Révolution

SOMMAIRE

CHAPITRE II_{BIS}

De la Révolution à la Guerre de 1870

SOMMAIRE :

Page 244. — Illusions que nourrissaient les Français d'alors à l'égard des Allemands. — De quelques tendances anti-allemandes à Bordeaux aux entours de 1838-40. — Les années 1866-70 semblent marquer le plus haut période de l'influence de la colonie dans notre ville.

Page 246. — Diffusion à Bordeaux après 1830 des œuvres littéraires et des publications savantes de l'Allemagne.

❖
❖ ❖

Le tome II du présent ouvrage comprendra la

TROISIÈME PARTIE (ou Période)

Les Allemands d'Empire et les Autrichiens allemands pendant l'entre-deux guerres

(1871-1914)

Chapitre III. — Reconstitution et développement de la colonie.

Chapitre IV. — Statistique et mouvement de la colonie.

Chapitre V. — Situation légale des Austro-Allemands.

Chapitre VI. — Les consulats d'Allemagne et d'Autriche à Bordeaux.

Chapitre VII. — Les deux communautés ecclésiastiques : la protestante et la catholique.

Chapitre VIII. — Le cercle des Etrangers. — Les lieux de réunions. — Les fêtes intimes.

Chapitre IX. — Les tendances et les sentiments allemands. — Les influences françaises. — Le Germanisme et le Pangermanisme. — La musique et la science d'Allemagne à Bordeaux.

Chapitre X. — L'activité économique de la colonie.

Chapitre XI. — L'activité économique de la colonie *(suite)*.

Chapitre XII. — Les Austro-Allemands dans le département de la Gironde. — L'espionnage militaire et civil. — L'exode de la colonie en 1914 ; elle se réfugie à San-Sebastian. — La mise sous séquestre des biens austro-allemands.

IMPRIMERIE F. PECH & Cie
BORDEAUX

www.ingramcontent.com/pod-product-compliance
Ingram Content Group UK Ltd.
Pitfield, Milton Keynes, MK11 3LW, UK
UKHW021508090726
13657UKWH00001B/117